JULIUS
- Affen sind seine Lieblingstiere
- ohne ihn wäre der Hofladen nur halb so cool geworden

ANNA
- ist ein Hunde-Fan
- kann total gut gärtnern

TOMMY
- auf dem Platz und im Stadion – Fußball findet er super
- schwimmt jedem Hai davon

ANNIKA
- isst am liebsten Raclette
- wird Sängerin, Schauspielerin oder eine Businessfrau

SCHLAU GÄRTNERN

SCHLAU GÄRTNERN

Auf der Fensterbank, dem Balkon und im Garten

Barbara Rias-Bucher

Mit Fotografien von
Martin Staffler,
Barbara Rias-Bucher,
Ulrike Schmid
und Sabine Mader

Illustrationen von
Katja Musenberg

INHALT

WAS SCHLAUE GÄRTNER WISSEN WOLLEN 14

JETZT GEHT'S ENDLICH LOS! 72

Vorwort	6
Was du zum Gärtnern brauchst	10
Register	272
Adressen	287
Danksagung	287
Impressum	288

Es wächst	16
Pflanzen aus Samen ziehen	18
Wie sieht's aus?	22
Wann ist was los?	24
Wohin damit?	28
Gartengeräte	30
Sachen organisieren	36
Checkliste	38
Das Beet für gleich	40
Das Beet für später	42
Erde	44
Komposthaufen	46
Kompost selbst machen	48
Den Kompost pflegen	50
Tiere helfen dir	52
Wie die Pflanze groß und stark wird	58
Säen oder einpflanzen	64
Pannenhilfe	68

Samen selbst sammeln	74
Und wie wird das Wetter?	78
Wer hat's erfunden?	80
Die haben's erfunden!	82
Was isst du denn da?	86
Hofladen	88
Picknick	90
Heiß ins Glas	91
Erdbeermarmelade	94
Marmelade mit Kirschen	95
Tomatenketchup	96
Tomatensauce	98
Ernten? Super!! Und dann?	100
Den Garten für den Winter fertig machen	102
Gartentagebuch	104

MINI-PROJEKTE 106

MAXI-PROJEKTE 154

XXL-PROJEKTE 212

Balkonkastenbeet 108	**Blubb-Spinat und seine Kollegen** 156	**Gemüsedschungel** 214
Frikadellen mit Gemüse 110	Rahmspinat 162	Zucchini-Hotdogs 224
Fensterbankgemüse 112	Brokkolikuchen mit Eierguss 164	Knusprige Zucchiniblüten mit Gurkendip 226
Quark mit Fensterbankgemüse 116	**Topfgemüse** 166	**Kartoffelsäcke** 228
Bohnenmus 117	Sommerlicher Gemüsetopf 172	Remouladensauce 232
Minibeet 118	Auberginenmus 173	Schnittlauch-Tomaten-Dip 232
Grießklößchensuppe 122	**Bauen mit Bohnen** 174	Gurkenjoghurt mit Dill 233
Ratz-fatz-fertig-Beet 124	**Wundergarten** 180	Basilikumcreme 233
Gurkensandwich 126	Artischocken mit Knoblauchsauce 186	Ofenkartoffeln mit grüner Sauce 234
Gesprenkelte Pfannkuchen 127	**Dreimal Kürbis** 188	**Kräutermalkasten** 236
Butterbrottöpfe 128	Teufelshähnchen 192	Tomaten mit Kräuterquark und Salat 242
Kaninchenfutter 132	Spaghetti vom Kürbis 194	Apfelkompott mit Salbei 243
Möhrenbuletten mit Salat 136	Nudelgemüse 196	**Garten in der Ritterburg** 244
Möhren mit Kartoffeln und Butter 138	Ufo-Nudeln 202	Hähnchenpfanne mit dicken Bohnen 252
Möhren-Salat-Quark 139	Gemüsetaler 204	Rittergemüse mit Goldwürfeln 254
Sammelsurium 140	**Ein Winterbeet** 206	**Mais zum Relaxen** 256
Nudeln mit Löwenzahnknospen 144	Rosenkohl mit Ei 210	Gebackene Maiskolben 262
Apfelküchlein mit Zimtzucker 146	Grünkohlboller aus dem Ofen 211	Gekochte Maiskolben 262
Süße Sachen pflanzen 148		Maiskolben vom Grill 263
Heidelbeermuffins 152		Maisküchlein mit Käse 263
		Bunter Gemüsestern 264
		Gefüllte Rondini 268

Ein Buch für Dich!

Natürlich können es deine Eltern und alle Erwachsenen auch lesen. Doch ich wollte ein Buch für Kinder schreiben, die genauso neugierig auf Pflanzen und Tiere sind, wie ich es bin.

Über Pflanzen und Tiere kann man kilometerweise Bücher schreiben. Unser Buch handelt aber nur von den Pflanzen, die wir essen: von Gemüse und Salaten, von Kräutern und Obst. Und von den Tieren, die jeder Gärtner braucht, weil sie ihm helfen: Marienkäfern und Regenwürmern, Bienen, Hummeln, Florfliegen, Ohrwürmern und vielen mehr.

Nicht alle Kinder haben einen Garten mit ihrem eigenen Experimentierbeet. Du findest also viele Projekte für den Balkon und für die (Dach)Terrasse. Du kannst dein Projekt in Gemeinschafts- und Nachbarschaftsgärten verwirklichen oder für den Schulgarten vorstellen. Hat jemand von deinen Verwandten oder Freunden einen Schrebergarten? Auch der eignet sich prima für deine Projekte.

Du kannst außerdem auf der Fensterbank anbauen, ein Minibeet in der Kiste anlegen und einen Sack mit Erde bepflanzen – solche Winzlingsbeete sind super. Sie machen nicht viel Arbeit, und du siehst trotzdem alles, was auch im großen Beet geschieht: Wie ein Samen keimt, ein Pflänzchen wächst, eine richtige Pflanze daraus entsteht, die du pflegen, ernten und essen kannst.

Oh ja: Essen! Deshalb lassen wir Gemüse, Salat, Kräuter und Früchte doch wachsen. Bei jedem Projekt stehen ein paar Kochrezepte mit Sachen, die du selbst angebaut und geerntet hast. Du wirst merken, dass dein eigenes Gemüse viel besser als gekauftes schmeckt. Erstens, weil es wirklich frisch ist. Zweitens, weil du wirklich was geleistet hast. Die vielen Bilder im Buch zeigen dir, wie diese Leistung aussieht: Wenn du es geschafft hast, ein paar Lebensmittel selbst zu produzieren, kannst du wirklich stolz sein.

Fröhliches Gärtnern, tolle frische Sachen, Freude beim Kochen und guten Appetit!

Barbara Rias-Bucher

SCHLAU GÄRTNERN

Ich sammle Kochbücher. Dabei kommt es mir weniger auf die Rezepte als auf die Bilder an. Fast alle meine Kochbücher sind reich bebildert. Von den Abbildungen lasse ich mich inspirieren und gelegentlich schaue ich dann im zugehörigen Rezept nach, womit und wie man das macht. Meistens koche ich danach „frei Schnauze". Bei exotischeren Gerichten ist es bestimmt nicht schlecht, sich anfangs an die Gewürze aus einem Rezept zu halten, so lange bis man den typischen Geschmack trifft; danach geht's einmal quer durchs Gewürzregal. Meistens geht das gut. Allenfalls sagt meine Frau: „Klaus, du hast mal wieder überwürzt!"

Manchmal kann das aber auch ins Auge gehen: Ein Holländer hatte mir eine Ingwerwurzel geschenkt, dazu ein Rezept für Schweinebraten mit Honig und Ingwer. Bis dahin kannte ich Ingwer nur als Pulver, von dem man eine kleine Prise in den Glühwein tut. Ich ging wie üblich beherzt zu Werke: Vom Ingwer nahm ich ein größeres Stück und hackte es klein, wie ich das von gelben Rüben (so heißen die Möhren bei uns, obwohl sie fast immer orange-rot sind) gewohnt war, vermischte das mit Honig und glasierte damit den Schweinebraten. Offensichtlich hatte ich etwas zu viel Ingwer genommen − seitdem mag meine Frau keinen Ingwer mehr.

Besser als das Gewürzregal ist natürlich ein kleines Kräutergärtlein, zumindest bei schönem Wetter. Vor einiger Zeit bin ich umgezogen in ein Haus mit größerer Bibliothek und nutzte die Gelegenheit, mir auch ein kleines Kräuterbeet anzulegen. Jetzt gehe ich beim Kochen mit klappernder Schere ans Beet und stelle mir vor, was wohl zu dem aktuellen Gericht passen könnte: mal Salbei oder Rosmarin, mal Thymian oder Basilikum, mal Zitronenmelisse und Pfefferminze, mal einfacher Schnittlauch oder der etwas unmoderne Ysop.

Bisweilen wachsen die Kräuter so schnell, das ich mit dem Verbrauchen gar nicht nachkomme. Also lieber von jedem etwas weniger und dafür etwas abwechslungsreicher anpflanzen! Ein Unglück, wie das mit dem Ingwer, kann mit den bei uns wachsenden Kräutern kaum passieren. Mit Kräutern würzen hat noch einen Nebeneffekt: man braucht auch weniger Salz.

Viel Spaß beim Lesen und Ausprobieren der vielen guten Ratschläge in diesem Buch!

Klaus Tschira

Klaus Tschira

WAS DU ZUM GÄRTNERN BRAUCHST

Viele Ideen, gerne auch schräge! Schließlich sind die schönsten Gärten durch gute Ideen entstanden. Lass dich von den Projekten inspirieren. Und mache ruhig eigene Experimente, sobald du ein bisschen Gefühl für die Arbeit mit Pflanzen entwickelt hast.

1. JEDE MENGE NEUGIER

Sicher kennst du das: Du willst etwas unbedingt wissen. Aber keiner kann es dir so richtig erklären. Vielleicht musst du es ja selbst rausfinden? Alle großen Forscher sind neugierig: Sie mussten durch Beobachtung und Forschung herausfinden, warum etwas passiert. Schau dir also Pflanzen und Tiere an, beobachte sie, aber – das gilt vor allem für Tiere – störe sie nicht.

2. FREUDE AM BUDDELN

Für die Sandkiste bist du ja schon lange zu groß. Beim Gemüse anbauen, Töpfe bepflanzen, Beet anlegen und Jäten macht das Buddeln aber immer noch richtig Spaß. Da darfst du dich nicht nur dreckig machen – du musst es! Denn Gärtner arbeiten immer mit Erde. Erde ist „clean dirt" sagen die Leute in Großbritannien, also „sauberer Dreck". Sie müssen es wissen, denn bei ihnen gibt es viele wunderschöne Gärten und grandiose Parkanlagen.

3. EIN BISSCHEN GEDULD

Ratzfatz geht bei Pflanzen gar nichts; sie haben ihren Lebenszyklus wie wir unseren Tagesablauf. Du wirst beobachten, dass eine Pflanze besser wächst als die andere. Oder mal eine Pause mit dem Wachsen einlegt: Zum Beispiel, wenn du sie vom kleinen Topf ins große Beet gepflanzt hast. Oder so aussieht, als würde sie gleich den Geist aufgeben. Tu einfach nichts, sondern beobachte. Dabei kannst du eine ganze Menge lernen.

6. ENTSPANNUNG

Irgendwas geht beim Gärtnern nämlich immer schief. Und nichts bleibt jedes Jahr gleich. Das ist sicher spannend. Aber es kann auch nerven, wenn du dich auf den Maiswald gefreut hast und der dann eher eine Lichtung wird, weil es zu wenig regnet. Sei nicht enttäuscht und sage dir, dass du nächstes Jahr wieder Zeit für deine Pflanzen, für Experimente und für neue Erfahrungen hast.

4. EINE PORTION FLEISS

Wenn du richtig Gartenarbeit machen willst, sodass du auch stolz sein und Gemüse ernten kannst, musst du auch ein bisschen fleißig sein. Vielleicht nicht ganz so wie in der Schule. Doch Arbeit mit Pflanzen ist richtige Arbeit. Manches kannst du auch nicht verschieben, denn weder das Wetter noch die Pflanzen warten auf dich. In den einzelnen Projekten findest du zwar immer wieder Tipps, wie du mit weniger Mühe und viel mehr Freude draußen arbeiten kannst. Trotzdem ist Salat säen am besten, wenn es gleich anfängt zu regnen, musst du reife Kartoffeln ernten, wenn es sonnig und trocken ist.

5. BESCHÜTZERINSTINKT

Läuse und Schnecken haben Hunger wie wir. Unkraut will wachsen und genauso Samen bilden wie deine Tomaten. Aber weder Unkraut noch Läuse sind deine Feinde, die du bekämpfen musst, nur weil sie da sind. Natürlich sollst du dich wehren, wenn die Kartoffelkäfer über deine Pflanzen herfallen. Schließlich wollen auch die Kartoffeln wachsen. Dabei hilfst du ihnen, denn du hast sie gepflanzt und pflegst sie. Deshalb willst du sie auch schützen, ernten und essen. Du hast also einen guten Grund, die Larven und die Käfer abzusammeln und ihnen das Futter zu nehmen. Doch ein Tier töten oder eine Pflanze ausrupfen, nur weil es „stört" – das ist kein Grund. Du solltest selbst wissen und anderen erklären können, warum du dich wehrst.

UND NUN: LASS ES WACHSEN!

ES WÄCHST!

Aber warum eigentlich? Weil jede Pflanze sich vermehren will. Dazu muss sie aber erst groß werden: Aus dem Samen entsteht eine Pflanze, die sich selbst versorgt und wiederum Samen bildet.

WAS IST EIN SAMEN?

Der Samen enthält die Pflanze im Ruhestadium; man nennt sie den Embryo der Pflanze. Er wartet im Samen einfach so lange, bis es möglichst günstig für ihn ist zu wachsen. Weil die Tage wieder lang genug sind. Weil es bald warm wird. Oder weil du ihr Wasser gibst. Manche Pflanzen vertragen auch extreme Verhältnisse: Die Samen des Schmalblättrigen Weidenröschens überstehen zum Beispiel selbst Waldbrände. Durch die Hitze werden sie geweckt und beginnen zu keimen.

Im Samen ist schon alles enthalten, was du später sehen kannst, allerdings so winzig, dass man es sich kaum vorstellen kann: Wurzeln, Stängel und Blätter. Selbst die größten Bäume wachsen aus kleinen Samen heran – wie der Apfelbaum aus dem Apfelkern. Manche Samen sind aber auch ganz schön groß: Denke an Pfirsichkerne (die eigentlich Steine heißen) oder Kastanien.

Der Embryo ist von einer mehr oder weniger harten Hülle umgeben, die zum Beispiel vor zu vielen Fressfeinden schützt: Buchfink und Meise können zwar Sonnenblumenkerne knacken, aber keine Haselnüsse.

Am besten kannst du die Teile des Samens an einer jungen Bohnenpflanze sehen: Das gestreifte Teil ist die aufgeplatzte Samenhülle. Dicht über der Erde siehst du zwei grünbraune „Flügel": Das sind die Keimblättchen. Die Keimblättchen sitzen am Stängel, der nach oben wächst. Die Wurzeln wachsen nach unten. Am Stängel entfaltet sich das erste Paar Laubblätter. Aus der Knospe dazwischen wachsen weitere Blätter.

?! Das Laubblättchenpaar kannst du übrigens schon im Samen sehen: Lege einen Bohnenkern zwei Tage in Wasser. Dann schneide ihn vorsichtig der Länge nach auf.

GRÜNE VORRATSSPEICHER

Die Keimblätter gehören zum Embryo; sie sind der Vorratsspeicher. Daraus bekommt das Pflänzchen in der ersten Zeit seine Nahrung. Es kann sich noch nicht selbst versorgen, auch nicht aus der Erde, die den Samen umgibt. Gießen musst du, weil das Pflänzchen die Nährstoffe aus dem Vorratsspeicher nur aufnehmen kann, wenn sie in Wasser gelöst sind. Später, wenn die Pflanze sich aus der Erde versorgt, ist das genauso: Sie braucht Wasser für die Aufnahme von Mineralstoffen und Stickstoff und für ihren Stoffwechsel, denn ohne Wasser läuft nichts (das findest du ganz genau auf Seite 59).

STERBEN PFLANZEN IM WINTER?

Nein! Bäume und Büsche werfen die Blätter ab und reduzieren den Stoffwechsel, denn im Winter können sie aus der gefrorenen Erde zu wenig Wasser holen. Pflanzen, die braun werden und im nächsten Frühling nicht wiederkommen, haben Samen abgeworfen und wachsen so wieder zu neuen Pflanzen heran. Im deinem Beet wachsen zum Beispiel jedes Jahr wieder Tomaten oder sogar Kürbisse, die du gar nicht gesät hast – aus Samen, die im Beet liegen geblieben sind. Löwenzahn und Vergissmeinnicht, Butterblumen und Disteln sprießen alle Jahre wieder: Und zwar aus den Samen die sie verbreiten und auch aus ihren Wurzeln. Sie sind Stauden und überdauern mehrere Jahre.

Doch auch Pflanzen sterben natürlich irgendwann, entweder weil sie zu wenig Wasser bekommen oder weil sie alt sind. Oder weil sie von einem Schädling oder einer Krankheit befallen sind.

Dann gibt es noch Pflanzen, die im Süden heimisch sind, wo die Sonne stärker und vor allem länger scheint. In unserem Klima wachsen sie zwar, haben aber nicht genügend Zeit, um Samen zu bilden. Basilikum ist so eine Pflanze. Deshalb muss man sie jedes Jahr neu säen oder neue Pflänzchen kaufen.

SAMEN BRAUCHEN WASSER ZUM KEIMEN

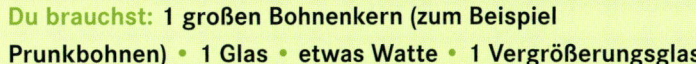

Du brauchst: 1 großen Bohnenkern (zum Beispiel Prunkbohnen) • 1 Glas • etwas Watte • 1 Vergrößerungsglas

1 Schau dir den Bohnenkern an: Sieht doch richtig strohtrocken aus. Stimmt, und das muss so sein. Nur ganz trockene Samen kann man aufheben, und die meisten sogar jahrelang.

2 Lege den Kern ins Glas, bedecke ihn mit Wasser und lasse ihn zwei Tage darin liegen. Dann fischst du ihn heraus, stopfst die Watte ins Glas und wartest, bis sie ganz feucht ist. Eventuell musst du noch Wasser nachfüllen. Nun kommt der Kern auf die Watte. Schau dir jeden Tag durch das Vergrößerungsglas an, was passiert.

3 Der Kern wird größer, weil er durch das Wasser aufquillt. Schließlich ist der Druck im Innern so stark, dass die Samenhülle platzt. Man nennt das den „Quelldruck". Der Kern spaltet sich in zwei Hälften – die Keimblättchen. Das helle Schwänzchen wird der Stängel der neuen Pflanze. Auf dem Bild links kannst du die Keimblättchen besonders gut erkennen.

BLÄTTER BRAUCHEN LICHT

Du brauchst: 1–2 Linsen • 1 kleine Pappschachtel mit Deckel (z. B. eine Schachtel von einem Halogenlämpchen) • 2–3 Handvoll Erde

1 Lege ein oder zwei Linsen in eine kleine Schachtel mit Erde. In den Deckel der Schachtel schneidest du ein Loch. Gieße die Linsen und schließ den Deckel. Die Schachtel stellst du ans Fenster, und die Linsen gießt du jeden Tag ein wenig durch das Loch im Deckel.

2 Nach etwa einer Woche wächst ein Stängel mit Blättchen genau durch das Loch: Die Pflanze will ans Licht. Denn jetzt beginnt die Fotosynthese. Was das ist, steht auf Seite 62. Das Pflänzchen kriegt auch Wurzeln und wird sich von nun an die Nährstoffe aus der Erde holen. Die Nahrung im Samen ist verbraucht.

PFLANZEN AUS SAMEN ZIEHEN

Die meisten Samen kannst du einfach in die Erde streuen oder stecken: Möhren, Spinat, Pastinaken, Radieschen, Zwiebeln, Schnittlauch, Zucchini und Kürbis. Einige Pflanzen mögen es lieber, wenn du sie vorziehst: Mais zum Beispiel, Salat, Kohlrabi, Brokkoli und auch Blumenkohl.

EMPFINDLICH

Bei Pflanzen, die du erst Mitte Mai ins Freie setzen kannst, wenn keine Nachtfröste mehr drohen, ist es grundsätzlich am besten, wenn du sie vorziehst. Sonst kann es dir passieren, dass sie zwar wunderbar wachsen, die Ernte aber erst in den Spätherbst fallen würde – das heißt: ganz ausfällt.

Ein paar Pflanzen keimen sogar nur, wenn du sie im Zimmer oder im Gewächshaus vorziehst: Artischocken, Auberginen und Fenchel sind solche Kandidaten. Vermutlich hängt das damit zusammen, dass die Erde im Freien noch zu kalt ist, wenn es für die Pflanzen Zeit zum Keimen ist. Auch Tomaten, Paprikaschoten und Chilis zieht man im warmen Zimmer vor. Sie keimen zwar auch draußen, allerdings erst im Sommer, wenn es schon schön warm ist. Und dann haben sie keine Zeit mehr, Früchte zu tragen.

ZEIT ZUM SÄEN

Wenn draußen die gelben Blumen blühen: Löwenzahn auf der Wiese, Primeln und Schlüsselblumen im Beet – dann kannst du im Zimmer alle Pflanzen säen, die später im Freien wachsen sollen. Meistens ist das im März schon der Fall.

Draußen im Garten kannst du Erbsen, Dicke Bohnen, frühe Möhren, Radieschen, Spinat, Pastinaken, Zwiebeln und Salat schon Ende März/Anfang April direkt ins Beet oder in Blumenkästen oder Töpfe säen. Doch alle diese Pflanzen wachsen viel schneller, wenn du noch ein bisschen Geduld hast und bis Anfang Mai wartest. Wann genau steht bei jedem Projekt.

MÄRZ UND APRIL

GÄRTNERN FÜR ANFÄNGER

Die Innenkartons von Klopapierrollen eignen sich gut, wenn du zum ersten Mal säst. Du siehst nämlich genau, ob du richtig gießt: Wenn die Samen zu wenig Wasser kriegen, wird der Karton trocken, bei zu viel Wasser fällt er auseinander. Außerdem kannst du die jungen Pflänzchen mitsamt der Rolle einpflanzen – das schont die Wurzeln und zeigt dir, wie tief das Pflänzchen in die Erde gehört: Bis zur Oberkante des Kartons nämlich.
Eierkartons sind praktisch, wenn du viel draußen anbauen willst, denn in einen Karton kriegst du immerhin zehn Pflänzchen, die sich leicht transportieren lassen. Sie eignen sich gut für Salat, Fenchel, Tomaten, Paprikaschoten.

WAS DU ZUM VORZIEHEN VERWENDEN KANNST

PLASTIKBOXEN mit Löchern am Boden. Das sind meist solche, in denen Möhren oder Cocktailtomaten verkauft werden.

FLACHE BOXEN von Salat kannst du auch nehmen, hier musst du Löcher in den Boden bohren.

PAPPROLLEN, die innen in den Klopapierrollen stecken, kannst du super zum Samenziehen verwenden.

MILCHTÜTEN musst du oben aufschneiden. Vergiss nicht, unten ein paar Löcher hineinzubohren, damit das Wasser abfließen kann.

EIERKARTONS Von Eierkartons nimmst du das Unterteil. Wenn du die Pflänzchen in die Erde setzt, musst du sie nicht herauspulen – schneide den Karton einfach in Stücke. Du kannst die Pflänzchen dann auch mit dem Karton einpflanzen.

OBSTKISTEN Du kannst auch kleine Obstkisten nehmen, in denen im Winter Clementinen verkauft werden. In diese Kistchen passen eine ganze Menge Samen, und man kann sie jahrelang verwenden.

UND SO GEHT'S

Du brauchst: 10 Klopapierpapprollen oder 1 Eierkarton • etwa 10 l Anzuchterde • 1 Samentütchen nach deinen Wünschen (z. B. von Tomaten, Salat oder Kohlrabi)

1. Fülle die Klopapierpapprollen oder den Eierkarton mit Anzuchterde. Die Klopapierpapprollen stellst du aufrecht auf alte Teller oder Untersetzer von Blumentöpfen. Denn beim Gießen tritt unten immer etwas Wasser aus. Das verschwindet aber wieder, wenn du richtig gegossen hast. Den Eierkarton auch mit Anzuchterde füllen. Wenn er auf der Fensterbank steht, braucht er ebenfalls einen Untersatz. Draußen im Gewächshaus natürlich nicht.

2. Drücke die Samen etwa 1 cm tief in die Erde und bedecke sie mit Erde. Also immer einen Samen in jede Klorolle und in jede Eiervertiefung.

3. Mit einer Sprühflasche mit Wasser befeuchtest du nun die Erde gleichmäßig. Du kannst auch eine Gießkanne mit dünnem Ausgießer nehmen. Alle Samen brauchen täglich ein bisschen Wasser. Die Erde soll feucht, aber nicht nass sein. Sobald du die Keimblättchen sehen kannst, reduzierst du die Wassermenge um etwa ein Drittel.

?! Samen, die du nicht aufbrauchst, lässt du im Tütchen und legst sie an einen Ort, an dem es kühl, dunkel und trocken ist. Im nächsten Frühjahr kannst du sie wieder verwenden. Die meisten Samen sind sogar viel länger keimfähig, als auf dem Tütchen steht.

?! Gießwasser sollte übrigens nicht frisch aus der Leitung kommen: Fülle die Flasche oder die Kanne und lasse das Wasser immer etwa 24 Stunden stehen, bevor du gießt. Deshalb sind Regentonnen so praktisch.

WARM ODER KALT, HELL ODER DUNKEL

Manche Pflanzen keimen nur, wenn es hell ist: Salat und Möhren sind solche Lichtkeimer. Über die Samen krümelst du nur ganz wenig Erde – so wie man Puderzucker über den Kuchen siebt. Ein bisschen Festklopfen ist sinnvoll, dann kommen die winzigen Samen mit der Erde in Kontakt – das regt sie dazu an, schneller zu keimen: Sie spüren jetzt gewissermaßen, dass sie wachsen können.

Wenn es Lichtkeimer gibt, gibt es sicher auch Dunkelkeimer? Richtig: Artischocken zum Beispiel, die du etwa daumendick mit Erde bedeckst. Dunkelkeimersamen sind meist ziemlich groß, weil sie viele Nährstoffe enthalten.

Dann gibt es noch die Warmkeimer wie Tomaten und Paprikaschoten, die erst bei etwa 16 °C richtig wach werden. Wenn du ein helles Badezimmer hast, ist das der ideale Platz. Sonst am Fenster direkt über der Heizung.

Ganz anders Salat: Wenn du ihn im warmen Zimmer säst, tut sich nichts. Denn Salat mag es zum Keimen kalt. Das heißt, er braucht einen hellen, aber kühlen Raum oder du kannst ihn im Frühling gleich draußen in den Topf oder ins Beet säen. Merken musst du dir das alles nur, wenn du selbst Samen sammelst und daraus die Pflanzen ziehen willst. Bei gekauften Samen steht es auf dem Tütchen.

Halte dich an die Angaben auf dem Tütchen, wie tief die Samen in die Erde sollen: Wenn du nämlich einen Samen zu tief einbuddelst, reicht der Nährstoff-Vorrat buchstäblich nicht weit genug. Das Pflänzchen verkümmert, bevor es das Tageslicht erreichen kann.

WIE SIEHT'S AUS?

Es sprießt. Super! Aber du stehst ratlos vor dem Beet. Denn eigentlich willst du jetzt Unkraut zupfen. Nur weißt du bei den vielen Blättchen nicht, welches die Radieschen werden wollen. Und was sich sonst noch breitgemacht hat.

ACHTUNG GEMÜSE! NICHT JÄTEN!

RADIESCHEN

Die ersten Radieschenblätter

SPINAT

Spinat lugt aus dem Boden

MÖHREN

Möhren- und Fenchelblättchen

SALAT

Blättchen von Kopfsalat und Schnittsalat

MANGOLD

Mangold- und Rote-Bete-Blättchen

KARTOFFELN

Die Kartoffeln sprießen

ZUCCHINI

Die ersten Blättchen von Zucchini und Kürbis

PASTINAKE

Blättchen von Pastinaken

ERBSE

Blättchen von Erbsen und Zuckererbsen

DICKE BOHNE

Die ersten Blättchen von dicken Bohnen

BOHNE

Keimblättchen und Laubblätter von Bohnen

ERDBEERSPINAT

Junge Erdbeerspinatblättchen

WANN IST WAS LOS?

Samen keimen nicht sofort, wenn du sie in die Erde steckst. Je nach Pflanze dauert es bis zu drei Wochen, bevor du die ersten Blättchen sehen kannst. In der Tabelle siehst du auf einem Blick, welche Pflanze wie lange braucht und ob die Samen lieber drinnen oder draußen, im Dunkeln oder Hellen keimen. Und wann die Pflänzchen nach draußen dürfen.

PFLANZE	SELBST SÄEN?	PFLANZEN KAUFEN?	DRINNEN SÄEN	DRAUSSEN SÄEN
ARTISCHOCKEN	möglich	besser	warm und hell	nein
ASIA-SALAT	ja	gibt es nicht	warm und hell	ja
AUBERGINEN	möglich	besser	warm und hell	nein
BLUMENKOHL	möglich	besser	warm und hell	nicht so gut
BROKKOLI	möglich	besser	warm und hell	nicht so gut
DICKE BOHNEN	ja	nein	nein	ja
ERBSEN + ZUCKERERBSEN	ja	nein	nein	ja
ERDBEEREN	nein, nur Ableger (S. 149)	ja	–	–
ERDBEERSPINAT	ja	gibt es nicht	nein	ja
FELDSALAT	ja	gibt es nicht	nein	ja
FENCHEL	ja	geht auch	warm und hell	nicht so gut
FRÜHKARTOFFELN	ja: pflanzen	nein	nein	ja: pflanzen
GRÜNE BOHNEN	ja	nein	nein	ja
GRÜNKOHL	ja	geht auch	nein	ja
GURKEN	ja	besser	warm und hell	nein
HEIDELBEEREN	nein	ja	–	–
KARTOFFELN	ja: pflanzen	gibt es nicht	nein	ja: pflanzen
KERBEL	ja	gibt es nicht	warm und hell	ja
KNOBLAUCH	ja	nein	nein	ja
KOHL	möglich	besser	warm und hell	nicht so gut
KOHLRABI	möglich	besser	warm und hell	nicht so gut
KOPFSALAT	ja	geht auch	möglichst kühl	ja
KRÄUTER	möglich	besser	warm und hell	ja

Manche Samen kannst du dazu bringen, schneller zu keimen: Bohnen zum Beispiel, indem du sie zwei Tage in Wasser legst. Artischocken, indem du sie mit Schmirgelpapier abreibst. Die meisten Samen keimen aber erst nach der Zeit, die ihnen einprogrammiert ist, egal, was du auch mit ihnen anstellst.

WIE SÄEN	WANN KANNST DU SÄEN?	BIS DU BLÄTTCHEN SIEHST, DAUERT ES	ERNTEN KANNST DU
in die Erde stecken	März	etwa 20 Tage	ab August
auf die Erde streuen	März + Sept.	etwa 5 Tage	nach 2 Wochen
in die Erde stecken	März	etwa 20–30 Tage	ab Mitte Juli
in die Erde stecken	März bis April	etwa 10 Tage	ab Mitte Juli
in die Erde stecken	März bis April	etwa 10 Tage	ab August
in die Erde stecken	März bis April	etwa 20 Tage	Ende Juni
in die Erde stecken	März bis April	etwa 10 Tage	ab Mitte Juni
–	–	–	ab Ende Mai
in Rillen säen	Anfang Mai	etwa 20 Tage	Blätter Anfang Juni, Früchte Anfang Jul
auf die Erde streuen	Anfang Sept.	etwa 10 Tage	ab Oktober
in die Erde stecken	ab April	etwa 10 Tage	ab Ende Juni
in die Erde legen	Anfang Mai	etwa 10 Tage	Mitte Juli
flach in die Erde	Anfang Mai	etwa 14 Tage	ab Mitte Juli
in die Erde stecken	Mitte August	etwa 10 Tage	nach erstem Frost
in die Erde stecken	Mitte April	etwa 10 Tage	ab Mitte Juni
–	–	–	ab Ende Juli
in die Erde legen	Anfang Mai	etwa 10 Tage	Mitte August
auf die Erde streuen	ab April	etwa 10 Tage	nach 3 Wochen
in die Erde stecken	im Herbst	bis zum Frühling	im Frühling
in die Erde stecken	März bis April	etwa 10 Tage	Anfang August
in die Erde stecken	März	etwa 10 Tage	Ende Juni
auf die Erde streuen	ab April	etwa 10 Tage	ab Ende Mai
siehe Samentütchen	ab April	etwa 14 Tage	den ganzen Sommer

PFLANZE	SELBST SÄEN?	PFLANZEN KAUFEN?	DRINNEN SÄEN	DRAUSSEN SÄEN
KRESSE	ja	zum Gleichessen	warm und hell	ja
KÜRBIS	ja	geht auch	warm und hell	ja
LINSEN	ja	gibt es nicht	warm und hell	ja
LUZERNE/ALFALFA	ja	gibt es nicht	warm und hell	nein
MAIS	ja	lohnt nicht	warm und hell	ja
MANGOLD	ja	nein	nein	ja
MÖHREN	ja	gibt es nicht	nein	ja
PAPRIKASCHOTEN	ja	geht auch	warm und hell	nein
PASTINAKEN	ja	gibt es nicht	nein	ja
PATISSON + RONDINI	ja	gibt es nicht	warm und hell	ja
PFLÜCK- + SCHNITTSALAT	ja	gibt es nicht	nein	ja
RADICCHIO	ja	geht auch	nein	ja
RADIESCHEN	ja	gibt es nicht	sehr hell	ja
RETTICH	ja	geht auch	nein	ja
ROSENKOHL	möglich	besser	warm und hell	nicht so gut
ROTE BETE	ja	gibt es nicht	nein	ja
RUCOLA	ja	nein	nein	ja
SELLERIE	möglich	besser	warm und hell	nicht so gut
SONNENBLUME	ja	lohnt nicht	warm und hell	ja
SPARGELERBSEN	ja	gibt es nicht	nein	ja
SPINAT	ja	gibt es nicht	nein	ja
TOMATEN	ja	geht auch	warm und hell	nein
WINTER-KOPFSALAT	ja	gibt es nicht	möglichst kühl	ja
WINTER-SPINAT	ja	gibt es nicht	nein	ja
ZUCCHINI	ja	geht auch	warm und hell	ja
ZUCKERHUT	ja	geht auch	nein	ja
ZWIEBELN	ja	Steckzwiebeln	nein	ja

WIE SÄEN	WANN KANNST DU SÄEN?	BIS DU BLÄTTCHEN SIEHST, DAUERT ES	ERNTEN KANNST DU
auf die Erde streuen	drinnen immer	etwa 4 Tage	drinnen nach 10 Tagen, draußen nach 14 Tagen
in die Erde stecken	Anfang Mai	etwa 14 Tage	ab August
auf die Erde streuen	drinnen immer, draußen ab Mai	etwa 3 Tage	drinnen nach 6 Tagen, draußen nach 14 Tagen
auf die Erde streuen	drinnen immer	etwa 4 Tage	nach 1 Woche
in die Erde stecken	drinnen April, draußen Mai	etwa 10 Tage	ab Anfang August
in die Erde stecken	Anfang Mai	etwa 20 Tage	ab Anfang Juli
in Rillen säen	ab April	etwa 20 Tage	ab Anfang Juli
in die Erde stecken	März	etwa 20 Tage	Ende August
in die Erde stecken	Anfang Mai	etwa 21 Tage	Mitte September
in die Erde stecken	drinnen: April, draußen: Mai	etwa 14 Tage	ab Mitte Juli
auf die Erde streuen	ab April	etwa 10 Tage	ab Anfang Juli
in Rillen säen	Mai	etwa 10 Tage	Ende Oktober
in Rillen säen	ab April	etwa 10 Tage	ab Ende Juni
in Rillen säen	ab April	etwa 10 Tage	ab Ende Juni
in die Erde stecken	Mitte Juli	etwa 10 Tage	nach erstem Frost
in die Erde stecken	Anfang Mai	etwa 14 Tage	Ende Juli
auf die Erde streuen	Anfang Mai	etwa 5 Tage	nach 6 Wochen
in die Erde stecken	ab Mai	etwa 14 Tage	ab Mitte August
in die Erde stecken	drinnen immer	etwa 3 Tage	nach 1 Woche
in die Erde stecken	Anfang Mai	etwa 10 Tage	Anfang Juni
in die Erde stecken	ab März	etwa 10 Tage	ab Mitte Mai
in die Erde stecken	März	etwa 10 Tage	ab Mitte Juli
auf die Erde streuen	September	etwa 10 Tage	ab April
in die Erde stecken	September	etwa 10 Tage	ab April
in die Erde stecken	drinnen: April, draußen: Mitte Mai	etwa 14 Tage	ab Mitte Juli
in Rillen säen	Mai	etwa 10 Tage	Ende Oktober
in Rillen säen, Zwiebeln stecken	immer	etwa 5 Tage	das Grün immer

WOHIN DAMIT?

PFLANZE	BEET ODER TOPF NEHMEN?	WO WOLLEN DIE PFLANZEN STEHEN	WANN KÖNNEN DIE PFLANZEN RAUS?
ARTISCHOCKEN	Beet	hell und sonnig	Mitte Mai
ASIA-SALAT	Beet/Topf/Kasten	hell	–
AUBERGINEN	Topf	sonnig, geschützt	Mitte Mai
BLUMENKOHL	Beet	sonnig, geschützt	Anfang Mai
BROKKOLI	Beet	hell und sonnig	Anfang Mai
DICKE BOHNEN	Beet	hell	sind draußen
ERBSEN + ZUCKERERBSEN	Beet/Topf/Kasten	hell und sonnig	sind draußen
ERDBEEREN	Beet/Topf/Kasten	hell und sonnig	im März
ERDBEERSPINAT	Beet	hell und sonnig	ist draußen
FELDSALAT	Beet	hell	ist draußen
FENCHEL	Beet/Topf/Kasten	hell und sonnig	ab Mitte Mai
FRÜHKARTOFFELN	Beet, Topf/Sack	hell und sonnig	sind draußen
GRÜNE BOHNEN	Beet oder Topf	hell und sonnig	sind draußen
GRÜNKOHL	Beet	hell	ist draußen
GURKEN	Beet oder Topf	hell und sonnig	Mitte Mai
HEIDELBEEREN	Beet oder Topf	hell und sonnig	Anfang Mai
KARTOFFELN	Beet	hell und sonnig	sind draußen
KERBEL	Topf oder Kasten	hell und sonnig	ist draußen
KNOBLAUCH	Beet/Topf/Kasten	hell	ist draußen
KOHL	Beet	hell und sonnig	Anfang Mai
KOHLRABI	Beet	hell und sonnig	Anfang Mai
KOPFSALAT	Beet/Topf/Kasten	hell	ab April
KRÄUTER	Beet/Topf/Kasten	sonnig, geschützt	ab Mitte Mai
KRESSE	Beet/Topf/Kasten	hell	ab Mai
KÜRBIS	Beet	sonnig	Mitte Mai

PFLANZE	BEET ODER TOPF NEHMEN?	WO WOLLEN DIE PFLANZEN STEHEN	WANN KÖNNEN DIE PFLANZEN RAUS?
LINSEN	Topf und Kasten	sonnig	sind draußen
LUZERNE/ALFALFA	Topf und Kasten	hell und sonnig	–
MAIS	Beet	hell und sonnig	Mitte Mai
MANGOLD	Beet	hell	ist draußen ab Anfang Juli
MÖHREN	Beet/Topf/Kasten	hell	sind draußen
PAPRIKASCHOTEN	Beet/Topf/Kasten	sonnig, geschützt	ab Mitte Mai
PASTINAKEN	Beet	hell und sonnig	sind draußen
PATISSON + RONDINI	Beet/Topf/Kasten	hell und sonnig	ab Mitte Mai
PFLÜCK- + SCHNITTSALAT	Beet/Topf/Kasten	hell	sind draußen
RADICCHIO	Beet	hell	sind draußen
RADIESCHEN	Beet/Topf/Kasten	hell	sind draußen
RETTICH	Beet	hell	ist draußen
ROSENKOHL	Beet	hell	Mitte August
ROTE BETE	Beet	hell und sonnig	sind draußen
RUCOLA	Beet/Topf/Kasten	hell und sonnig	ist draußen
SELLERIE	Beet	hell und sonnig	ist draußen
SONNENBLUMENSPROSSEN	Topf und Kasten	hell	Mitte April
SPARGELERBSEN	Beet oder Topf	hell	sind draußen
SPINAT	Beet	hell	ist draußen
TOMATEN	Beet/Topf/Kasten	hell und sonnig	ab Mitte Mai
WINTER-KOPFSALAT	Beet	hell	Mitte September
WINTER-SPINAT	Beet	hell	ist draußen
ZUCCHINI	Beet oder Topf	hell und sonnig	Mitte Mai
ZUCKERHUT	Beet	hell	ist draußen
ZWIEBELN	Beet/Topf/Kasten	hell	sind draußen

GARTENGERÄTE

Genau wie zum Kochen brauchst du auch zum Gärtnern ein paar Geräte. Einige sind unbedingt notwendig, egal, ob du in Töpfen oder im Beet anbaust, andere erleichtern die Arbeit und manche brauchst du nur für richtige Gartenarbeit.

?! Bevor du mit einem Gartengerät arbeitest, lass dir von einem Erwachsenen zeigen, wie es funktioniert und wie du es am besten verwendest. Das erleichtert dir die Arbeit und zeigt dir mögliche Gefahren.

UNBEDINGT NOTWENDIG

HANDGABEL

Eine Handgabel gehört zur Grundausstattung für alle Anbauprojekte. Damit kannst du Erde im Topf lockern, Pflanzen ein- und ausgraben, Unkraut jäten und Furchen für Samen ziehen. Möhren lassen sich leichter ernten, wenn du die Erde drumherum mit der Handgabel lockerst. Du wirst noch mehr Möglichkeiten entdecken, wenn du erst damit arbeitest.

GARTENHANDSCHUHE

Die Gartenhandschuhe brauchst du zum Schutz: Wenn du in der Erde buddelst oder mit der Gartenschere hantierst, schützen sie dich vor Verletzungen und davor, dass sich eine kleine Wunde entzündet. Wenn du mit Geräten arbeitest, verhindern die Handschuhe, dass du Blasen an den Händen bekommst. Auch beim Ernten bieten sie mehr Schutz: Manche Pflanzen wie zum Beispiel Auberginen, Kürbisse und Zucchini tragen am Stiel nämlich winzige Dornen, die zwar nicht gefährlich sind, aber richtig wehtun können.

HANDSCHAUFEL

Eine Handschaufel ist für Fensterbank, Balkon und Terrasse notwendig. Damit schaufelst du Erde in Töpfe und andere Pflanzgefäße, häufelst Kartoffeln im Topf an und verteilst Dünger. Außerdem brauchst du die Schaufel zum Umtopfen für Pflanzen, die fürs Pflanzholz schon zu groß sind: Tomaten, Paprikaschoten und Auberginen zum Beispiel.

GIESSKANNE

Die Gießkanne soll nur so groß sein, dass du sie auch gefüllt noch leicht tragen kannst und nicht mühsam schleppen musst. Mittelgroße Plastikkannen reichen völlig. Wenn du noch nicht so groß bist, nimmst du eine kleine Kanne und füllst sie eben noch mal auf. Für Fensterbankgemüse nimmst du ebenfalls eine kleine Kanne mit dünnem Ausgießer.

SPRÜHFLASCHE

Mit der Sprühflache kannst du frisch Gesätes und winzige Pflänzchen mit Wasser versorgen. Der dicke Strahl aus einer Gießkanne kann dir nämlich die sorgfältig gesteckten Samen wieder durcheinander bringen oder wegspülen.

GARTENSCHERE

Eine Gartenschere nimmst du, um überflüssige Tomatentriebe zu entfernen und Zucchiniblätter abzuschneiden, damit die Früchte schneller reifen. (Tomatentriebe kannst du sogar auch mit den Fingern abknipsen.) Du brauchst sie, um Stecken und Zweige zu schneiden – zum Beispiel als Stütze für Tomaten und Erbsen. Mit der Gartenschere erntest du Kürbisse, Paprikaschoten und Auberginen. Im Herbst schneidest du damit alles Mögliche für den Kompost klein: trockene Stängel von Mais, abgeerntete Pflanzen und alle Stecken und Zweige, die nicht mehr als Stützen gebraucht werden. Eine Gartenschere muss übrigens immer geschlossen und gesichert sein, wenn du sie nicht benutzt.

ANTIAUGEN-AUSSTECHER

Styroporkugeln oder bunte Rattankugeln (aus dem Deko-Laden) von etwa 6 cm Durchmesser brauchst du, um Stäbe für Bohnen, Erbsen, Tomaten, Paprikaschoten und anderes Gemüse gut sichtbar zu markieren. Denn du bückst dich ja über die Pflanze, um zu gießen oder ein Unkraut zu zupfen. Das kann buchstäblich ins Auge gehen. Wenn du nämlich den Stab übersiehst. Deshalb bohrst du in die Styroporkugeln mit einem Bleistift oder einem Schraubenzieher ein Loch und steckst die Kugel auf den Stab. Klar, du kannst auch richtig kreativ werden: die Kugeln bunt färben, ihnen ein Gesicht aufmalen und das Schirmchen von letzten Eisbecher aufsetzen oder Haare aus Bast ankleben. Hauptsache nur, die Kugel „springt" dir ins Auge! Du kannst auch bunte Gummibälle oder bunt bemalte Tischtennisbälle auf die Stäbe stecken.

SCHERE

Die Schere brauchst du für alles, was mit der Gartenschere nicht so gut geht: Gartengarn abschneiden, Vlies zuschneiden und Kräuter ernten. Wer beim Bohnenpflücken mit der Hand noch nicht so geübt ist, nimmt lieber die Schere, um die Pflanzen nicht zu verletzen

PRAKTISCH

PFLANZHOLZ

Das Pflanzholz ist für alle kleinen Pflänzchen gedacht, die du aus dem Saatbeet in größere Töpfe oder nach draußen pflanzt – vor allem, wenn du noch nicht so viel Übung hast. Wie du mit dem Hölzchen arbeitest, steht auf Seite 66.

MUNDSCHUTZ

Einen Mundschutz kannst du anziehen, wenn du Staubiges auf der Erde verteilst: Gemüsedünger aus dem Beutel und gekörnten Rinderdung. Du kannst dir natürlich auch ein Tuch oder einen Schal um Mund und Nase wickeln.

ERNTEKORB

Zum Ernten nimmst du den Erntekorb. Das muss kein spezielles Teil sein. Wichtig ist, dass du den Korb gut tragen kannst, ohne mit dem ganzen Gemüse drin zu stolpern, weil er zu schwer oder zu unhandlich ist. Er muss groß genug sein, dass Gemüse und Salat nicht zu eng gepackt darin liegen. Er sollte stabil genug sein, damit du auch ein paar Kartoffeln oder Kürbisse in die Küche transportieren kannst. Er darf nicht abfärben, wenn Nasses darin liegt und muss sich gut reinigen lassen.

EIMER

Einen Eimer brauchst du beim Unkrautzupfen, notfalls auch beim Ernten, wenn du den Korb gerade nicht dabei hast. Im Eimer kannst du kleine Geräte wie Schere und Handschaufel transportieren.

FÜR DEN GARTEN

GRABGABEL

Die Grabgabel ist ein Universalgerät wie die Handgabel. Du verwendest sie genauso, nur eben im Gartenbeet. Die Gabel brauchst du auch, um den Kompost umzusetzen.

SCHAUFEL

Eine große Schaufel brauchst du, um Erde und Kompost in die Schubkarre zu befördern und auf dem Beet zu verteilen.

BÜGELJÄTER

Der Bügeljäter ist ein echt cooles Teil: Er schneidet das Unkraut ab, arbeitet es oberflächlich in die Erde ein, damit es leichter verrottet und lockert dabei noch den Boden. Du brauchst den Bügeljäter auch, um Kartoffelpflanzen auf dem Beet anzuhäufeln (schau nach auf Seite 223). Das Arbeiten mit dem Ding ist ganz einfach: dicht am Boden mit sanftem Druck über die Erde ziehen und fertig. Das bügelgejätete Beet sieht wegen der abgeschnittenen Pflanzen ein bisschen unordentlich aus. Wenn dich das stört, holst du sie mit dem Rechen heraus und gibst sie zum Verrotten auf den Kompost.

KRÜMMER

Der Krümmer heißt auch Dreizack. Damit lockerst du den Boden und sparst dir das anstrengende Umgraben. In der Biogärtnerei ist Umgraben sowieso out, weil dadurch die Bodenlebewesen gestört werden. Den Krümmer ziehst du einfach einmal längs und einmal quer durchs Beet. Die Erde wird krümelig, der Boden gelüftet. Mit dem Krümmer kannst du auch Dünger und Kompost in die Erde mischen.

RECHEN

Mit dem Rechen machst du aus einer Hügellandschaft eine glatte Fläche, auf der sich Regen und Gießwasser gleichmäßig verteilen. Mit dem Rechen kannst du auch Erde krümelig machen oder größere Erdklumpen zu dir heranziehen, die du dann mit den Händen fein zerkrümelst. Der Rechen darf nicht mit den Zinken nach oben in der Wiese liegen, denn wenn du drauf trittst, kannst du dich schlimm verletzen.

SCHUBKARRE

Die Schubkarre ist praktisch, wenn du Gartengeräte zum Beet und die Ernte zum Haus schaffen möchtest. Du kannst Freunde damit transportieren und ein Nickerchen darin machen.

FÜR EINZELNE PROJEKTE BRAUCHST DU

STÄBE

Pflanzstäbe oder Bambusstäbe musst du dir für Bohnen und Tomaten besorgen, wenn du keine langen Stecken im eigenen Garten schneiden kannst. Gute Alternativen zu den gekauften Stäben sind junge Haselnussstecken, die schnurgerade wachsen und ziemlich stabil sind.

ALLZWECKGITTER

Mit einem solchen Gitter kann du alles mögliche machen: Tomaten nachreifen lassen, Zwiebeln trocknen (Seite 101) oder als Rankhilfe für Bohnen auf dem Balkon verwenden. Auch Gurken klettern gerne daran hoch.

GARTENGARN

Gartengarn oder Bast brauchst du, um Pflanzen anzubinden. Bast eignet sich gut, weil die Fäden unterschiedlich lang sind und man immer den richtigen findet – du brauchst also keine Schere. Gartengarn ist stabiler, und du kannst damit auch Bambusstangen für Bohnen zusammenbinden oder ein Gitternetz zwischen Stangen spannen.

?! Tipp für Eltern

In Gartencentern und bei Discountern finden Sie einen ganzen Haufen bunter Gartengeräte für Kinder, oft sogar sehr billig. Das meiste davon ist überflüssig, untauglich oder sogar gefährlich, weil es nicht stabil genug ist. Nehmen Sie also lieber wenige und dafür praktische Geräte von renommierten Herstellern. Grabgabel und Schaufel gibt es in verschiedenen Größen, also durchaus kindgerecht. Gute Gartengeräte sind bei guter Pflege (siehe Seite 103) praktisch unverwüstlich. Gartenhandschuhe sollen aus dickerem Kunststoffmaterial sein, damit man keine nassen Hände kriegt. Sie müssen gut passen, sonst kann man nicht sicher arbeiten.
Im Gartencenter gibt es auch sehr viele Gartengeräte mit Motor: Sensen und Sägen, Mäher und Scheren. Alle diese Geräte kommen in unserem Buch nicht vor, denn sie sind für Kinder viel zu gefährlich.

RICHTIG ANZIEHEN

Menschen, die arbeiten, tragen entsprechende Kleidung. Erstens, weil die richtige Kleidung auch Schutz bietet. Zweitens, weil man sich darin schmutzig machen kann. Zwei Sachen brauchst du unbedingt für die Gartenarbeit: Handschuhe und Schuhe. Über die Handschuhe steht auf der Seite 30 alles Wichtige. Schuhe musst du bei der Gartenarbeit tragen, damit du dich nicht verletzt, indem du versehentlich auf einen spitzen Stein, eine Biene in der Wiese oder einen Dorn im Beet trittst.

Zwei andere Sachen machen Sinn: Ein Hut gegen starke Sonne und ein Oberteil mit langen Ärmeln. Oft merkt man nämlich erst am Abend, wenn man sich etwas duselig fühlt, dass die Sonne zu heftig war. Das Oberteil schützt dich vor Disteln und Brennnesseln. Manche Menschen vertragen die Blätter von Zucchini, Kürbis und Bohnen nicht und reagieren auf die Berührung mit Juckreiz. Auch da helfen lange Ärmel.

SACHEN ORGANISIEREN

Für jedes Projekt brauchst du Utensilien, oft eine ganze Menge. Manches müssen deine Eltern kaufen, anderes kannst du mit ein bisschen Fantasie und Ideen selbst organisieren.

UNBEDINGT AUFHEBEN

Kurze Stäbe als Stützen für Auberginen und Paprikapflanzen stecken schon in den Töpfen, wenn du die Pflanzen im Gartencenter holst. Sonst eignen sich auch ein altes Lineal und Stäbe von Scheibengardinen (frag Oma).

Kartons in verschiedenen Größen brauchst du für ein schnelles Beet (schau nach auf Seite 40), mit einer großen Obstkiste machst du dein Minibeet (Seite 118).
Leere Eimer, die du auswäschst und als Pflanzgefäße verwendest – vergiss nicht, ein Loch in den Boden zu bohren, damit das Wasser ablaufen kann.

Plastiktüten kannst du für kleinere Pflanzen wie Basilikum oder Minigurken verwenden. Damit die Tüten gerade stehen, krempelst du den Rand um, wie bei den Kartoffelsäcken (Seite 229) beschrieben.

Eimer mit Deckel brauchst du für Pflegebrühen, die – ehrlich gesagt – ein bisschen stinken. Deshalb der Deckel.

Aus Mamis alten Feinstrumpfhosen mit Laufmaschen kannst du ziemlich reißfeste Schnüre häkeln: Die Strumpfhosen quer in Streifen schneiden. Die Streifen aufschneiden, lang ziehen und Schnüre daraus häkeln.

QUER DURCH DEN HAUSHALT

Alte (Blech)Löffel oder Schöpfkellen kannst du verwenden, wenn du noch keine Handschaufel hast. Lass Omas gutes Silber aber in der Schublade. Die alte Bratengabel kannst du nehmen, wenn du noch keine Handgabel hast.

Erbsen, Kräuter und Gurken mögen Transportkisten (die ihr vielleicht unter anderem Namen kennt: Klappkisten). Damit die Erde drin bleibt, legst du die Kiste mit Lochfolie aus oder stellst einen passenden Karton hinein.

Für Samen nimmst du Eierkartons, die Innenkartons von Klopapier- und Küchenpapierrollen, längs aufgeschnittene Milchtüten, kleine Obstkistchen, Plastikboxen von Möhren, Feldsalat, Pfirsichen und so weiter aus dem Supermarkt. Gut eignen sich große Becher von Joghurt und Buttermilch. Teebüchsen und Espresso- oder Kaffeebeutel eignen sich ebenfalls: auswaschen, ein paar Löcher einschneiden und mit Erde füllen. Stelle immer vier Beutel im Rechteck auf und umwickle sie mit Schnur, damit nichts umfällt.

Alte Kochtöpfe sind toll zum Pflanzen. Das Loch als Wasserabfluss kannst du auf keinen Fall selbst bohren! Frag nach, wer dir helfen kann – dazu braucht man nämlich einen Spezialbohrer für Metall.

Sind Papi und Opa Heimwerker? Dann schau (mit Erlaubnis!) mal in der Werkstatt nach – da findet man manches, das man auch im Garten supertoll verwenden kann: Sägespäne für den Kompost, Holzleisten und Schnüre zum Stützen und Anbinden von Pflanzen.

FÜR FORTGESCHRITTENE

SAMMLER

Alte Fahrradreifen kannst du stapeln, zusammenbinden und mit Folie auskleiden – dadurch wird das Reifenbeet stabiler. Dann füllst du es mit Erde und kannst es bepflanzen.

Alte Küchenschränke oder Aktenschränke kannst du flachlegen, mit Erde füllen und wie ein großes Pflanzgefäß verwenden: Tomaten, Erdbeeren, Kartoffeln, Möhren, Salat und Fenchel wachsen darin sehr gut. Du musst in die Rückwand Löcher bohren (lassen), damit das Gieß- und Regenwasser ablaufen kann. Auch so ein Beet braucht gleich seinen endgültigen Platz.

RECYCLING

Beim Wertstoffhof kannst du alte Blumentöpfe kriegen, die andere Leute entsorgen wollen – vor allem im Frühling zur Pflanzzeit bringen sie all die Minitöpfe hin, die du für die Anzucht von Gemüse brauchst. Alte Fahrradkörbe lassen sich zu Blumenampeln umfunktionieren. Schubladen von alten Schränken kannst du ebenfalls bepflanzen.

Schau auch auf Flohmärkten nach: Da findest du vielleicht eine Zinkbadewanne für ein Gurkenbeet, einen alten Blecheimer für die Cocktailtomate oder die Pflastersteine, die du fürs Minibeet brauchst (Seite 118). In ein Küchensieb kannst du schnelles Gemüse wie Kresse, Linsen und Asia-Salat säen. In einer Plastikwanne an der Hauswand fühlen sich Erbsen wohl (Löcher in den Boden bohren!).

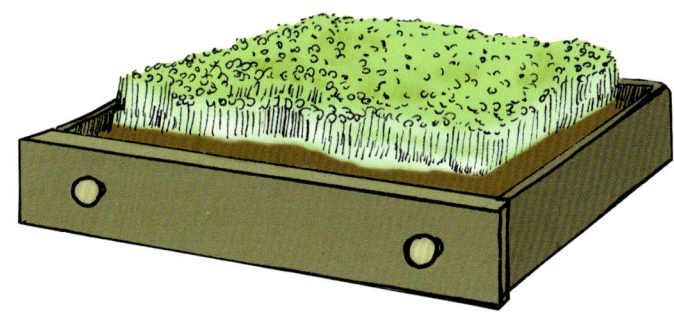

CHECKLISTE

MÄRZ UND APRIL

Wenn's draußen noch eklig ist, arbeitet der schlaue Gärtner drinnen. Damit er bald Radieschen aus dem Topf ziehen kann und nicht so lange auf die selbst angebauten Grillkartoffeln warten muss.

PLANEN

Jetzt hast du Zeit, dir die Projekte genau anzusehen und zu entscheiden, was du gerne ausprobieren möchtest. Mache dir für jedes Projekt gesondert eine Liste mit allen Utensilien, die du brauchst. Überlege, was du selbst beschaffen kannst – ein paar Tipps zum Sammeln und Organisieren findest du auf Seite 36 und 37. In erster Linie sind aber deine Fantasie und deine Ideen gefordert. Die du mit deinen Eltern besprichst – ist ja logisch.

Mama und Papa, Oma und Opa haben sicher auch Ideen. Oder Onkel, Tanten und Cousinen.
Wenn du selbst ein Projekt entwirfst, solltest du dir einen Pflanzplan machen. Denn nicht alle Pflanzen mögen nebeneinander wachsen – manche können sich sogar überhaupt nicht leiden. Hier sind die wichtigsten guten Nachbarn. Und ein paar, die du lieber nicht eng zusammen pflanzt.

GUTE NACHBARN

- Tomaten und Bohnen
- Zwiebeln und Möhren
- Salat und Kohlrabi
- Erbsen und Salat
- Möhren und Salat

BÖSE NACHBARN

- Kartoffeln und Tomaten
- Erbsen und Bohnen
- Tomaten und Gurken

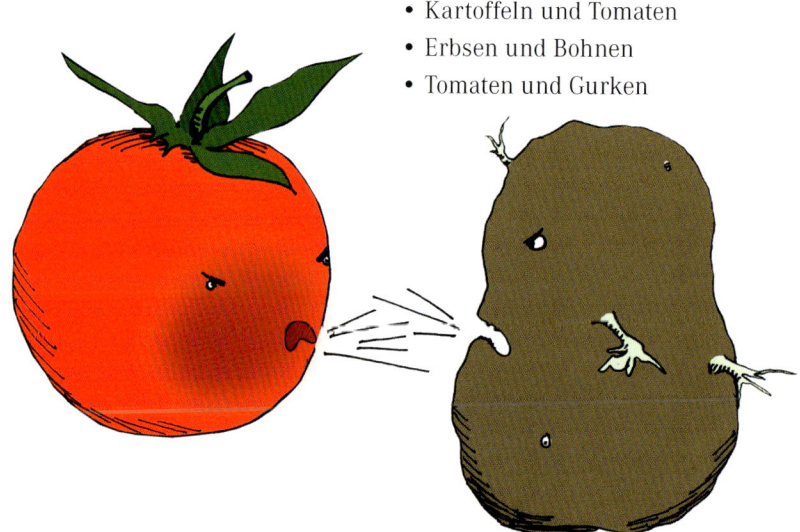

SAMENZIEHER

Denk dran: Wenn draußen die gelben Blumen blühen, kannst du säen. Im warmen Zimmer wachsen Tomaten, Paprikaschoten, Auberginen, Gurken, Fenchel und Artischocken zu kleinen Pflänzchen, die Mitte Mai ins Freie dürfen. Wenn du nämlich jetzt im März säst, kannst du schneller ernten.

DRAUSSEN SÄEN

Für viele Pflanzen ist das Wetter schon warm genug, und du kannst gleich ins Beet oder in Töpfe säen: Möhren, Radieschen, Erbsen, dicke Bohnen, Kohlrabi, Spinat, Pastinaken, Zwiebeln und alle Salatsorten.

KOMPOST

Die Regenwürmer sind wach und wollen frühstücken. Wo? Am liebsten im Kompost. Deshalb ist jetzt die richtige Zeit, den Kompost zu pflegen oder erst anzulegen. Schau nach ab Seite 46. Und fang schon mal an zu sammeln: Eierschalen vom Sonntagsfrühstück, Holzasche aus dem Kamin, Gemüseblätter, Kaffeesatz, Apfelschalen und so fort.

KARTOFFELBAUER

Pflanzkartoffeln besorgst du gleich im April, auch wenn du erst im Mai Kartoffeln anbauen willst. Im Frühling ist die Auswahl nämlich viel größer. Tipps findest du auf Seite 231.
Etwa zwei Wochen früher ernten kannst du, wenn du die Knollen, die du einpflanzen willst, vorkeimen lässt. Kartoffeln mit Trieben wachsen in der Erde schneller zu Pflanzen heran als Kartoffeln ohne Triebe.
Vorkeimen geht so: Die Kartoffeln in einen Eierkarton oder den Deckel eines Schuhkartons legen und in einen kühlen Raum ans Fenster stellen. Innerhalb von drei Wochen bilden sich bei etwa 15 °C Raumtemperatur an den „Augen" der Knollen etwa 2 cm lange, feste Triebe. An den Keimen kannst du viele Punkte sehen. Die einen wachsen über der Erde zu Stängeln und Blättern heran, aus den anderen bilden sich Wurzeln und unterirdische Sprosse, an denen die neuen Kartoffeln hängen.

AN DÜNGER DENKEN

Klar, du kannst Dünger kaufen. Aber im Frühling wachsen genügend Brennnesseln, und damit machst du den Kompost noch besser für deine Pflanzen (Seite 48).
Kennst du ein Pferd? Also so richtig persönlich? Dann kannst du Pferdeäpfel sammeln. Pferdemist ist nämlich ideal für Tomaten und Zucchini, Paprikaschoten und Kürbis. Allerdings solltest du die „Äpfel" nicht frisch gefallen gleich aufs Beet legen. Sondern genau wie Kompost ein paar Monate verrotten lassen (schau nach auf Seite 48). Für die schnelle Verwendung brauchst du einen Eimer mit Deckel: Drei Handschaufeln voll Pferdemist hinein geben und mit Wasser auffüllen. Lass das ganze zugedeckt fünf bis sechs Wochen stehen. Dann kannst du die jungen Pflanzen mit der verdünnten Mischung gießen: Pro Gießkanne nimmst du ½ (alten) Schöpflöffel voll Mistwasser und füllst mit Wasser auf.

DAS BEET FÜR GLEICH

Die richtige Zeit für dieses Beet ist Mitte April. Dann kannst du auch gleich Radieschen, Möhren, Spinat, Erbsen und Zuckererbsen in die Erde säen. Vielleicht hast du ja selbst Salat aus Samen gezogen? Die Pflänzchen dürfen auch gleich im April nach draußen.

FRÜHLING BIS HERBST

Du brauchst: Platz für ein Beet (1 m mal 1 m) • 1 Rasenmäher • 3–5 Stücke Pappe • 4–6 Steine • 1 mittelgroße Gießkanne • etwa 80 l Gemüseerde • oder 1 Schubkarre voll Erde aus dem Garten und 1 Schubkarre voll Komposterde • 1 Rechen

1 Wenn du dir die richtige Stelle ausgesucht hast, mähst du das Gras so dicht wie möglich über den Boden ab.

2 Lege die Pappe auf das Beet und lasse sie an den Rändern überlappen, damit sie möglichst dicht schließt. Dann wächst kein Gras durch die Ritzen. Beschwere die Pappe an den Ecken mit Steinen.

3 Gieße die Pappe, bis sie ganz nass ist. Sie soll aber nicht weich werden oder sich gar auflösen. Du brauchst vier bis fünf Gießkannen voll Wasser.

4 Verteile die Gemüseerde aus den Beuteln gleichmäßig auf der Pappe. Wenn du Gartenerde und Komposterde hast, solltest du eine Schicht Gartenerde, dann Komposterde, wieder Gartenerde und zum Schluss den Rest Komposterde auf dem Beet verstreuen. Reche alles eben und schön krümelig. In jedem Beet muss die Erde so fein zerkrümelt sein wie Kuchenkrümel. Für zarte Samen sind Erdklumpen ja viel zu schwer. Die Würzelchen können sich nur in feiner Erde gut verankern; in Klumpen finden sie keinen Halt. Krümel machst Du einfach mit der Hand: Den Klumpen zwischen deinen

?! Zusammen mit dem Gemüse kannst du auch gleich Ringelblumen, Borretsch, Islandmohn und Kornblumen säen. Alle diese Pflanzen werfen den ganzen Sommer über ihre Samen wie die Weltmeister. Im nächsten Jahr wird daraus ein buntes Beet für Bienen, Hummeln und Schmetterlinge. Dein Gemüsebeet legst du dann einfach neu an einer anderen Stelle an. Denn im alten Beet hat es keinen Platz mehr: Die Blumen würden es überwuchern. Wenn du also in dem Beet noch mal Gemüse anbauen willst, lässt du diese Blumenpflanzen lieber weg.

beiden Handflächen klemmen und reiben, bis die Erde fein ist. Gartenhandschuhe nicht vergessen!

5 Jetzt ist dein Beet auch schon fertig! Wie gesagt, du kannst gleich pflanzen und säen. Aber du musst es auch pflegen: Unter der Pappe ist der Rasen zwar verschwunden und die meisten Unkräuter sind abgestorben. Leider nicht alle. Deshalb musst du regelmäßig jäten und vor allem das Gras rund ums Beet kurz halten, damit nichts hineinwachsen kann.

FÜRS NÄCHSTE JAHR VORBEREITEN

Wenn Du im Herbst alles abgeerntet hast, kannst du das „Beet für gleich" auch schon fürs nächste Jahr wieder startklar machen. Für die neue Pflanzung musst du nicht umgraben – das macht man heute nicht mehr. Lockere nur die Erde mit der Grabgabel. Damit kommst du viel leichter in die Erde als mit einem Spaten. Der Boden lässt sich gut bearbeiten, ohne die Tiere darin zu sehr zu stören. Außerdem schont die Gabel die Regenwürmer, die mit einem Spaten immer wieder zerteilt werden. Auf die Erde kommt eine Schicht Blätter für die Regenwürmer, die arbeiten, bis es richtig kalt wird. In den gelockerten Boden dringen Regen und Schnee gut ein. Frost macht die feinen Wasserkanäle weiter – Eis dehnt sich ja aus und braucht mehr Platz als Wasser. Das Durchfrieren des Bodens macht die Erde schön krümelig. Im Frühling hast du wieder ein Superbeet zum Säen und Pflanzen.

LEHMBODEN

Das „Beet für gleich" ist auch genau richtig, wenn die Erde in deinem Garten viel Lehm enthält. Das kannst du testen: Nimm eine halbe Handvoll Erde und knete sie richtig durch; wenn sie sehr trocken ist, gibst du ein paar Tröpfchen Wasser darauf. Nun drücke sie fest zusammen. Bleibt sie als Klumpen in deiner Hand? Dann ist sie sehr lehmig; der Fachmann nennt solche Erde „schweren Boden". Man müsste ihn umgraben und danach noch mit Sand, halbfertigem Kompost und kompostiertem Mist mischen, damit alle Pflanzen gut wachsen. Aber das sind Arbeiten, die du allein nicht bewältigen kannst. Also bau lieber ein „Beet für gleich" darauf an.

Das Beet für später

Das Beet machst du in einzelnen Schritten – immer wenn du gerade Lust hast, draußen zu arbeiten. Im September fängst du damit an. Im November kommt das Laub von den Bäumen drauf. Dann bleibt alles erst mal den Winter über liegen. Im März und April sind die Tiere im Boden wieder wach – da gibst du ihnen gleich was zu futtern. Fertig für deine Pflanzen ist alles im Mai.

SEPTEMBER BIS APRIL

Du brauchst: 1 Rasenmäher • 4 Stöckchen • 1 Grabgabel • eventuell 1 Schubkarre • 1 Handgabel • 1 Eimer • 1 Rechen • 1 Gartenschere • 20 l Gemüseerde • oder ½ Schubkarre voll Erde aus dem Garten und 1 Eimer Komposterde • 1 Bügeljäter

1 Zuerst suchst du die Stelle aus, wo dein Beet liegen soll. Stecke an allen vier Ecken ein Stöckchen in die Erde: Dann kannst du dir die Größe besser vorstellen. Für fast jedes Projekt in diesem Buch reichen 1 m in der Länge und 1 m in der Breite. Nun gehst du mit dem Rasenmäher drüber und mähst das Gras so kurz wie möglich.

2 Für den nächsten Schritt brauchst du vielleicht Hilfe: Du musst das Gras und die anderen Pflanzen im Rasen mit den Wurzeln entfernen – die Grasnarbe nennt man das. Steche mit der Grabgabel senkrecht etwa 10 cm tief in die Erde. Ziehe den Griff der Gabel zu dir und drücke ihn nach unten. Durch die Hebelwirkung lockerst du die oberste Erdschicht. Und weil Wurzeln gewöhnlich ein dichtes Geflecht bilden, kannst du mit jedem Gabelstich eine etwa zwei Hände breite Schicht abheben. Bücke dich jedes Mal und ziehe die Schicht mit beiden Händen ab. Jede diese „Grasplatten" legst du später (oder gleich – wie du willst) mit dem Gras nach unten auf den Kompost.

3 Fertig? Gut, dann geht es runter auf die Knie. Nimm die Handgabel und steche das Wurzelunkraut aus: Disteln, Löwenzahn, Hahnenfuß, Ackerwinde, Ampfer. Wenn du nicht mehr weißt, was das ist, schau nach auf Seite 102. Wurzelunkraut sammelst du in einem Eimer und wirfst es in die Biotonne. Oder auf einem Haufen ganz hinten im Garten, wo es niemanden stört. Auf den Kompost gehören diese Pflanzen nämlich nur, wenn man ihn zwei Jahre reifen lässt. Bitte das Unkraut keinesfalls verbrennen: Auch an Pflanzen, die wir nicht mögen, leben winzige Tierchen.

Müssen Beete gerade sein?
Nein, wenn du lieber runde oder wellenförmige magst und deine Eltern einverstanden sind, kannst du Beete beliebig anlegen. Denk aber daran, dass die Ränder sauber gehalten werden müssen. Und das ist bei geraden Linien einfacher, weil du mit dem Rasenmäher entlangfahren kannst.

4 Umgraben ist out. Zumindest bei Biogärtnern wie du einer bist. Beim Umgraben kehrst du ja die untere Schicht nach oben. Und bringst alles durcheinander, was im Boden lebt, arbeitet, schläft oder futtert (siehe Seite 45). Deshalb machst du es lieber so: Steche die Grabgabel am Rand deines Beetes so tief in die Erde, wie du es schaffst. Ruckle sie ein paar Mal hin und her und ziehe sie wieder heraus. Arbeite dich nun Reihe für Reihe durch das Beet: immer ungefähr eine Handbreite hintereinander und eine Gabelbreite nebeneinander. So lockerst du den Boden, ohne die Bewohner sehr zu stören. Auf Seite 45 steht, was alles im Boden lebt und für uns arbeitet. Die sind nämlich jetzt an der Reihe mit Arbeiten. Damit sie das tun, brauchen sie Futter.

5 Verteile auf deinem neuen Beet entweder halbreifen Kompost (schau nach auf Seite 47). Oder eine dünne Schicht alte Blätter, die du unter Büschen zusammensuchst. Richtig gut ist abgefallenes Laub von Ahorn oder Haselnuss, das du mit dem Rasenmäher klein geschnitten hast. Super sind die Blätter von frisch gewachsenen Brennnesseln, die noch keine Blüten haben. Bald kommen Kompostwürmer und Regenwürmer, die das alles fressen, verdauen und wieder ausscheiden. Das versorgt die Erde mit Nährstoffen und lockert sie noch weiter.

6 Darauf streust du nun eine Schicht Erde – entweder aus dem Garten oder aus dem Beutel mit Gemüseerde. Falls du fertige Komposterde hast, ist das natürliche absolute Spitze! Streue also etwa zwei Fingerbreit Erde aufs Beet. Dann weht der Wind die Blätter nicht wieder fort.

7 Sobald das Laub ganz von den Bäumen gefallen ist, wäre es gut, wenn du davon eine zerkleinerte Schicht – etwa zwei Finger hoch – auf dem Beet verteilst und noch mal mit etwas Erde bestreust.

8 Im März sammelst du eine halbe Schubkarre voll Blätter, die noch vom Herbst unter den Bäumen und Büschen liegen. Verteile sie auf dem Beet: Denn jetzt sind die Würmer wach, haben Hunger und ackern dein Beet noch mal richtig durch.

9 Anfang April kommt der vorletzte Schritt: Wenn du halbreifen Kompost hast, streust du etwa einen Eimer voll aufs Beet. Sonst nimmst du noch mal Blätter, die du mit dem Rasenmäher klein machst. Dabei mischt sich ja auch frisch geschnittenes Gras mit den Blättern. Das verteilst du auf dem Beet.

10 Etwa eine Woche bevor du dein neues Beet bepflanzen willst, arbeitest du mit dem Bügeljäter Reihe für Reihe durch. Alle Blätter und groben Kompoststückchen, die jetzt noch auf dem Beet liegen, werden so entweder in die Erde gestupst oder als „unverdauter Rest" beiseite geräumt. Diesen Rest gibst du auf den Kompost. Jetzt schau dir die Erde an: Unter der Mulchschicht ist die Erde krümelig und locker. Zum Pflanzen nimmst du also wie gewohnt die Handgabel.

ERDE

Erde ist das, worin Pflanzen wachsen – das Gras der Wiese, das Getreide im Feld, der Baum am Straßenrand, die Rosen im Garten und die Tomate im Blumentopf. Auch was zwischen Steinen hervorlugt oder sich an Mauern und Felsen festklammert, hat die Würzelchen in der Erde. Zwar sind es Minimengen von Erde, doch genug, damit die Pflanze sich ernähren kann. Selbst wenn du einen Gartenteich anlegst und Pflanzen einsetzt, brauchst du Erde dafür. Es gibt allerdings auch Pflanzen, die auf Holz wachsen – bestimmte Pilze zum Beispiel.

WIE ENTSTEHT ERDE?

1 Wenn du ein Beet ganz genau anschaust, findest du ein paar dünne, fadenförmige Erdhäufchen – etwa so groß wie der Nagel vom kleinen Finger. Das ist „Wurmerde": Der Kot von Regenwürmern, die abgestorbene Pflanzenteile gefressen und verdaut haben. Auf dem Kompost läuft das Erdemachen schneller ab, weil die Kompostwürmer so viel zu fressen und die Bakterien soviel zu tun haben. Kompostwürmer sind mit den Regenwürmern verwandt, aber kleiner und sehr rot. Und sehr scheu. Wie bitte – ein scheuer Wurm? Na, dann schau mal nach im Komposthaufen!

2 Im Wurmkot sind alle wichtigen Stoffe enthalten, die Pflanzen brauchen: Stickstoff, Kalium, Phosphor, Kalzium und Magnesium. Denn der Wurm frisst nicht nur die Pflanzenteile. Er frisst alles mit, was daran haftet: winzige Erdkrümelchen, Partikel von Gestein, die du nur unter dem Mikroskop sehen kannst. Das alles wandert durch seinen Darm (der ganze Wurm ist ja eigentlich Darm), wird vermischt, verknetet und kommt hinten wieder raus. Wissenschaftler nennen das die Bildung von Ton-Humus-Komplexen. Zu deutsch: Der Regenwurm hat anorganische Stoffe (Ton) und organische Stoffe (Humus) gefressen. In seinem Darm vermischen sich beide Stoffe und gehen eine chemische Verbindung (Komplex) ein.

3 Sobald die Würmer fertig sind, machen sich Bakterien an die Arbeit: Sie verkleben die Ton-Humus-Komplexe mit Schleim, den sie absondern. So entstehen aus klitzekleinen Wurmerde-Teilchen größere Bodenkrümel. Die Erde wird stabiler, und es entsteht eine Bodenstruktur mit Kammern, Gängen und Poren. Die größeren Poren enthalten Luft und Wasser, die mittleren nur Wasser. Für die Pflanzen ist das sehr wichtig: Der Regen rauscht nicht einfach durch. Das Wasser bleibt nicht als Pfütze liegen, sondern verteilt sich überall bis in die Tiefe. Die Erde fällt nicht einfach zusammen wie Sand in einem Glas, sondern ist gut durchlüftet. Sobald die Luft sich in den Poren und Kammern erwärmt, wird auch die Erde warm. Das regt die Pflanzen zum Wachsen, Bodenlebewesen zum Fressen und Arbeiten an, und der Kreislauf beginnt erneut. Diese Prozesse spielen sich immer und überall ab, wo Erde ist. Aus Erde entsteht wieder Erde.

DER REGENWURM

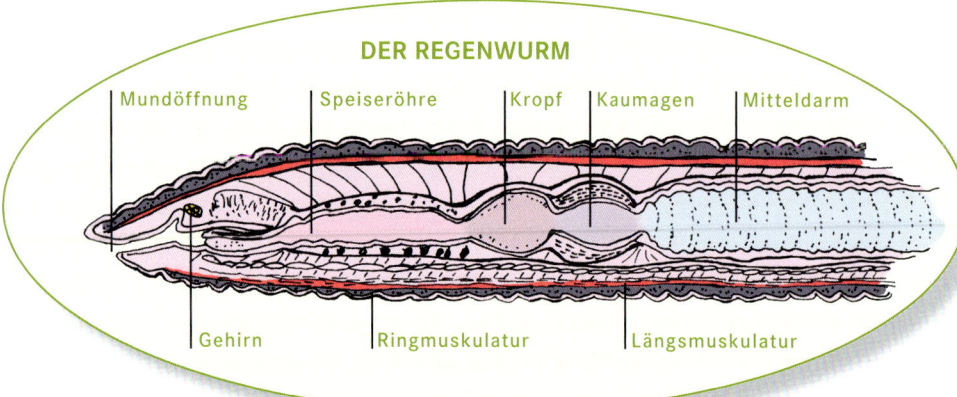

Mundöffnung | Speiseröhre | Kropf | Kaumagen | Mitteldarm
Gehirn | Ringmuskulatur | Längsmuskulatur

WAS SIND BODENLEBEWESEN?

Alle kleinen bis winzigen Pflanzen und Tiere, die von sich aus in der Erde wohnen und arbeiten sind Bodenlebewesen. Fachleute nennen diese Gruppe von Organismen „Edaphon". Das kommt aus dem Griechischen: „edaphos" und bedeutet „Boden" oder auch „Grundstoff". Zu den pflanzlichen Lebewesen gehören Pilze, Algen, Flechten und Bakterien. Aber nicht die Pflanzen, die wir ins Beet setzen. Zu den tierischen Organismen zählen Regenwürmer und winzig kleine Fadenwürmer, winzige Milben und größere Spinnen, Springschwänze, Asseln, Käfer, Insekten und ihre Larven. In komplizierter Zusammenarbeit machen Milliarden von Lebewesen aus abgestorbenem organischem Material (Pflanzen, altes Laub, tote Tiere) und Mineralstoffen im Boden die Erde, von der sich auch dein Gemüse ernährt. Nur eine Zahl zum Wundern: In einem Gramm fruchtbarer Erde haben Wissenschaftler etwa 10 Milliarden Lebewesen gezählt.

?!
Fachleute sagen Boden statt Erde. Sie sprechen von fruchtbaren Böden, gelockertem Boden und so weiter. Aber du schaufelst ja keinen Boden in die Blumentöpfe. Bleiben wir also lieber beim Wort „Erde". Okay?

Mistkäfer
Assel
Steinläufer
Schnurfüßer
Springschwanz
Ameise
Regenwurm

45

KOMPOSTHAUFEN

Was Erde ist, kannst du auf Seite 44 nachsehen. Du kannst sie auch selbst machen. Na ja, Hilfe brauchst du dazu schon. Vor allem von Würmern und Bakterien. Klingt voll eklig? Ist es aber nicht. Weil ein Kompost ja kein Abfallhaufen ist. Und weil deine Pflanzen die selbst gemachte Komposterde so gern mögen wie du frische lockere Schokomuffins. Aber denk dran: Wie überall im Garten, klappt das mit dem Kompost vielleicht nicht so, wie du gedacht hast. Ärger dich nicht, das passiert dem besten Gärtner.

DEN RICHTIGEN PLATZ AUSSUCHEN

1 Ein Komposthaufen bleibt gewöhnlich ein paar Jahre am selben Platz. Besprich daher mit deinen Eltern, wo du ihn anlegen kannst.

2 Der Platz soll im Schatten liegen – am besten unter einem Baum. Oder beschattet von Büschen. Ein Kompost wird nämlich ganz schön warm. Weil die Tiere darin alles, was du ihnen gibst, fressen und verdauen. Dieser Stoffwechsel setzt Wärme frei. Das ist bei uns Menschen genauso: Wenn du richtig gefuttert hast, wird dir warm. Wenn du den Komposthaufen in der Sonne anlegst, wird er im Sommer zu heiß. Die Tiere wandern aus, und er fängt an zu stinken.

3 Willst du den Komposthaufen direkt beim Gemüsebeet anlegen, weil du die fertige Erde gleich darauf verteilen kannst? Oder willst du ihn lieber ein bisschen verstecken? Bedenke auch, dass selbst von einem vorbildlich gepflegten Komposthaufen manchmal ein zartes Muffel-Lüftchen weht. Deshalb solltest du ihn nicht gerade neben der Terrasse planen.

4 Ein Komposthaufen muss mindestens 1 m lang und 1 m breit sein. Dann ist die Temperatur darin für alle Lebewesen richtig. Neben dem Kompost soll noch mal so viel Platz sein, damit du den Behälter auch bequem ausleeren kannst, sobald du die Komposterde verwenden willst.

5 Der Kompost sollte in einem Behälter sein oder einfach Wände haben, damit er nicht auseinander fällt. Man kann den Behälter aus Holzplanken und Pflöcken selbst bauen. Die einfachste Möglichkeit: An allen vier Ecken etwa 1 m lange Holz- oder Metallstangen in die Erde rammen – dazu brauchst du Hilfe von einem Erwachsenen. Innen an den Stangen hölzerne Bretter oder Bohlen aufschichten. Der Komposthaufen drückt dann gegen die Holzwand, sodass sie nicht nach innen kippt. Zum Selbstbauen findest du im Internet gute Anleitungen.

6 Im Baumarkt, Gartencenter und in Online-Shops gibt es Komposter aus Holz oder Metall zu kaufen. Holzkomposter sehen schöner aus, gehen aber auch schneller kaputt. Metallkomposter sind leichter und werden von allen Seiten belüftet; viele haben auch Bodenteil und Deckel, um Ratten, Mäuse und Wühlmäuse fernzuhalten. Wenn Katzen bei dir oder in deiner Nähe leben, werden sie dieses Problem lösen, und es geht auch ohne Boden und Deckel.

Das musst du wissen

1. Denk daran, dass dein Kompost Natur ist und in der Natur die Dinge manchmal anders laufen als geplant. Aber das macht nix, probier's einfach aus.
2. Ziehe Gartenhandschuhe an, wenn du am Kompost arbeitest.
3. Deinen Kompost legst du am besten im Frühling an. Denn in der warmen Jahreszeit läuft das Verrotten schneller ab.
4. Kompost sollte ein Jahr reifen. Sonne, Regen, Schnee und Frost machen die Pflanzenteile darauf mürbe. Asseln, Käfer und Tausendfüßer haben Zeit, sie zu zerkleinern.
5. Im Kompost überwintern manchmal Igel, Blindschleichen, Kröten und andere Tiere – schließlich ist es darin ja gemütlich warm. Sei im Frühling deshalb mit der Grabgabel vorsichtig, damit kein Langschläfer verletzt wird.

WAS IST KOMPOST?

Ein Kompost ist eine Mischung aus möglichst vielen verschiedenen Pflanzenteilen. Bei manchen Sachen siehst du gar nicht mehr, dass es mal Pflanzen waren: Holzasche zum Beispiel, Kaffeesatz, Mist oder Papierschnipsel. Im Kompost kann auch Erde sein. Oder ganz fein gemahlene Steine.

Je bunter die Mischung, desto besser. Denn der Kompost ist für alle Tiere bestimmt, die Erde daraus machen: dicke Regenwürmer und kleinere rote Kompostwürmer, Asseln und Tausendfüßer, Käfer, Milben und Bakterien.

Sie fressen alles, was auf dem Komposthaufen liegt, verdauen es und scheiden es wieder aus. Weil sie dabei nicht an einer Stelle sitzen bleiben, sondern durch den ganzen Haufen wandern, wird alles zu feiner, krümeliger und sehr fruchtbarer Erde. Klar, das geht nicht von jetzt auf gleich: Ein Kompost braucht ein Jahr, bis er „reif" ist. Fertig zum Verwenden, heißt das in der Gärtnersprache. Für dich heißt es: Wenn der Kompost wie lockere, dunkelbraune Erde aussieht, kannst du ihn auf dem Beet verteilen oder in Töpfe füllen und deine Pflanzen hineinsetzen.

KEIN PLATZ FÜR KOMPOST?

Macht nichts – es gibt noch eine Möglichkeit, deine Pflanzen zu füttern: Nimm Gemüseabfälle wie für den Kompost, zerkleinere sie mit der Gartenschere und gib sie in einen kleinen Eimer. Füge ein paar klein geschnittene Blättern von Brennnesseln, Löwenzahn, Ringelblumen und/oder Tomaten hinzu, streue 1 Teelöffel voll Kompostbeschleuniger drüber und mische alles. Diese Mischung verteilst du um deine Pflanzen im Beet, Kasten oder im Topf. Du kannst die Mischung immer wieder anders zusammensetzen. Wichtig ist nur, dass du alles richtig klein machst und mit etwas Kompoststarter vermengst. Statt Kompostbeschleuniger kannst du auch Humofix nehmen (wo du das bekommst, steht auf Seite 287). Das Pulver aus Kräutern, Milchzucker und Honig wird in Wasser gelöst und selbstverständlich ganz sparsam verwendet.

Kompost selbst machen

Kompost ist aus dem lateinischen Wort „compositum" entstanden; es ist das, was man aus verschiedenen Sachen zusammenstellt („componere" heißt „zusammensetzen"). Auch „Kompott" kommt daher, weil es ja zusammengesetzt ist aus Obst, Zucker, Wasser und Gewürzen.

Du brauchst: Platz im Schatten (etwa 2 m mal 2 m) • 1 Kompostbehälter aus Holz oder Metall • 1 Schubkarre • 1 Gartenschere • 1 mittelgroße Gießkanne • je 1 Packung Kompostbeschleuniger, gekörnten Rinderdung oder Hornmehl • 1 Rasenmäher • 1 Grabgabel • 1 Schubkarre voll Zweige • 1 Schubkarre voll leicht vergammelter Blätter • Küchenabfälle • ½ Schubkarre voll Löwenzahnblätter und Brennesseln gemischt (ohne Blüten, wenn's geht)

1 Die unterste Schicht sind immer Zweige, damit er auch von unten belüftet wird und das Regenwasser ablaufen kann. Die Zweige schneidest mit der Gartenschere in etwa fingerlange Stücke und breitest sie als Schicht auf der Erde aus. Achtung: Drei Büsche, die oft in Ziergärten stehen, sind giftig und nicht für Kompost geeignet: Thuja, Eibe und Scheinzypresse. Auch Wermut ist keine gute Kompostpflanze.

2 Als zweite Schicht gibst du auf die Zweige zwei Fingerbreit leicht vergammelte Blätter, die du sicher unter Büschen und Bäumen findest. Darüber kippst du eine Gießkanne voll Wasser.

3 Die dritte Schicht sind Küchenabfälle – im Kasten steht, was gut für den Kompost ist und was du nicht nehmen kannst.

4 Die Löwenzahnblätter und Brennesseln zerrupfen und auf die Küchenabfälle streuen. Warum noch grüne Blätter? Brennesseln und Löwenzahn liefern Stickstoff. Bakterien brauchen Stickstoff, um neue Zellen aufzubauen. Sie vermehren sich, und je mehr Lebewesen auf dem Kompost sind, desto schneller ist er fertig. Fachleute sagen, die „Rotte wird beschleunigt". Der zweite Grund für die Blätter: Der Kompost kriegt mehr Nährstoffe und das nützt den Pflanzen.

5 Wenn die grünen Blätter auf dem Kompost sind, hast du die Hälfte geschafft. Nun schüttest du noch mal zwei Gießkannen voll Wasser drüber. Kompostlebewesen brauchen Wasser: Erstens, damit sie nicht vertrocknen. Würmer zum Beispiel können nur in einer feuchten Umgebung leben. Zweitens, weil sie nur Nährstoffe fressen können, die in Wasser gelöst sind.

6 Jetzt braucht der Kompost das Signal für alle Erdemacher: Hier gibt's was zu fressen! Du streust also zum Beispiel Kompostbeschleuniger (gibt es im Gartencenter) auf den Kompost (so dünn wie Puderzucker über einen Kuchen). Du kannst auch drei Handschaufeln gekörnten Rinderdung oder eine Handschaufel Hornmehl verwenden. Super wäre auch eine normale Schaufel frischer Pferdemist. All das sind Stickstofflieferanten und beschleunigen die Rotte – wow, das war jetzt echt profimäßig! Zum Abschluss gibst du noch ein paar Blätter und Gemüseabfälle aus der Küche auf den Kompost. Fertig!

WAS SOLL AUF DEN KOMPOST

Kurz und knapp: Alles was Pflanze war oder ist, kannst du auf den Kompost geben. Also:

◯ Was beim Gemüseputzen und Obstvorbereiten in der Küche übrig bleibt, zum Beispiel Radieschen- und Salatblätter, Kartoffel- und Zwiebelschalen, Apfelbutzen und Kirschkerne. Auch die Schalen von Bananen und Zitrusfrüchten, allerdings nur wenig und wirklich gut zerkleinert.

◯ Fein zerkleinerte Eierschalen und Holzasche, Teeblätter und Kaffeesatz.

◯ Was nach dem Ernten übrig bleibt: zum Beispiel die Pflanzen von Tomaten, Bohnen, Erbsen und Mais.

◯ Was sonst noch beim Aufräumen im Garten anfällt: Laub, Unkraut, abgeschnittene Sträucher und Stauden. All das muss aber zerkleinert werden – Zweige mit der Gartenschere, Laub mit dem Rasenmäher.

◯ Das Laub von Walnussbäumen, Eichen und Buchen braucht zum Verrotten auf dem Kompost zu lang. Lass es also einfach den Winter über liegen. Wenn es im Frühjahr wirklich schrumpelig und vergammelt aussieht, kannst du kleine Mengen davon auf den Kompost geben.

WIE DU KOMPOST VERWENDEST

Wenn du den Komposthaufen gut und regelmäßig pflegst, musst du weder Dünger noch Gemüseerde kaufen. Halbreifer Kompost mit vielen Kompostwürmern ist der Dünger: Verteile ihn als knapp fingerdicke Schicht um deine Pflanzen und krümle normale Erde darüber.
Fertige Komposterde ist besonders reich an Nährstoffen. Mische zwei Teile davon mit einem Teil mit normaler Erde aus dem Garten – das mögen die meisten Pflanzen am liebsten. Komposterde pur mögen Tomaten, Gurken, Kürbisse, Zucchini, Blumenkohl und Mais.

DAS DARF NICHT AUF DEN KOMPOST

◯ Glasscherben, Kunststoff, Plastiktüten, Metallteile, buntes Papier

◯ Müll von der Straße

◯ Staubsaugerbeutel

◯ Inhalt der Katzentoilette

◯ Schnittblumen aus dem Blumenladen (die sind häufig behandelt und das ist nichts für deinen Kompost)

◯ Knochen, gekochte Essensreste und Verschimmeltes

All das darf auch nicht in die Biotonne. Der Inhalt dieser Tonne wird ja zu Kompost gemacht: In großen Kompostieranlagen, die auch alles sammeln, was bei der Gartenarbeit anfällt: Rasenschnitt, abgeschnittene Zweige, Sträucher und das Herbstlaub der Bäume. Dieser Kompost wird unter anderem in die Gemüseerde gemischt, die es im Gartencenter zu kaufen gibt.

DEN KOMPOST PFLEGEN

Ja, du musst einen Kompost pflegen. Nicht duschen und die Haare waschen, aber du musst zusehen, dass es ihm gut geht. Dass er richtig befüllt wird, nichts Falsches zu essen kriegt und genug Feuchtigkeit bekommt.

1. Wenn der Kompost einmal steht, kannst du ihn ganz normal füllen: Mit Küchenabfällen, Blättern und Rasenschnitt. Aber denk dran: Keine Schicht sollte höher sein als deine Hand breit ist. Du musst den Kompost aber nicht unbedingt schichtweise füllen. Wenn du zum Beispiel mehr Rasenschnitt hast, mischt du ihn in der Schubkarre mit Blättern, ganz klein geschnittenen Zweigen und Gemüseabfällen. Oder du schneidest ein paar Blätter von Tomaten, Kürbis, Zucchini und Bohnen ab und machst sie klein.

2. Wichtig ist, dass du Weiches und Hartes, Grünes und Holziges auf den Kompost gibst, nicht unbedingt gemischt, aber abwechselnd. Also Blätter und klein geschnittene Zweige. Gemüsereste und zerkleinerte Eierschalen, Kaffeefilter und zerkleinerte Nussschalen. Alles, was aus der Küche kommt, sollte gleich mit etwas aus dem Garten abgedeckt werden: Mit Blättern oder gejätetem Unkraut mit Erde an den Wurzeln. Falls du auch Wurzelunkraut (ein Bild findest du auf Seite 77) erwischt hast, schadet das nicht. Entweder es verrottet, oder es wächst nach und lässt sich ganz leicht aus der fertigen Komposterde herauszupfen. Einzige Ausnahme: Ackerwinde. Wenn die einmal auf dem Kompost ist, kriegst du sie nicht mehr los.

3. Der Kompost muss zwar immer feucht, aber nicht nass sein. Du brauchst ihn nicht zu gießen. Wenn er im Schatten liegt und du regelmäßig eine Schicht von den richtigen Sachen darauf legst, ist alles okay. Nur wenn sich ein weißlicher Belag bildet, musst du sofort gießen. Dann ist der Kompost nämlich zu heiß und beginnt zu schimmeln. Nach dem Gießen verteilst du darauf eine Schicht Blätter, die du mit dem Rasenmäher klein geschnitten hast.

4. Wenn es faulig riecht, ist der Kompost zu nass – wahrscheinlich hast du zu viel Grünes drauf getan. Dann streust du mal eine Woche lang nur Holziges darauf: vertrocknete Stängel von abgestorbenen Pflanzen, trockene Zweige, die abgefallen sind und unter den Büschen liegen. Kannst du das mit der Grabgabel ein wenig mischen? Dann müsste der Kompost bald wieder in Ordnung sein.

> **?!** Der Kompost ist übrigens reif zum Verwenden, wenn die kleinen roten Kompostwürmer ausgezogen sind. Nimm die Grabgabel und schau vorsichtig nach: Wenn sich da was schlängelt, ist es ein Regenwurm. Der lebt auch im fertigen Kompost. Winden sich ein paar rote Würmchen wie verrückt? Dann sind noch Kompostwürmer da. Decke sie also gleich wieder zu und lass den Kompost noch reifen.

VERSUCH'S MAL

Willst du auf die Schnelle sehen, was auf dem Kompost los ist?
Dann lege einen Minikompost an.

Du brauchst: 1 Plastikbox (z. B. Möhrenverpackungen oder die Boxen von Feld- und Schnittsalat) • etwa eine Schöpfkelle Sand (Vogel- oder Sandkastensand) • 1 l Erde • 1 Messer • Schalen von 1 Apfel • 1 Salatblatt • 3 Regenwürmer • 2 TL gekörntem Rinderdung • etwas Gras • einige Blätter von Löwenzahn, Erbsen, Bohnen, Brennnesseln, Obstbäumen oder Sträuchern • 1 kleines Glas Wasser

1 Schneide in den Boden der Plastikbox ein Loch – etwa so groß wie ein 2-Euro-Stück. Fülle die Box schichtweise: Zuerst kommt ein Finger hoch Sand in die Box, darauf zwei Finger hoch Erde aus dem Garten. Auf die Erde legst du ein paar Apfelschalen und ein Salatblatt.

2 Im Garten gräbst du vorsichtig die Regenwürmer aus und legst sie auf die Apfelschalen. Gib nun sofort eine Schicht Erde darüber, dann wieder etwas Sand. Mische nun eine Handschaufel Erde mit gekörntem Rinderdung (gibt's im Garretcenter) und verteile die Mischung auf dem Sand. Zuletzt legst du ein paar abzupfte Gräser und die Blätter von Löwenzahn, Bohnen, Erbsen, Brennnesseln, Obstbäumen oder Sträuchern auf den Minikompost.

3 Stelle die gefüllte Box an eine schattige Stelle ins Gras oder auf die Erde. Übergieße den Minikompost mit dem Wasser – super, wenn du es aus der Regentonne nehmen kannst. Ab jetzt darfst du jeden Tag mit einem kleinen Glas Wasser gießen.

4 Lass den Minikompost einfach ruhig stehen und beobachte, was sich tut. Nach einem Tag sind schon ein paar Blätter oder Gräser verschwunden. Andere Blätter sind braun geworden, obwohl du täglich ein Glas Wasser über den Kompost schüttest.

WAS IST PASSIERT?

Die Würmer haben Blätter und Gräser in die Erde gezogen, um sie zu verspeisen. Das machen sie nicht an der Oberfläche, weil sie da ganz schnell von einem Vogel gefressen würden. Außerdem können sie nur in der feuchten, dunklen Erde leben, sonst trocknen sie aus und sterben.

Bakterien arbeiten auch an der Oberfläche des Kompostes. Mithilfe von Stickstoff aus der Luft oder aus dem Boden bauen sie das grüne Chlorophyll in den Pflanzenteilen ab – die Blätter werden braun.

Nach spätestens vier Tagen beendest du das Experiment, denn dann gibt es nichts mehr zu beobachten. Mikroorganismen arbeiten natürlich weiter, aber die siehst du nicht, weil sie so winzig sind. Kippe also den Minikompost auf den großen Kompost oder einfach an eine schattige Stelle im Garten. Bitte vergiss das nicht, denn Würmer und viele andere Tierchen können im Minikompost nicht lange leben.

TIERE HELFEN DIR

Ohne Tiere könnten wir nicht leben. Sie versorgen die Erde mit genügend Nährstoffen, damit die Pflanzen wachsen können. Sie bestäuben die Blüten, damit die Früchte reifen. Sie verbreiten die Samen, damit jedes Frühjahr wieder neue Pflanzen wachsen. Tiere sorgen dafür, dass Pflanzen gesund sind und nicht von Schädlingen vernichtet werden. Kurz: Ohne Tiere gäbe es keine Pflanzen, und ohne Pflanzen könnten wir tatsächlich nicht leben. Denn wir könnten nicht atmen (warum das so ist, steht auf Seite 63) und müssten verhungern. Weil der größte Teil unseres Essens aus Pflanzen besteht.

MARIENKÄFER

„Alois Siebenpunkt" in „Biene Maja" heißt im wirklichen Leben Siebenpunkt-Marienkäfer. Inzwischen gibt es bei uns auch den asiatischen Marienkäfer. Marienkäfer fressen mit Vorliebe Blattläuse: Ein Käfer bringt es auf etwa 50 Stück am Tag. Seine Larve ist noch hungriger, schließlich will sie ja erst noch ein Käfer werden. Jede Marienkäferlarve braucht etwa 150 Blattläuse pro Tag. Deshalb findest du Marienkäfer zum Beispiel an Zuckermais, Artischocken, Mangold und Dicken Bohnen – lauter Pflanzen, auf denen Blattläuse leben.

IGEL

Die stachligen Tiere fressen vor allem Insekten, Schnecken und Würmer. Sie sind niedlich, nützlich und gefährdet. Du weißt ja, dass so viele Igel überfahren werden. Außerdem finden sie bei uns immer weniger Lebensraum: Sehr ordentliche Gärten zum Beispiel bieten keinen Unterschlupf und nur wenig Nahrung. Schau auf Seite 57 nach, was du für Igel tun kannst.

OHRWURM

Blattläuse, tote Tiere und verwelkte Pflanzen werden von den Ohrwürmern gefuttert. Deshalb leben sie auch so gerne auf dem Komposthaufen und machen sich beim Verrotten nützlich. Ihr Name ist übrigens grundfalsch: Erstens sind sie keine Würmer, sondern Insekten – sie können nämlich sogar fliegen, tun es aber so selten, dass man sie kaum dabei erwischt. Zweitens kriechen sie niemals in Ohren von Mensch oder Tier. Denn dort finden sie ja nichts zu fressen. Ohrwürmer verstecken sich tagsüber und gehen nachts jagen. Sie mögen es, wenn du ihnen mit Holzwolle ausgestopfte Blumentöpfe dorthin stellst, wo die Läuse sind. Und warum heißen sie jetzt Ohrwürmer? Schau im Kasten auf Seite 53.

VÖGEL

Vögel halten uns lästige Insekten fern, viele vertilgen auch haufenweise Samen. Der Gimpel, auch Dompfaff genannt, zum Beispiel frisst mit Vorliebe die von Löwenzahn, Hirtentäschel und Vogelmiere und sorgt dafür, dass diese Pflanzen deine Beete nicht überwuchern. Kohlmeisen und Kleiber „grasen" auf der Suche nach Insekten regelrecht die Bäume ab. Rotschwänzchen jagen auch auf dem Boden nach kleinen Schnecken. Stare und Amseln fressen so ziemlich alles, was da kriecht und krabbelt: Schnecken, Insekten, Würmer, Raupen, Käfer, Tausendfüßer, Spinnen und notfalls sogar Läuse. Leider auch Kirschen und Salat. Bachstelzen mögen Schnecken, Ameisenlarven, Mücken und Fliegen.

OHRWÜRMER...

... heißen Ohrwürmer, weil sie früher als Mittel gegen Ohrenkrankheiten galten:

Man hat sie getrocknet und zu Pulver gemahlen. Dafür gibt es keine moderne medizinische Begründung. Diese alte Ohrwurm-Arznei gehört zur sogenannten Signaturenlehre, die in der Antike entstanden ist und auch von dem berühmten Arzt und Naturforscher Paracelsus (1493–1541) vertreten wurde:

Man hat geglaubt, dass Steine, Pflanzen und Tiere heilkräftig sind, wenn sie ähnlich aussehen wie ein menschliches Organ.

Zum Beispiel soll das Leberblümchen gut für die Leber sein, weil sein Blatt wie unsere Leber geformt ist.

Beim Lungenkraut sitzen helle Punkte auf den Blättern, die wie Lungenbläschen aussehen.

Und dem armen Ohrwurm wurde zum Verhängnis, dass sein Hinterteil an unser Ohr erinnert. Trau dich und schau dir einen Ohrwurm mal genau an.

WÜRMER

MÜCKEN

SCHWEBFLIEGE

Regenwürmer und Kompostwürmer sind miteinander verwandt. Sie machen Erde (schau nach auf Seite 44 und 50). Beide Tiere gehören zu den nützlichsten und wertvollsten Bodenlebewesen. Biogärtner wie du einer bist, schützen jeden Regenwurm, den sie sehen oder ausbuddeln: Wenn du einen beim Jäten im Beet findest, deckst du ihn gleich wieder mit Erde zu, damit er weiterarbeiten kann. Auch wenn du einen auf der Terrasse findest, musst du ihn möglichst schnell in ein Beet – notfalls auch in einen großen Blumentopf – tragen und mit Erde bedecken. Denn der Wurm hat keine schützende Haut wie du und kann nur in feuchter Erde leben. An der Luft verliert er sehr rasch Feuchtigkeit, trocknet aus und stirbt.

Die stechenden Biester sollen nützlich sein? Ja, zum Beispiel die Gallmücken sind solche Tiere. Sie fressen immer Läuse – als Larven und ausgewachsene Mücken.

Das Insekt, das wie eine kleine Wespe aussieht und in der Luft stehen bleiben kann, ist eine Schwebfliege. Zusammen mit den Bienen sind Schwebfliegen die wichtigsten Insekten für die Bestäubung der Pflanzen. Denn sie fressen Nektar und Pollen.

FLORFLIEGEN

SCHLUPFWESPEN

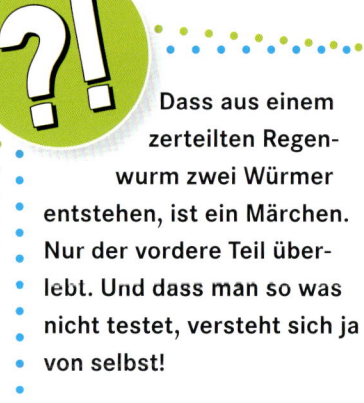

?! Dass aus einem zerteilten Regenwurm zwei Würmer entstehen, ist ein Märchen. Nur der vordere Teil überlebt. Und dass man so was nicht testet, versteht sich ja von selbst!

Florfliegen sind besonders hübsch und besonders unbeliebt bei Blattläusen: Ihre Larven werden sogar Blattlauslöwen genannt – warum wohl? Möchtest du ein bisschen rechnen? Ein Florfliegenweibchen legt mindestens 400 Eier – praktischerweise direkt neben einer Blattlauskolonie. Jede Larve frisst mindestens 200 Blattläuse pro Tage und ist nach mindestens 8 Tagen erwachsen. Wie viele Blattläuse macht das? Richtig! 640 000 Blattläuse! Erwachsene Florfliegen sind harmlos und fressen nur Nektar, Pollen und Honigtau, den ihnen die ahnungslosen Blattläuse liefern.

Schlupfwespen sehen anders als Wespen aus: Sie sind schwarz und rot und mögen Weiße Fliegen. Davon gibt es zweierlei. Die einen saugen am Blumenkohl, Brokkoli und allen Kohlpflanzen. Die anderen sitzen auf Beerensträuchern, Gurken und Tomaten. Gesehen hast du die Tierchen sicher schon, sie fliegen nämlich als Wölkchen sofort in die Höhe, wenn du ihnen zu nahe kommst. Dummerweise setzen sie sich auch rasch wieder hin. Schlupfwespen rücken dem Problem buchstäblich zu Leibe, indem sie die Fliegen aussaugen. Oder sie legen ihre Eier in die Fliege, sodass sich die Larve der Schlupfwespe von der Fliege ernähren kann.

ECHTE WESPEN

Wespen sorgen fürs Obst und fressen Ungeziefer. Es gibt Wespen, die wie Bienen „Staaten" bilden, allerdings nur ein Jahr bestehen. Denn Wespen sterben im Spätherbst. Nur die Königin überwintert und gründet im Frühling einen neuen Staat. Auf der Suche nach einem geeigneten Hohlraum für ihr Nest, klappert sie vor allem Obstbäume ab und bestäubt dabei die Blüten. Für die Ernährung der Wespenlarven sind die Arbeitswespen zuständig: Sie müssen Unmengen von Raupen und anderen Insekten heranschaffen und sind damit rund um den Sommer beschäftigt. Erst im August hört die Königin auf mit dem Eierlegen. Endlich haben die Arbeiterinnen frei, nagen an den reifen Zwetschgen im Baum und besuchen uns Menschen zum Kuchenfressen.

HORNISSEN

Hornissen fressen dasselbe wie Wespen, nur keinen Kuchen, denn sie mögen nichts Süßes. Deshalb lassen sie uns in Ruhe, und eine Hornisse, die dir zu nahe kommt, hat sich nur verflogen. Das passiert aber ganz selten, denn Hornissen können sich wunderbar orientieren. Halt also einfach still oder gehe langsam weg – vielleicht bist du ja versehentlich in die Nähe eines Hornissennestes geraten. Hornissen sind überhaupt nicht gefährlich. Das Bundesumweltministerium hat bereits vor mehr als 25 Jahren darauf hingewiesen (und seitdem immer wieder), dass auch Hornissenstiche nicht schlimmer sind als die von Wespen oder Bienen. Hornissen sind so nützliche Tiere, dass sie unter Naturschutz stehen; auch ihre Nester dürfen nicht entfernt werden.

WANN STECHEN BIENEN, WESPEN, HORNISSEN?

Nur wenn sie sich bedroht fühlen. Also, wenn sie sich aus Versehen auf deine Hand setzen und du nach ihnen schlägst, weil du Angst vor ihnen hast. Dann haben sie Angst vor dir und stechen vielleicht zu. Halte deshalb einfach still: Das Tier findet ja nichts Brauchbares auf deiner Hand und fliegt wieder weg.

Oder wenn du barfuss durchs Gras gehst und versehentlich auf eine Biene trittst, die gerade an einer Blüte saugt. Deshalb solltest du in der Wiese lieber Schuhe tragen. Oder wenn du im Freien isst und die Wespen mitessen wollen. Lege deshalb ein Stückchen von dem, was du auf dem Teller hast, für die Tierchen beiseite und lasse sie in Ruhe fressen.

Aber Achtung! Egal, ob die Wespen dich umschwirren oder ob sie neben dir gemütlich fressen: Bei jedem Bissen, den du in den Mund steckst, musst du gut aufpassen, dass keine Wespe (oder Biene) darauf sitzt!

Erste Hilfe bei Bienen- und Wespenstich sind Spitz- und Breitwegerich: Die Blätter pflücken, zwischen den Fingern zerreiben und genau dort auf die Haut legen, wo du gestochen worden bist.

JETZT BIST DU DRAN

Ganz ehrlich: Wild lebende Tiere brauchen dich nicht. Sie wollen nicht angefasst und schon gar nicht gehätschelt werden. Sie brauchen weder ein Insektenhotel noch ein Igelhaus. Trotzdem kannst du was für sie tun. Ja, was denn? Dazu beitragen, dass sie so leben können, wie sie es mögen. Na ja, manchmal musst du auch Erste Hilfe leisten.

Im Frühling und Frühsommer findest du zum Beispiel immer wieder unterkühlte und/oder ausgehungerte Bienen und Hummeln: Die Tiere sitzen bewegungslos auf der Fensterbank, auf dem Balkon oder sonst wo. Nur nicht auf Blumen. Nimm sie vorsichtig mit Glas und Karton (siehe unten) und bringe sie zu einer Löwenzahnblüte. Darin finden sie genügend Nektar und meist auch noch Tautropfen, falls sie durstig sind. Das bringt sie fast immer wieder auf die Flügel.

?!

Willst du ein Insekt von A nach B transportieren, ohne es anzufassen? Mache es so:

Ein ausreichend großes Glas darüber stülpen. Pass auf, dass alle Beine, Flügel und Fühler innerhalb des Glases sind und dass nichts gequetscht wird. Nun vorsichtig ein Stück Karton (Ansichtskarten eignen sich gut) unter Tier und Glasrand schieben. Das ganze hochheben, nach B bringen und das Tier frei lassen, indem du das Glas wegnimmst.

DARAUF STEHEN TIERE

Eine richtige Wiese finden alle Tiere super. In hohem Gras können sie sich verstecken, einen Bau graben, jagen. Viele Kleintiere fressen ja nicht nur andere Tiere, sondern auch Pflanzen. Je mehr verschiedene Pflanzen in einer Wiese wachsen, desto besser ist es. Im Garten soll auch viel Verschiedenes blühen: Wiesenblumen, Kräuter, Bäume, Gemüse, Gräser. Damit alle Insekten genug zu fressen haben. Dann bestäuben sie fleißig deine Pflanzen. Sprich mit deinen Eltern, ob du den Rasen als bunte Fläche gestalten darfst: Indem du Wiesenblumensamen streust, nur Wege im Gras mähst und ein paar Blumeninseln stehen lässt.

Igel, Blindschleichen, Kröten, Eidechsen, Frösche und Spitzmäuse brauchen das ganze Jahr hindurch einen Unterschlupf. Wenn man Büsche und Bäumen schneidet, schichtet man einen Haufen davon auf, wo er nicht stört. Im Herbst kommt darauf das Laub. Da hast du ein ganz natürliches Winterquartier für Tiere in deinem Garten gebaut. Sie können in Ruhe schlafen, wenn es kalt ist. Sich an milden Wintertagen draußen die Pfoten vertreten und nachsehen, ob im Vorratslager noch alles stimmt. Und sich dort den Bauch voll schlagen für die nächste Runde Winterschlaf.

Vögel brauchen Sträucher und Hecken zum Nisten und als Versteck: Wenn der Greifvogel kreist, fliegt der Singvogel in die Hecke. In dornigen Sträuchern wie Wildrosen, Sanddorn, Schlehen und Weißdorn können Vögel auch ziemlich sichere Nistplätze bauen, denn keine vernünftige Katze klettert darin herum. Und weder Elstern noch Krähen erwischen die jungen Vögelchen.

Katzen sind nützliche Haustiere. Sie fangen Wühlmäuse, die Wurzeln anknabbern. Schon ein paar Wühlmäuse können den Gemüseanbau unmöglich machen. Katzen fangen auch Ratten, die sich manchmal am Kompost tummeln, wenn man gekochtes Essen darauf „entsorgt" hat. Sie fangen Hausmäuse, die sich über den Apfelvorrat hermachen oder Feldmäuse, die Gänge im Beet graben. Selbstverständlich fangen Katzen auch Vögel – ihnen ist nämlich völlig schnurz, dass Menschen Vögel putzig, Ratten und Mäuse aber eklig finden.

WIE DIE PFLANZE GROSS UND STARK WIRD

Erst mal futtert sie ja ihr eigenes Vorratspäckchen leer (Seite 16). Dann lässt sie sich von Sonne und Regen beim Wachsen helfen. Aus der Erde kriegt sie, was sie gesund und kräftig macht. Wie das genau geht, kannst du Schritt für Schritt auf den folgenden Seiten lesen.

WARUM HAT DIE PFLANZE WURZELN?

Damit sie nicht umfällt! Wurzeln verankern die Pflanze in der Erde. Aber dafür würde ja eine einzige Wurzel reichen, die wie ein dicker Stock im Boden steckt, oder? Das gibt es auch oft: Die dicke gerade Wurzel von Löwenzahn nennt man Pfahlwurzel. Die Möhre, die selbst wie eine Wurzel aussieht (und in Norddeutschland auch so heißt), ist ebenfalls eine Pfahlwurzel.

Schau dir beide mal genau an: Rund um die dicke Wurzel wachsen noch hauchfeine kleine Wurzeln. Zupfe nun zum Vergleich ein Grasbüschel aus der Erde: Seine Wurzeln sind ganz fein und sehen aus wie ungekämmte Haare. Man nennt sie Büschelwurzeln.

Mit den feinen Wurzelhärchen nehmen alle drei Pflanzen die Mineralstoffe auf. Pfahlwurzeln sind zusätzlich oft ein Speicherorgan für Nährstoffe, zum Beispiel Kohlenhydrate, von denen sich auch Menschen und Tiere ernähren.

WAS BRAUCHT DIE PFLANZE?

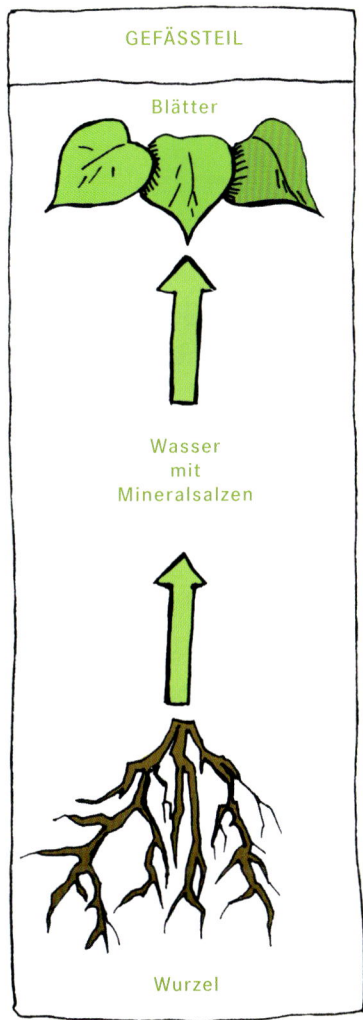
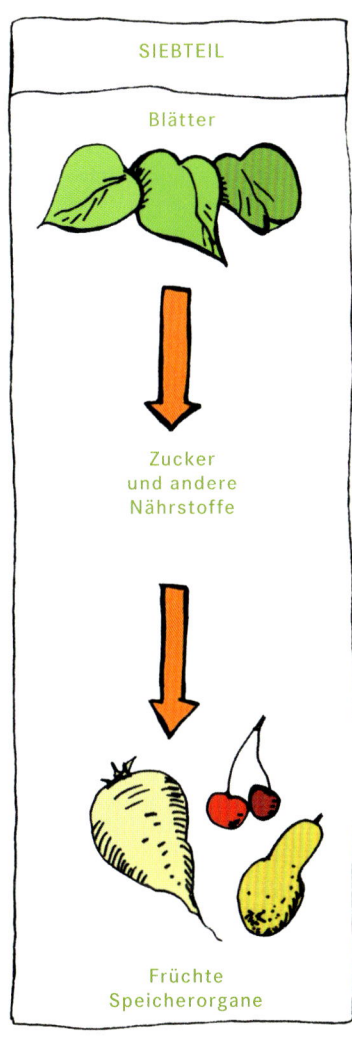
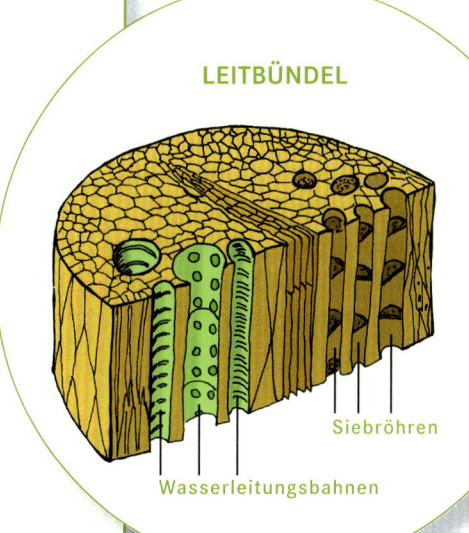

Pflanzen brauchen eine ganze Menge. Zum Beispiel Mineralstoffe und Stickstoff, der chemisch in den Mineralstoffen gebunden ist. Mineralstoffe sind in der Erde enthalten und lösen sich im Wasser von Regen oder dem aus der Gießkanne. Nur dann kann die Pflanze die Mineralstoffe aufnehmen.

Das geht so: Die Pflanze hat Wasserleitungsbahnen wie wir Menschen Adern haben. Diese Bahnen bestehen aus einzelnen Gefäßen, den sogenannten Tracheen. Aus den Blättern verdunstet ständig Wasser, sodass der Druck in den Wasserleitungsbahnen sinkt. Dadurch entsteht ein Sog: Die Pflanze saugt das Wasser mit den gelösten Mineralstoffen durch ihre Wurzeln wie durch einen Strohhalm nach oben.

Stickstoff ist essenziell für die Pflanze. Das heißt, sie kann darauf nicht verzichten, wenn sie richtig wachsen soll. Mit Stickstoff bildet sie zum Beispiel Enzyme und Chlorophyll, die sie für die Fotosynthese braucht. Das kannst du im Abschnitt „Warum braucht die Pflanze Blätter?" (Seite 62) lesen.

Auch viele Mineralstoffe sind essenziell: Magnesium zum Beispiel braucht die Pflanze ebenfalls für die Bildung von Chlorophyll. Phosphor hilft ihr, Energie zu speichern und zu nutzen. Mithilfe von Kalium kann sie das Wasser richtig verteilen. Du weißt ja: Ohne Wasser kann die Pflanze nicht leben.

MIST!

Das würden deine Pflanzen rufen, wenn sie sprechen könnten. Denn in Mist von Tieren sind nahezu alle Stoffe enthalten, die Pflanzen brauchen. Wenn man Stallmist von Kühen und Pferden auf dem Kompost verrotten lässt (schau nach auf Seite 48) und das Gemüsebeet damit düngt, gibt man dem Boden die Stoffe zurück, die man ihm durch Ernten entzogen hat.

Woran du unbedingt denken musst: Nur der Boden soll mit Dünger versorgt werden, nicht die Pflanze. Denn nur dann kann sie aufnehmen, was sie braucht und wie viel sie braucht. Eine Pflanze aber, die gedüngt wird, wird sehr viele Mineralstoffe und Stickstoff aufnehmen – egal, ob sie diese Stoffe braucht oder nicht, einfach so, weil's eben geht.

Und nur ganz wenige brauchen diese Stoffe dann auch. Die die wirklich furchtbar hungrig sind und auch so viel Nahrung benötigen, nennt man Starkzehrer. Das sind Tomaten, Gurken, Mais, Zucchini, Kürbis und Rhabarber. Auch gekörnter Rindermist oder organischer Gemüsedünger sind gut für diese Pflanzen.

Die meisten Pflanzen brauchen aber gar nicht so viel „Stoff" aus dem Boden: „Mittelzehrer" sind zum Beispiel Kartoffeln, Erdbeeren, Zwiebeln, Möhren, Salat und Fenchel. Schließlich gibt es ganz bescheidene Pflanzen, die mit ganz wenig zufrieden sind: Radieschen, Feldsalat und Kräuter nennt man „Schwachzehrer".

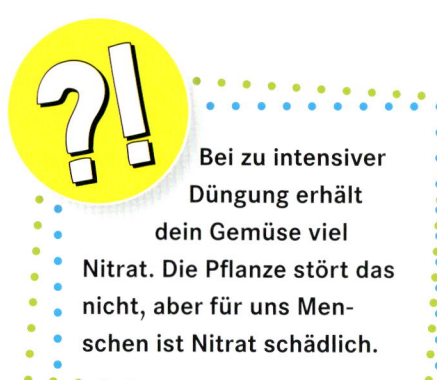

Bei zu intensiver Düngung erhält dein Gemüse viel Nitrat. Die Pflanze stört das nicht, aber für uns Menschen ist Nitrat schädlich.

TEAMARBEIT

Auch Bohnen und Erbsen brauchen keinen Dünger, obwohl sie streng genommen gar keine „Schwachzehrer" sind. Sie nutzen nämlich den Stickstoff aus der Luft. Weiter oben hast du ja gelesen, dass alle Pflanzen Stickstoff brauchen, die meisten sich ihn allerdings zusammen mit den Mineralstoffen aus der Erde holen.
Bohnen, Erbsen und Co. sind aber hervorragende Teamplayer und lassen sich von bestimmten Bakterien helfen: Diese sogenannten Knöllchenbakterien nehmen den Stickstoff aus der Luft und bringen ihn an die Wurzeln von Bohnen, Erbsen und anderen Leguminosen – so nennt man diese Pflanzenfamilie.

Und was haben die Bakterien davon? Sie werden von den Leguminosen mit Energie in Form von Kohlenhydraten versorgt. Solch eine Teamarbeit nennt man „Symbiose", und das Ergebnis kannst du sogar sehen: Wenn du die Erbsen- oder Bohnenpflanzen im Herbst aus der Erde holst, hängen an den Wurzeln lauter kleine Knöllchen – die „Stickstofflager". Den Stickstoff darin können auch die Pflanzen verwerten, die du im nächsten Jahr auf diesem Beet anbaust. Für dich heißt das: Ein Beet, auf dem Bohnen und/oder Erbsen gewachsen sind, braucht man vor der neuen Pflanzung nicht zu düngen.

MINERALSTOFFE = NAHRUNG FÜR DIE PFLANZEN?

Nein. Nahrung sind sie nicht. Nahrung bedeutet für Pflanze, Mensch und Tier nämlich, dass etwas Energie liefert. Diese Energie bekommt die Pflanze durch die Fotosynthese.
Mineralstoffe helfen den Pflanzen aber bei sehr vielen Funktionen: Bei der Fotosynthese, bei der „Verwaltung" von Energie und Wasser.

Mineralstoffe sorgen auch für gesunde Blätter und schöne Früchte: Wenn zum Beispiel die jungen Blätter einer Pflanze gelb bis weißlich gefärbt sind, hat sie vermutlich zu wenig Schwefel aufgenommen. Wenn du an der Tomatenpflanze eine grüne Frucht mit einem hässlichen braunen Fleck findest, hat die Pflanze zu wenig Kalzium.

?! Pflanzen machen den größten und wichtigsten Teil der menschlichen Ernährung aus.

WASSER IN DER PFLANZE

Du glaubst nicht, dass in der Pflanze Wasser ist? Aber klar doch! Du kannst es sogar sichtbar machen. Nämlich über die Verdunstung, die kannst du sehen.

Du brauchst: 1 Gefrierbeutel • 1 Stück Band oder Garn • Blätter, die noch an einer Pflanze sind

1 Stülpe einen Gefrierbeutel über einen Zweig mit Blättern und binde ihn unten locker zu.

2 Nach einiger Zeit beschlägt der Beutel – wenn es warm ist, geht das schneller als an einem kühlen Tag.

3 Nimm den Beutel ab und schau genau hin. Wahrscheinlich siehst du ein paar richtige Wassertröpfchen. Wenn du immer noch nicht glaubst, dass das Wasser ist: fass mal mit der Hand hinein. Es ist ganz feucht, gell?

61

WARUM BRAUCHT DIE PFLANZE BLÄTTER?

Für ihre Atmung (schau nach auf Seite 109) und für die Fotosynthese. Das ist ein chemischer Prozess, bei dem die Pflanze zwei Grundstoffe des Lebens herstellt: Sauerstoff und Kohlenhydrate. Dazu braucht sie Kohlendioxid, Wasser und Energie. Das Kohlendioxid (CO_2) holt sie durch ihre Spaltöffnungen (schau nach auf Seite 109) aus der Luft. Das Wasser (H_2O), entweder vom Regen oder aus deiner Gießkanne, holt sie sich mit ihren Wurzeln. Die Energie für diesen Prozess liefert das Sonnenlicht; deshalb findet nachts keine Fotosynthese statt.

Und was ist nun mit den Blättern? Dort spielt sich dieser chemische Prozess ab: Die Blätter sind also quasi die Labors für die Fotosynthese. Mithilfe von Blattgrün (Chlorophyll) und Sonnenlicht entsteht aus dem Wasser der Sauerstoff (O_2). Aus Wasser und Kohlendioxid entsteht Traubenzucker (Glukose). Daraus werden weitere Kohlenhydrate gebaut. Eines dieser „zusammengesetzten" Kohlenhydrate ist Saccharose und heißt einfach „Zucker". Du findest es – na, wo? Richtig: In jeder Zuckerdose. Ein weiteres Kohlenhydrat, die Fruktose, macht Obst so schön süß: Reife Früchte enthalten besonders viel von diesem „Fruchtzucker".

?!

Warum heißt es Fotosynthese?
Weil mithilfe von Lichtenergie-Teilchen (Photonen) unterschiedliche Stoffe zu neuen Stoffen verknüpft werden (Synthese).

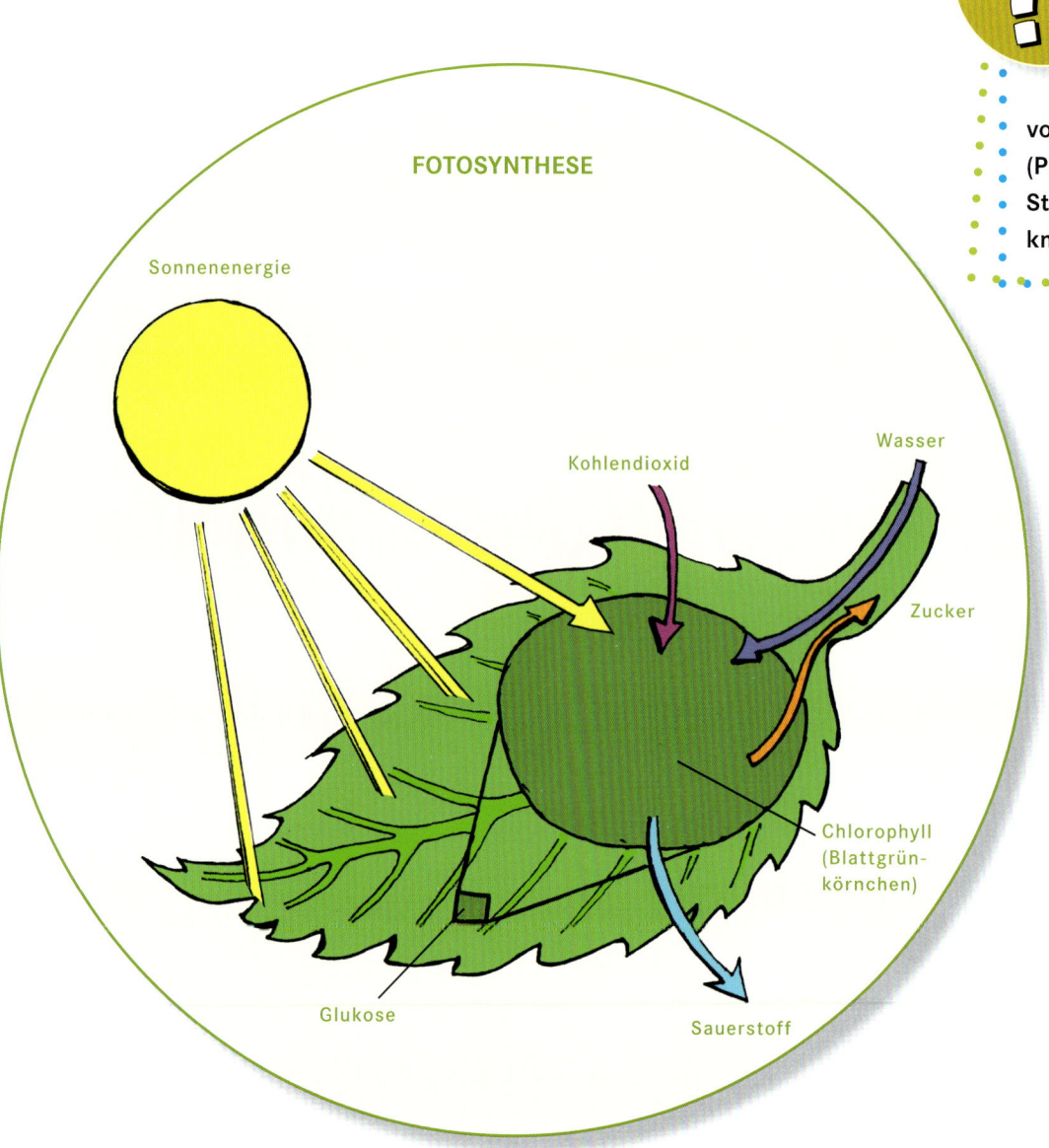

FOTOSYNTHESE

Sonnenenergie · Kohlendioxid · Wasser · Zucker · Chlorophyll (Blattgrünkörnchen) · Glukose · Sauerstoff

MMMMH – LECKER KOHLENHYDRATE

Dass wir ohne Sauerstoff nicht leben könnten, weißt du – es ist die Atemluft für uns Menschen (und für sehr viele Tiere). Warum Pflanzen, Tiere und Menschen aber unbedingt auch Kohlenhydrate brauchen, weißt du vielleicht nicht so genau. Kohlenhydrate sind eine grandiose Erfindung der Natur: Sie liefern nicht nur Energie, sie speichern sie auch.

Die Energie aus der Sonne steht Pflanzen, Tieren und Menschen also immer zur Verfügung – umgebaut und in Form von Kohlenhydraten.

So weit, so gut! Aber wie kriegen wir Kohlenhydrate? Ganz einfach: Wir essen sie. Kohlenhydrate sind einer der drei Hauptnährstoffe unseres Essens und in allem enthalten, was aus Pflanzen gemacht wird: Brot, Kartoffelpüree, Gemüsesuppe, Nudeln mit Tomatensauce, Reisauflauf, Apfelkuchen und Müsli. Die anderen beiden Hauptnährstoffe sind Eiweiß (Protein) und Fett. Sie kommen ebenfalls in Pflanzen vor. Und in allen Lebensmitteln, die von Tieren stammen: Milch, Käse, Fleisch, Wurst und so weiter.

Kohlenhydrate heißen chemisch „Saccharide". Der Zucker in der Zuckerdose gehört zu den Oligosacchariden. Oligo ist griechisch und heißt „wenig". Dann gibt es eben die Monosaccharide wie Traubenzucker und Fruchtzucker. „Mono" ist auch griechisch und heißt „einfach". Die dritte Gruppe von Kohlenhydraten sind Polysaccharide; „poly" kommt natürlich ebenfalls aus dem Griechischen und bedeutet „vielfach". Nun kannst du die Namen der drei Gruppen bestimmt übersetzen: Monosaccharide sind Einfachzucker und so weiter. Okay?

Besonders wichtig sind die Polysaccharide: Eines davon ist die Stärke. Kartoffeln, Reis, Mehl in Pfannkuchen oder in Brot enthalten sehr viel Stärke.

Das zweite, Glykogen genannt, können wir im Körper speichern und bei Bedarf in Traubenzucker umbauen, der uns sofort Energie liefert. Das passiert übrigens, ohne dass du es merkst. Erst wenn du Hunger kriegst, sind deine Glykogenspeicher leer und du brauchst wieder Kohlenhydratnachschub. Am besten in Form von Nudeln, Brot oder Kartoffeln. Auch für Tiere ist Glykogen das Speicherkohlenhydrat. Pflanzen speichern Energie in Form von Stärke.

Das dritte Polysaccharid, die Zellulose, stützt die Pflanze: Es macht die Blätter stabil, hält die Stängel aufrecht und schützt als Haut oder Schale die Samen. Das Holz der Bäume besteht zum großen Teil aus Zellulose. Wissenschaftler nehmen an, dass Zellulose die organische Verbindung ist, die am häufigsten auf der Erde vorkommt.

ÜBERLEG MAL

1 Auf deinem Beet wächst Gemüse. Es ist reif zum Ernten, du holst es in die Küche, machst Suppe davon und isst alles auf.

2 Das Gemüse wächst, aber du bist mit deinen Eltern sechs Wochen in Urlaub und kannst deshalb nicht ernten. Das Gemüse bleibt auf dem Beet und wird von Unkraut überwuchert. Zum Ernten ist nichts mehr da, und weil du wütend bist, kümmerst du dich nicht mehr um das Beet.

Was ist besser?

Nummer 1 oder Nummer 2? Für dich Nummer 1, für das Beet Nummer 2. Bei Nummer 1 isst du gewissermaßen alles auf, was der Boden braucht. Bei Nummer 2 bleiben die Pflanzen auf der Beet. Sie werden verrotten und die Mineralstoffe, die sie aufgenommen hatten, landen nicht in deinem Bauch, sondern gelangen wieder in den Boden.

Das heißt:

Düngen ist nur deshalb notwendig, weil wir dem Boden Mineralstoffe entziehen, indem wir essen, was wir pflanzen – logisch! Und weil wir ein Beet oder einen Topf immer wieder bepflanzen und leer essen, müssen wir auch immer wieder Mineralstoffe und Stickstoff in Form von Dünger zuführen.

SÄEN ODER EINPFLANZEN

MÄRZ UND APRIL

Wenn du einen Samen in die Erde legst, damit er keimt und zur Pflanze heranwächst, dann säst du. Einpflanzen heißt, dass du eine junge Pflanze in die Erde setzt, damit sie groß wird und du ernten kannst – entweder ihre Früchte (wie bei Tomaten) oder die Pflanze selbst (wie den Salat) oder ihre Samen (wie die Erbsen).

WAS IST BESSER?

Das kommt erst mal drauf an, wie gut dein selbst geerntetes Gemüse schmecken soll. Klar, wenn du schon gärtnerst, willst du auch das beste Gemüse haben.
Das geht aber nur, wenn du die Samen selbst auswählst. Das kannst du im Gartencenter machen oder mit einem Samenkatalog, den du dir schicken lässt oder im Internet ansiehst – Tipps dazu findest du auf Seite 287.
Lies die Beschreibungen im Katalog ganz genau – da steht nämlich, ob die Tomate, die dich interessiert, süß oder säuerlich schmeckt. Ob die Kartoffelsorte beim Kochen mehlig wird und tolles Kartoffelpüree gibt. Ob du den Kürbis mit der Schale als Suppe kochen oder nach dem Backen aus der harten Schale löffeln kannst. Ob eine Zwiebel mild ist und in den Kräuterquark passt oder so scharf, dass man sie besser zum Schmoren nimmt.

Im Katalog steht auch, ob eine Sorte anfällig für Krankheiten ist, ob sie ein bisschen Frost verträgt oder nur im warmen Gewächshaus wachsen mag. Ob sie im Topf auf dem Balkon gedeiht oder viel Platz im Beet braucht.
Wenn du all dies beachtest, kriegst du mit Pflanzen, die du selbst aus Samen wachsen lässt, die beste Ernte. Und wenn du dir nach der Ernte auch aufschreibst, was dir und deinen Mitessern am besten geschmeckt hat, bist du in drei oder vier Jahren der schlaue Gärtner und der Super-Gemüse-Koch – wobei „super" beides ist: deine Kochkunst und dein Gemüse!
Bei gekauften Pflänzchen hast du keine Wahl zwischen den besten Sorten. In Gartencentern werden nur robuste Pflanzen angeboten, die am meisten Ertrag bringen. Das heißt aber nicht, dass sie auch superlecker schmecken.

?!
War's die blaue, die grüne oder die gelbe Bohne für die Suppe? Der knackige Romanasalat oder der zarte grüne Kopfsalat zu den Grillwürstchen? Die dicke Fleischtomate mit dem grünen Kragen oder die lange mit der glatten Schale auf der Pizza? Welche Paprikaschote kann man am besten füllen? Welche Zucchini ist am schnellsten reif? All das notiert sich der schlaue Gärtner im Gartentagebuch. Weil das Arbeit spart und Misserfolg vermeidet.

SELBST SÄEN IST COOL

SELBST SÄEN IST GUT FÜRS GARTENBUDGET

ZEIT UND GEDULD

Eine Menge Gemüse, das du gerne magst oder kennenlernen willst, gibt es nicht als Pflänzchen, sondern nur als Samen: Möhren und Radieschen, Erbsen und grüne Bohnen, Feldsalat und Kartoffeln, Spargelerbsen und Erdbeerspinat, Spaghettikürbis und bunten Mais zum Beispiel. Und da kannst du dann zwischen so tollen Dingern wie Möhre Robila, Radieschen Sora, Zuckererbse Ambrosia, Erdbeermais und Forellenbohne wählen!

Samen kriegst du zwar auch nicht umsonst, aber allemal billiger als Pflanzen – ein Samentütchen reicht ja für mindestens drei Jahre. Außerdem kannst du experimentieren, indem du ein paar Samen mehr in die Erde steckst und die Pflänzchen dann an verschiedene Orte setzt: ins Beet, in den Topf, in den Blumenkasten und ins Gewächshaus zum Beispiel. Um zu sehen, wo sie am besten gedeihen.

Allerdings brauchst du mehr Zeit und Geduld, wenn du Pflanzen aus Samen wachsen lässt. Zuerst dauert es einige Tage, bis sich überhaupt was tut, nachdem du den Samen in die Erde gelegt hast: Diese Zeitspanne nennt man „Keimzeit". Sie ist nicht bei jeder Pflanze gleich lang: Bei Kohlrabi dauert es etwa 10 Tage, bis du ein Fitzelchen der neuen Pflanze sehen kannst, bei Paprikaschoten sogar 20 Tage. Eine Tabelle dazu findest du auf Seite 24 bis 27. Willst du ganz genau über das Keimen von Pflanzen Bescheid wissen? Dann schlag nach ab Seite 16.
Nach der Keimzeit dauert es noch mal tage- oder sogar wochenlang, bis die Pflanze so groß ist, dass du sie umtopfen kannst. Bei Tomaten und Paprikaschoten sind es etwa 2 Monate insgesamt. Dann kriegen die jungen Pflanzen ihren endgültigen Platz, können wachsen, blühen und Früchte tragen.

VIELE SAMEN, VIELE PFLÄNZCHEN

Viele Samen sind so winzig, dass man sie einzeln kaum zu fassen kriegt. Salat, Möhren und Petersilie streut man deshalb auf die Erde, so dünn wie möglich, damit die Samen sich beim Wachsen nicht gegenseitig im Weg sind. Ein Trick hilft: Mische solche Minisamen mit Sand und streue sie dann auf die Erde, dann liegen sie nicht so dicht. Sobald die Pflanzen aus der Erde lugen und größer werden, herrscht dann doch drangvolle Enge. Bei Möhren stört das nicht: Du ziehst einfach die zuerst aus der Erde, die groß genug, also etwa fingerlang sind. Die anderen können weiter wachsen und werden später geerntet.

Bei Salat stört es schon – dich vielleicht nicht, aber die Pflänzchen. Denn Salat will einen „Kopf" bilden wie der Name „Kopfsalat" ja sagt. Das kann er nicht, wenn sein Nachbar zu dicht dran ist. Außerdem gibt es vielleicht sogar Salatmatsch – wenn es einige Tage hintereinander regnet und sich überdies noch Schnecken im Beet tummeln. Dann ist deine Ernte futsch und die Arbeit war umsonst.

Deshalb musst du Salatpflanzen vereinzeln oder „pikieren" wie es in der Gärtnersprache heißt. Und das geht so: Du nimmst ein Pflanzholz (schau auf Seite 32) und steckst es dicht neben dem Pflänzchen in die Erde, das du herausholen willst. Dann wie eine Schaufel nach unten drücken und das Pflänzchen samt einigen Krümelchen Erde herausnehmen. Okay, du kannst auch mit dem Finger in die Erde bohren und es ausgraben. Aber das Pflanzholz brauchst du trotzdem: Du steckst es dort in die Erde, wo das Pflänzchen hin soll, bewegst es zwei- bis dreimal hin und her, bis die Erdkuhle breit genug ist. Dann hältst du das Pflänzchen so in die Kuhle, dass die Wurzelspitzen gerade eben den Boden berühren. Jetzt ziehe das Pflanzholz heraus und schiebe die Erde mit der Spitze des Holzes um die Pflanze und drücke sie leicht fest. Der Vorteil bei dieser Methode: Die zarten Würzelchen bleiben heil, das Pflanzloch ist gerade richtig groß, sodass das Pflänzchen weder zu hoch noch zu tief in der Erde sitzt. Sitzt, passt und hat Luft – buchstäblich!

VIELE PFLANZEN, VIEL PLATZ

Als Anfänger in Sachen Gemüsebau sät man immer zu viel. Zwar gehen nicht alle Samen auf, doch aus dem kleinen Häufchen in deiner Handfläche, das du aufs Beet streust, wächst ein Schubkarren voller Möhren und so viel Salat, dass nur Kaninchen damit glücklich sind. Sei also lieber sparsam. Schließlich brauchen die Pflanzen Platz. Wenn also nur zehn Salatsamen es bis zum Pflänzchen schaffen und jedes davon etwa 20 cm Abstand zum anderen braucht, kriegst du ein Salatbeet von 1 m mal 1 m. Oder einen Streifen von 2 m Länge und 20 cm Breite – der passt aber vielleicht nicht in euren Garten (Mami will ihr Sommerblumenbeet behalten und Papa züchtet Rosen). Es fällt schwer, kleine Pflänzchen einfach wegzuwerfen, auch wenn man keinen Platz für sie hat. Vielleicht magst du ja eine Tauschbörse organisieren. Vielleicht mögen Freunde oder Klassenkameraden mitmachen beim Gemüseanbau? Oder du spendest die Pflänzchen einfach für euren Schulgarten.

Wenn du keine Zeit zum Vereinzeln der Salatpflänzchen hast oder dich noch nicht dran traust, kannst du auch die kleinen Pflanzen ernten – wie Pflücksalat oder Schnittsalat, bei dem man ja die einzelnen Blätter isst.

UMTOPFEN

Umtopfen oder umpflanzen heißt, dass du eine Pflanze von einem Topf in den anderen pflanzt. Zum Beispiel, wenn du eine Pflanze gekauft hast und sie zu Hause in einen größeren Topf oder in ein Beet pflanzt. Oder wenn du die kleine Pflanze, die aus dem Samen gewachsen ist, aus dem Saatbeet dorthin pflanzt, wo sie bis zur Ernte wachsen soll. Umtopfen ist bei allen Pflanzen notwendig, denn die Töpfe aus dem Gartencenter sind immer zu klein für erwachsene Pflanzen. Umpflanzen ist auch nach dem Säen notwendig. Denn nach einigen Wochen braucht eine Pflanze mehr Platz zum Wachsen, sonst verkümmert sie und geht ein. Manchmal kannst du lesen, dass man Pflanzen regelmäßig umtopfen muss. Das gilt aber nur für Zimmerpflanzen. Gemüse, Salat und Kräuter topft man nur einmal um und zwar dann, wenn sie außer den beiden Keimblättern noch ein paar größere Blättchen, die Laubblätter, haben: Auf dem Bild setzt Annika kleine Kohlrabipflänzchen von der Anzuchtbox raus ins Beet. Du kriegst ja auch nicht alle paar Jahre ein größeres Bett, sondern ziehst vom kleinen Kinderbettchen ins normale Bett um. Pflanzen wollen möglichst in Ruhe gelassen werden – kommt dir das bekannt vor?

ERDE UND WURZELN LOCKERN

Bei vielen Pflanzen, die du in Töpfen kaufst, ist die Erde ziemlich fest und die Wurzeln sind sehr zusammengedrückt. Deshalb musst du sie lockern, bevor du das Pflänzchen umtopfst. Das geht so: Die Pflanze im Topf rundherum an jeder Seite etwas eindrücken. Jetzt siehst du schon, dass sich zwischen Topf und Erdballen ein Spalt gebildet hat. Nun fasst du die Pflanze mit einer Hand an der dicksten Stelle, nämlich dort, wo sie gerade aus der Erde wächst und ziehst vorsichtig. Mit der anderen Hand drückst du an die Unterseite des Topfes.

Hast du das Pflänzchen in der Hand? Gut, dann lege den Topf beiseite und pule mit den Fingern etwa zwei Drittel der Erde von den Wurzeln. Dadurch lockerst du die Wurzeln. Bei größeren Pflanzen mit starken Wurzeln, zum Beispiel von Rosmarin, Salbei oder Thymian, kannst du mit einer Gartenschere auch die Spitze der Wurzeln abschneiden. Das gibt den Pflanzen den Impuls, neue Würzelchen zu bilden und sich gut in der neuen Erde zu verankern.

PANNENHILFE

Manchmal geht was schief beim Gärtnern. Da hast du die Eier der Kartoffelkäfer regelmäßig abgestreift. Trotzdem knabbern jetzt ein paar Larven an den jungen Blättern. Marienkäfer sitzen zwar auf den Dicken Bohnen und kümmern sich um die Läuse. Aber sie schaffen nur einen Bruchteil der kleinen schwarzen Sauger. Und die nackten Schnecken erst! Zeit zum Eingreifen.

KARTOFFELKÄFER

Kartoffelkäferlarven und die ausgewachsenen Kartoffelkäfer musst du sammeln. Zieh Gummihandschuhe an und streife die Larven von den Blättern in einen leeren Joghurtbecher. Den kippst du möglichst weit entfernt vom Kartoffelbeet aus – die Vögel werden die Larven aufpicken. Auch die Käfer kommen in den Becher. Sie können zwar fliegen, aber wenn du sie weit genug in die Landschaft trägst, suchen sie sich vielleicht ein anderes Feld und lassen deine Kartoffeln in Ruhe. Mittlerweile gibt es auch flugunfähige Kartoffelkäfer, weil bestimmte Pflanzenschutzmittel die Metamorphose der Käfer beeinflussen: So nennt man die Verwandlung der Larve in das erwachsene Insekt. Diese Mittel verursachen häufig verkrüppelte Flügel.

Larve des Kartoffelkäfers

Und so sieht ein Kartoffelkäfer aus

LÄUSE

Manche Pflanzen kriegen immer Läuse: dicke Bohnen und Artischocken zum Beispiel. Das beste Mittel dagegen ist ein kräftiger Pinsel. Tauche den Pinsel in Wasser mit einem Tröpfchen Spülmittel und streife die Läuse damit ab. Das musst du aber mehrmals machen. Bei Beerensträuchern hilft auch ein starker Wasserstrahl mit dem Gartenschlauch.
Über Salat und Mangold fallen die Läuse fast nur im Juni her. Die Pinselmethode mit Spülmittel geht da natürlich nicht – wer will schon Salat mit Spüli?! Beim Salat ist also nichts zu machen. Wenn die ersten Läuse auf deinem Pflücksalat sitzen, säst du in einem anderen Topf neue Pflanzen. Pflücksalat wächst schnell, und sobald die Läusezeit im Juli vorbei ist, kannst du wieder ernten. Beim Mangold schneidest du die verlausten Blätter ab. Wenn es sein muss, entfernst du alle Blätter und lässt nur den Strunk stehen. Die Pflanze treibt wieder aus.

MAULWURF

Buddelt der Maulwurf genau da, wo er dich stört? Dann verwende im Frühling die Erde der Maulwurfshügel für deine Pflanzen: Sie ist nämlich wunderbar locker und krümelig. Der Maulwurf wiederum mag keine Luftlöcher über seinem Bau. Deshalb zieht er vermutlich aus, wenn du ihm seine Hügel wegschaufelst.

AMEISE

Ameisen sind sehr nützlich, weil sie den Garten gewissermaßen aufräumen. Denn sie fressen alles, auch tote Tiere. Trotzdem mag man sie nicht überall. Weil sie Sämlinge anknabbern, Mehltau übertragen können und durch ihre Bautätigkeit die Wurzeln der Pflanzen stören. Hast du einen Ameisenhaufen im Beet? Stülpe einen Blumentopf darüber. Die Ameisen finden das super und sammeln sich darunter. Nach zwei Tagen fährst du mit der Schaufel unter den Blumentopf und setzt das Ganze dorthin, wo es nicht stört. Den Blumentopf kannst du wieder wegnehmen.

KRANKE PFLANZE

Kümmert eine Pflanze im Topf vor sich hin – trotz bester Pflege? Dann hat sie vielleicht Insekten an den Wurzeln, die sie nicht verträgt. Da hilft nur nachsehen und vermutlich umtopfen: Ziehe Gartenhandschuhe an, breite eine Zeitung auf dem Boden aus und kippe den Topf mit der Pflanze zur Seite. Nun fasst du die Pflanze mit einer Hand an der dicksten Stelle, nämlich dort, wo sie gerade aus der Erde wächst und ziehst vorsichtig. Wenn sie sehr stramm in der Erde sitzt, muss ein Helfer den Topf festhalten.

Hast du die Pflanze in der Hand? Gut, dann lege sie erst mal auf der Zeitung beiseite und schau dir die Erde im Topf an. Wuselt es im Topf von Ameisen? Oder hast du ein paar Engerlinge aufgeweckt? Das sind die Larven vom Maikäfer, die manchmal im Komposthaufen leben und mit der Komposterde in den Blumentopf geraten. Schütte die Erde auf alle Fälle weg, auch wenn du nichts entdeckst.

Nun sieh dir die Wurzeln der Pflanze an. Wenn Ameisen dran sind, tauchst du die Pflanze in einen Eimer mit Wasser. Kippe es dann gleich wieder aus, damit die Tiere nicht ertrinken. Engerlinge klaubst du heraus und legst sie dorthin, wo die Amseln sie sehen …

Gib der Pflanze nun frische Erde und setzte sie wie gewohnt ein. Gießen nicht vergessen!

Damit die Ameisen gar nicht erst wieder von unten durch das Abflussloch in den Topf krabbeln, stellst du ihn am besten auf kleine Füßchen, die es in Gartencentern zu kaufen gibt.

Entdeckst du beim Umtopfen gar kein Tier im Topf? Nur die Erde ist klitschnass? Dann hast du versehentlich zu viel gegossen – die Erde ist „sauer" geworden, und die Pflanze kriegt zu wenig Kalk. Wirf die alte Erde weg, schneide mit der Gartenschere ein kleines Stückchen von jeder der dicken Wurzeln ab – das gibt der Pflanze den Impuls, neue Würzelchen zu bilden und sich gut in der neuen Erde zu verankern. Fülle den Topf etwa drei Finger hoch mit Kieselsteinen, bevor du die neue Erde hineingibst und die Pflanze einsetzt. Die Kiesel sorgen dafür, dass das Wasser besser abläuft.

Das ist ein Engerling, der mit Vorliebe kleine, zarte Wurzeln frisst.

gefräßige Nacktschnecken

liebe Weinbergschnecke

ECHTE PLAGEGEISTER

Schnecken leben in jedem Garten. Wehren musst du dich aber nur gegen Nacktschnecken. Denn die gibt es bei uns erst seit etwa 40 Jahren. Sie haben noch keine natürlichen Feinde. Oder sie vermehren sich so rasant, dass ihre Feinde mit dem Fressen nicht nachkommen. Um Schnecken mit Häuschen brauchst du dich nicht weiter zu kümmern, denn sie richten kaum Schaden an. Nur wenn du welche direkt bei deinen Pflanzen oder auf dem Komposthaufen findest, bringst du sie woanders hin. Die großen Weinbergschnecken sollst du vorsichtshalber auch nicht im Gemüsebeet sitzen lassen. Sie fallen zwar nicht in Scharen über dein Gemüse her, aber einen saftigen jungen Salat verschmähen sie natürlich nicht. Weinbergschnecken sind übrigens sehr nützlich, weil sie Flechten, Samen und Unkraut fressen. Es heißt auch, dass sie die Eier von Nacktschnecken vertilgen. Tatsächlich findest du dort, wo Weinbergschnecken leben, fast nie eine Nacktschnecke. Außerdem stehen Weinbergschnecken unter Naturschutz. Und sie sind wunderschön – schau dir mal eine genau an.

Schneckeneier im Beet, Topf oder auf dem Kompost sammelst du auf einem großen Blatt und legst sie für die Vögel bereit. Gegen alle Schnecken gibt es im Gartencenter „Schneckenkragen", die du um die Pflanze legst. Oder Schneckenzäune, die du um das ganze Beet ziehst. Das Prinzip ist dasselbe: Den nach außen gebogenen Rand können die meisten Schnecken nicht überwinden. Falls sie aber aus Eiern kriechen, die innerhalb des Zauns schon in der Erde liegen, hast du ein Problem.

Damit Schnecken deinen Pflanzen gar nicht erst zu nahe kommen, solltest du
• das Gras rund um die Beete kurz halten,
• keine Erntereste auf dem Boden liegen lassen,
• die Erde um die Pflanzen häufig mit dem Krümmer krümelig machen.
Wenn du mit den Nacktschnecken einen vergeblichen Kampf führst, sprich mit deinen Eltern. Es gibt Schneckenkorn zu kaufen, das für andere Tiere unschädlich ist (siehe Anhang) und auch für biologisch wirtschaftende Betriebe zugelassen ist.

Schneckenkorn richtig verwenden
Zuerst sammelst du alle Schnecken mit Haus ab und setzt sie woanders hin. Bitte nun unbedingt einen Erwachsenen, dir zu helfen: Schneckenkorn wird nur um jede einzelne Pflanze gestreut und zwar ganz dünn. Streue nicht jeden Tag, sondern erst, wenn du wieder viele Nacktschnecken bemerkst. Nach einigen Wochen sind die Plagegeister verschwunden.

SAMEN SELBST SAMMELN

Wenn du einmal Gemüse angepflanzt und geerntet hast, brauchst du nicht mehr so viel fürs nächste Frühjahr zu kaufen. Du kannst nämlich viele Samen selbst sammeln.

KARTOFFELN

Das sind natürlich keine Samen, sondern Knollen – sie heißen Pflanzkartoffeln. Aber die kannst du genauso für den Anbau im nächsten Jahr aufheben: Nimm von jeder Sorte zwei mittelgroße, makellose Kartoffeln, die du in einen Karton oder ein Obstkistchen in den kühlen, dunklen Keller legst. Mit einem Tuch abdecken und im Frühling rechtzeitig keimen lassen – schau nach auf Seite 39. Wenn du selbst keinen Kartoffelkeller hast, kannst du deine Pflanzkartoffeln vielleicht jemandem in Pflege geben (der sie garantiert nicht verspeist).

GURKEN

Lasse eine Gurke groß und gelb werden – sie muss richtig aufgebläht aussehen, damit die Samen reif sind. Nun halbierst du sie und schabst mit einem Löffel oder einem Messer die Samen mit dem anhängenden Fruchtfleisch heraus. Gib das Ganze in eine Tasse mit lauwarmem Wasser und lasse es ein paar Stunden darin liegen. Dann kannst du das Fruchtfleisch vorsichtig abwaschen. Die Samen legst du nebeneinander auf ein Stück Küchenpapier und lässt sie ganz trocknen. Dann gibst du sie in ein Schraubglas und drehst es zu.

TOMATEN

Bei den Tomaten machst du das genauso wie bei Gurken. Aber die Samen sind viel kleiner und flutschen leicht weg, wenn du das Fruchtfleisch drumrum abziehen willst.

BOHNEN, ERBSEN UND ZUCKERERBSEN

Lasse einfach zwei Hülsen an der Pflanze braun und trocken werden. Dann pulst du die Bohnenkerne bzw. Erbsen heraus, lässt sie noch mal eine Woche auf einem Teller liegen, damit sie ganz trocken sind. In einem Schraubglas kannst du sie für die nächste Aussaat aufheben, natürlich getrennt voneinander.

SAMEN AUFBEWAHREN

AB INS GLAS

Am besten eignen sich zum Samen sammeln kleine Gläser mit Schraubverschluss. Denn du musst immer die Trockenprobe machen: Wenn du das Glas schüttelst und dabei die Samen hören kannst, sind sie richtig getrocknet. Bohnenkerne zum Beispiel klappern kräftig. Samen lassen sich locker durchschütteln und kleben nicht zusammen. Dann ist alles perfekt, und die Samen werden beim Aufbewahren nicht schimmeln. In einem Papiertütchen kannst du das nicht so gut kontrollieren.

WAS IST DAS DENN?

Vergiss nicht, deine Samengläschen zu beschriften: Welches Gemüse es ist, muss auf alle Fälle drauf. Es macht aber auch viel Sinn, die Sorte zu vermerken. Denn manche Tomaten schmecken roh, andere sind geschmort viel besser. Das Gleiche gilt für Paprikaschoten. So lernst du auch eine Menge über den Geschmack von Gemüse.

NICHTS PASSIERT?

Du säst und gießt und wartest geduldig, aber nichts passiert? Das kann einfach Gärtnerpech sein – manche Samen sind eben nicht gesund. Oder du hast die verschiedenen Vorlieben der Samen übersehen: Es gibt Samen, die Licht zum Keimen brauchen, andere wollen es lieber dunkel. Manche keimen nur im warmen Zimmer, andere lieben die Kälte. Schau nach auf Seite 21 – da steht alles genau beschrieben.

PAPRIKASCHOTEN

Du musst eine Schote ganz reif werden lassen, also ganz, ganz gelb, rot oder orange – je nach Sorte. Das klappt nur in einem heißen Sommer und einem sonnigen Herbst. Hat es geklappt? Dann einfach ein paar Samen aus der Mitte nehmen und trocknen lassen.

MAIS

Einen Maiskolben lässt du ganz reif werden, bis die Blätter vertrocknen und die Hülle aufplatzt. Nun einige Körner vorsichtig aus dem Kolben lösen und trocknen lassen. Denk dran: Zuckermais, den du grillen oder als Gemüse essen kannst, hat schrumpelige Samen. Körnermais, aus dem man Maismehl für Tortillas macht (Seite 260) oder an Tiere verfüttert, hat glatte Samen. Man nennt ihn auch Hartmais.

KÜRBIS

Lasse ihn liegen, bis du ihn zubereiten willst. Dann halbierst du den Kürbis und nimmst einige heile Samen aus dem wattigen Gewebe und lässt sie auf Küchenpapier ganz trocknen. Jetzt kannst du auch das Gewebe abpulen.

Kürbis und Zucchini sind spannende Pflanzen. Du weißt nämlich nicht genau, ob aus den gesammelten Samen auch wieder dieselben Sorten wachsen. Wenn du verschiedene Kürbissorten und Zucchini auf einem Beet anbaust, kreuzen sich die Pflanzen sehr leicht.

Da kann dann ein Kürbis rauskommen, der wie eine Riesen-Zucchini mit knallharter Schale aussieht und nach gar nichts schmeckt. Wenn du keine Experimente machen willst, besorgst du dir die Samen jedes Jahr frisch.

Kürbis und Zucchini gehören übrigens beide zur Familie der Kürbisgewächse. Sie sind gewissermaßen zweieiige Zwillinge.

ZWIEBELN

Zwiebelsamen kriegst du nur, wenn du die Zwiebeln nicht erntest, sondern zwei Jahre lang wachsen lässt. Denn Zwiebeln blühen erst im zweiten Jahr und bilden dann Samen. Aber bei Steckzwiebeln kannst du oft schon im ersten Jahr ernten, weil keine „frischen", sondern ein paar einjährige Zwiebeln in die Mischung geraten sind: Bei diesen Zwiebeln kommt aus der Mitte eine dicke, ziemlich harte Röhre, während die Knolle in der Erde nicht weiter wächst und ebenfalls hart bleibt. Die Röhre bildet an der Spitze eine Blüte – einen Boller mit hübschen kleinen, weißen Sternchen, die Bienen und Hummeln lieben. Sobald die Blüte im Herbst trocken geworden ist, schneidest du sie vorsichtig ab, damit nicht zu viele Samen herausfallen. Auf einen Teller legen und ganz trocknen lassen, bis du die kleinen schwarzen Samen einsammeln kannst. Gib sie in ein Glas und hebe sie fürs nächste Frühjahr auf.

WIE VERMEHREN SICH PFLANZEN?

Im Garten vermeheren Pflanzen sich vorwiegend durch Samen, Ableger oder Stecklinge. Alle deine Gemüsepflanzen vermehren sich durch Samen, die kannst du entweder im Tütchen kaufen oder selbst sammeln.

Botaniker unterscheiden zwischen der sexuellen Vermehrung durch Samen und der asexuellen Vermehrung durch vegetative Organe wie Sprosse, Wurzeln oder Blätter. Wenn du zum Beispiel ein Stück Wurzel von einer Rucolapflanze in ein Glas mit Wasser stellst, bilden sich daran nach einigen Tagen zarte weiße Würzelchen. Aus dem Wurzelstück wird also eine neue Pflanze. Das ist auch bei Pflanzen der Fall, die du nicht im Beet haben möchtest: Löwenzahn, Hahnenfuß und Brennnessel – auf den Bildern rechts siehst du, dass diese Pflanzen immer nachwachsen, wenn ihre Wurzeln in der Erde bleiben.
Die vegetative Fortpflanzung kannst du auch bei Erdbeeren beobachten (Seite 149).

Kartoffeln vermehren sich ebenfalls vegetativ durch Sprosse, allerdings unter der Erde: Die „Augen", aus denen die Triebe wachsen, sind keine Wurzeln, sondern Sprosse. Daran bilden sich dann neue Knollen. Kartoffeln sind sogenannte Sprossknollen, Teile der Sprossachse, die – wenn sie noch intakt ist – Gemüse nach der Ernte wieder wachsen lässt (schau nach auf Seite 131). Einen Spross wie den Kartoffeltrieb kannst du leicht von einer Wurzel wie der Möhre unterscheiden: Sprosse werden bei Sonnenlicht grün, Wurzeln nicht. Deshalb färben sich auch die Kartoffeln selbst bei Tageslicht grün – sie bilden Blattgrün (und grünes Solanin).

Auch Zwiebeln sind Sprosse und vermehren sich unterirdisch – deshalb wird aus ein paar Bärlauchpflanzen nach ein paar Jahren ein dichter Teppich. Zwiebeln kannst du auch aus Samen ziehen (siehe links). Verkauft werden jungen Zwiebeln als Steckzwiebeln; es sind kleine Pflanzen, die nach einigen Monaten reif zum Ernten sind – genau wie andere Pflänzchen, die du kaufen kannst.

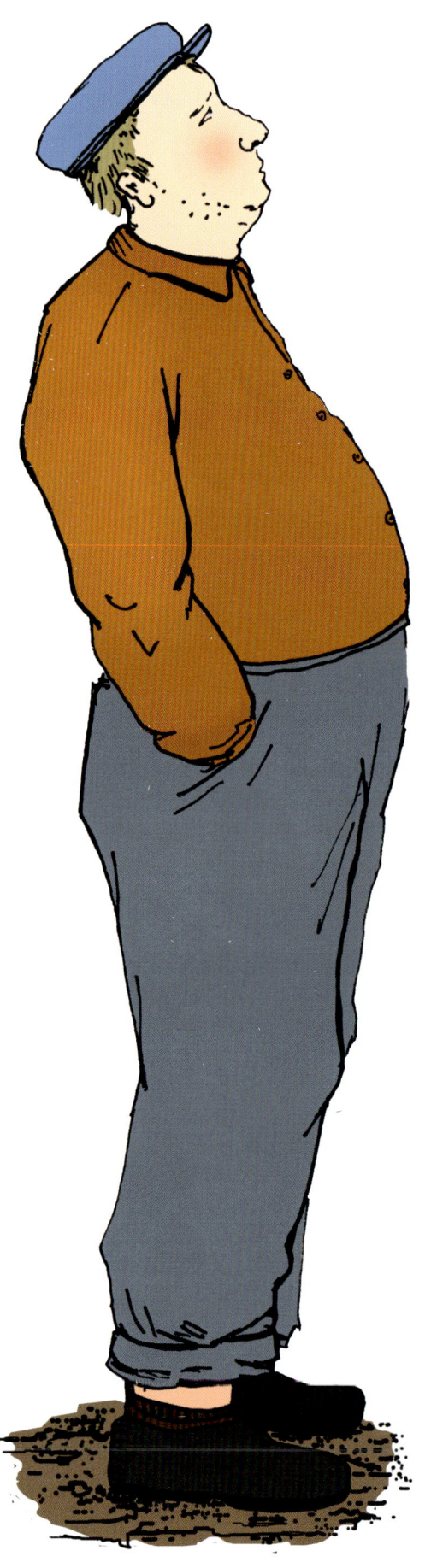

UND WIE WIRD DAS WETTER?

Das ist eine typische Gärtner- und Bauernfrage. Von Sonne, Regen, Wind und Temperatur hängen die Termine für richtige Aussaat, gutes Wachstum und erfolgreiche Ernte ab.

BAUERNREGELN

Sobald du anfängst mit dem Gärtnern, fängst du auch an, übers Wetter nachzudenken: Können die Tomaten schon ins Freie oder kommt noch Frost? Wird es regnen oder muss ich gießen? Bleibt es trocken genug zum Kartoffelnernten? Klar, du schaust einfach in den Wetterbericht. Als es den noch nicht gab, gingen die Leute nach draußen, um sich die Wolken am Himmel, den Tau in der Wiese oder die Nebelschwaden über den Feldern anzugucken. Aus diesen Beobachtungen sind Bauernregeln entstanden. Viele davon stimmen und lassen sich meteorologisch erklären.

MEISTENS RICHTIG

Mitte Mai ist der Winter vorbei

Fast jedes Jahr wird es am 12., 13., 14. und 15. Mai noch mal richtig kalt. Diese vier Tage nennt man die „Eisheiligen" und die „Kalte Sophie" – im katholischen Kirchenkalender sind es die Gedenktage der vier Heiligen Pankratius, Servatius, Bonifatius und Sophia. Mitte Mai herrscht gewöhnlich hoher Luftdruck. Das heißt, in Mitteleuropa weht trockener und meist kühler Wind aus Norden bis Osten. Die Sonne strahlt aber noch nicht genügend Wärme ab, sodass die Lufttemperatur auch mittags nur um die 15 °C beträgt. In einer klaren Nacht kann sie dann bis zum Bodenfrost absinken. Wichtig für dich bei dieser Bauernregel ist die Vorsorge: Empfindliches, wärmeliebendes Gemüse wie Tomaten, Gurken, Paprikaschoten und Bohnen dürfen erst nach dem 15. Mai ins Freie.

Abendrot, schön Wetter Bot

Wenn die Sonne tief über dem Horizont steht, legen die Sonnenstrahlen einen weiten Weg durch die Luftschichten am Boden zurück. Hier, knapp über der Erde, ist aber am meisten Wasserdampf. Wasserdampf strahlt nur das rote Licht aus den Spektralfarben zurück, während die anderen Farben „verschluckt" werden. Abendrot zeigt also an, dass die Luft dicht über dem Boden sehr feucht ist. Weiter oben aber ist es klar, das heißt, die Nacht wird kühl. Die feuchte Luft bleibt deshalb unten, versickert als Wassertröpfchen in die Erde oder legt sich als Tau aufs Gras. Die Sonne geht hell auf, es wird ein schöner Tag. Gut für die Kartoffelernte!

Geht die Sonne feurig auf, folgen Wind und Regen drauf

Die Sonne geht rot auf, das heißt, in den unteren Luftschichten steckt noch eine ganze Menge Wasserdampf. Er hat sich in der Nacht nicht als Tau abgesetzt, wird also jetzt, wo die Sonne da ist, verdunsten und nach oben steigen. Es bilden sich Wolken, und du brauchst wahrscheinlich nicht zu gießen.

Reif und Tau machen den Himmel blau

Genau wie beim hellen Sonnenaufgang verdunstet die Feuchtigkeit am Boden, und die Sonne wird weiterscheinen.

Steigt Nebel empor, steht Regen bevor

Der Nebel, der nach oben steigt, ist Wasserdampf, aus dem sich Wolken bilden können. Löst sich dagegen der Nebel langsam am Boden auf, kriegen wir fast immer einen schönen Spätsommer- oder Herbsttag.

Ein nasser März, schlechte Ernte im Herbst

Im März sollte es aus zwei Gründen nicht so viel regnen: Erstens darf man nassen Boden nicht bearbeiten, weil man die Erde dann zu fest zusammendrückt. Zweitens sind die Pflanzen noch klein und kommen mit ihren zarten Wurzeln besser in die unteren Bodenschichten, wenn die Erde nicht mehr so nass ist. Sobald sie unten sind und sich gut ausgebreitet haben, kriegen sie viele Nährstoffe. Sie wachsen gut und es gibt reichlich zu ernten.

WAS STIMMT EHER NICHT?

Dass es sieben Wochen regnen wird, wenn es an Siebenschläfer, dem 27. Juni, regnet. Nur ganz selten ist das Wetter um diese Jahreszeit wochenlang so stabil. Allerdings sagt die Regel ja auch nicht, dass es ununterbrochen schütten wird, oder?

UND WAS IST GANZ DANEBEN?

Dass man die Glocken läuten soll, um drohendes Gewitter mit Hagelschlag zu verscheuchen. Diese Bauernregel ist in einer Zeit entstanden, als Kirchenglocken geläutet wurden, um die Menschen zu beruhigen: „Der liebe Gott passt schon auf, dass euch nichts geschieht", hieß es damals. Tatsächlich sind in manchen Dörfern bis vor etwa zehn Jahren noch die Kirchenglocken geläutet worden, wenn sich oben was zusammenbraute.

WER HAT'S ERFUNDEN?

Pflanzen nehmen zwar nicht ihren Koffer und reisen durch die Gegend.
Aber sie können sich trotzdem ganz schön weit verbreiten.

OHNE KOFFER AUF REISEN

Vögel fressen Früchte, fliegen weg und scheiden die Samen sonst wo wieder aus. Samen werden durch den Wind verweht oder kleben am Fell von Tieren. Manche Früchte platzen und schleudern die Samen weit heraus. Und manche gehen sogar ganz allein auf große Reise: Kokosnüsse zum Beispiel haben sich durch „Inselhüpfen" vermehrt. Sie können nämlich Tausende von Seemeilen schwimmen und behalten dabei ungefähr drei Monate ihre Fähigkeit zu keimen. Natürlich haben auch wir Menschen ganz entscheidend für die Verbreitung der Pflanzen gesorgt: Forscher, weil sie eine neu entdeckte Pflanze so interessant fanden. Kaufleute, weil exotische Sachen oft eine Menge Geld bringen.

So, und jetzt schau mal, ob du eine Idee hast, woher die Pflanzen kommen. Du kannst manchmal auch zwei oder sogar drei Regionen ankreuzen.

RADIESCHEN
- Deutschland
- Schweiz
- Italien

RETTICH
- Südeuropa
- Ostasien
- Nordamerika

BLUMENKOHL
- Deutschland
- Indien
- Italien

SPINAT
- Asien
- Nordamerika
- Südafrika

KOPFSALAT
- Iran
- Ägypten
- Tunesien

AUBERGINEN
- Indien
- Japan
- Thailand

GURKEN
- China
- Indien
- Nepal

MAIS
- Chile
- Kanada
- Mexiko

MÖHREN
- Deutschland
- Arabien
- Holland

ERBSEN
- Palästina
- Griechenland
- Türkei

TOMATEN
- Italien
- Holland
- Peru

DICKE BOHNEN
- Schwarzes Meer
- Mittelmeerraum
- Bodensee

GRÜNE BOHNEN
- Argentinien
- Mexiko
- Peru

ROSENKOHL
- Österreich
- Polen
- Belgien

PAPRIKASCHOTEN
- Mexiko
- Peru
- Feuerland

KÜRBIS
- Brasilien
- Mexiko
- Kanada

ZUCCHINI
- Texas
- Mexiko
- Alaska

ERDBEEREN
- Australien
- Europa
- Amerika

KIRSCHEN
- Afrika
- Türkei
- Griechenland

ÄPFEL
- Asien
- Europa
- Afrika

DIE HABEN'S ERFUNDEN!

Hier gibt's die Antworten und noch ein bisschen mehr über Gemüsegeschichte(n). Schließlich essen wir Menschen überall auf der Erde viel mehr Pflanzen als Fleisch – seit Jahrtausenden übrigens!

RADIESCHEN
- Schweiz
- Italien

Woher sie ganz genau stammen, weiß man nicht, weil sich Fachleute noch nicht über ihre „wilden" Ahnen einigen konnten. Kultur-Radieschen tauchen in Mittel- und Westeuropa jedenfalls im 16. Jahrhundert auf: Damals war das weiße Radieschen aus der Gegend um Basel in der Schweiz bekannt, das rote sei – so zeitgenössische Botaniker – aus Italien gekommen. Bereits im 17. Jahrhundert wurden Radieschen in fast allen Ländern Europas gegessen.

RETTICH
- Südeuropa
- Ostasien

Der Rettich ist schon vor der Zeitenwende von verschiedenen Völkern als wichtige Gemüsepflanze kultiviert worden: Ein Zentrum lag in Südeuropa, das andere in Ostasien, wo man statt der dicken, scharfen Wurzel lieber ganz milde Sorten mit langer Wurzel mag: Dieser Daikon-Rettich gehört zum wichtigsten Gemüse in der japanischen und koreanischen Küche. In Europa, wo man Rettich vorwiegend roh isst, sind eher die schärferen Sorten gefragt.

BLUMENKOHL
- Italien

Die wilden Vorläufer aller Kohlpflanzen wuchsen an Atlantik und Mittelmeer. Aufgrund des Formenreichtums nimmt man an, dass Kulturkohl nicht nur einen einzigen Stammvater hatte, sondern aus vielen verschiedenen Wildpflanzenarten der Kohlfamilie hervorgegangen ist. In Rom wurde schon um die Zeitenwende entweder Blumenkohl oder Brokkoli gegessen – ganz genau können Historiker das nicht rekonstruieren. Jedenfalls waren diese zarten Kohlsorten ein Frühlingsgemüse. Blumenkohl ist übrigens für die asiatische Küche genauso typisch wie für Europa, und die größten Blumenkohlesser in Asien sind die Inder.

SPINAT
- Asien

Der Spinat stammt vermutlich aus einer Region, die von Iran über die südöstlichen Küstenstriche des Kaspischen Meeres bis nach Nepal reicht – also einen großen Teil Asiens umfasst. Sicher ist, dass die Araber ihn vor etwa 1 000 Jahren ins eroberte Südspanien gebracht und dort viel häufiger verwendet haben, als in seiner asiatischen Heimat. Viele dieser frühen mediterranen Spinatrezepte sind überliefert und haben die moderne Mittelmeerküche beeinflusst: Zum Beispiel Spinat in Olivenöl mit Pinienkernen und Rosinen. Nach Mitteleuropa gelangte das Gemüse entweder über Spanien oder über die Kreuzfahrer, die ihn im Orient kennengelernt hatten. Inzwischen ist er ein Gemüse der gemäßigten Zonen und der Subtropen, beliebt rund um den Erdball – außerhalb Europas vor allem in Indien, Japan und Korea.

GURKEN
✔ Indien

Da sind sich die Botaniker wieder nicht ganz einig. Deshalb gibt's zur Gurkenheimat verschiedene Theorien. Wilde Vorläufer der kultivierten Pflanze stammen aus Nordindien, die ältesten archäologischen Funde aber aus Vorderasien. Schriftliche Aufzeichnungen haben uns Griechen und Römer hinterlassen, erste Abbildungen die Naturwissenschaftler der Renaissance. Saure Gurken mochten bereits die Römer: Sie konservierten die Früchte in Salzlake oder Essiglösung. Slawische Völker haben daraus die Milchsäuregärung entwickelt und das Gemüse für den Wintervorrat noch mit Gewürzen verfeinert. Die Vorliebe für Gurken ist buchstäblich grenzenlos geblieben: Wo die Sommer kurz, die Winter lang und rau sind, isst man sie vorwiegend eingelegt, in heißen Ländern verwendet man sie frisch am liebsten.

KOPFSALAT
✔ Ägypten

Der Kopfsalat stammt wie andere Salatsorten, die du sicher kennst – Eichblatt und Eissalat, Salatherzen oder Schnittsalat –, aus der großen Lattichfamilie. Alle sind eigens gezüchtete Nutzpflanzen. Kopfsalat ist die älteste aus der Gruppe: Eine ähnliche Form haben schon die Ägypter der Pyramidenzeit, die Griechen und die Römer kultiviert. In der Spätantike wurde Salat sogar schon gehandelt – genau wie Gemüse und Getreide. Der erste richtige Kopfsalat wie wir ihn noch heute kennen, tauchte dann vor knapp 500 Jahren auf – so zeigt ihn zumindest eine Abbildung aus dem 16. Jahrhundert.

MÖHREN
✔ Deutschland
✔ Arabien
✔ Holland

Wildmöhren kannst du hier in Deutschland an Wegrändern und auf Wiesen finden. Du erkennst sie an der Blüte, die sich wie ein Vogelnest zusammenzieht, sobald die Samen reifen. Gemeinsam mit Riesenmöhren aus dem Mittelmeerraum und Sorten aus Vorderasien bildeten diese wilden Möhren die Ahnen einer unserer ältesten Gemüsepflanzen. Doch aus den vielen Wurzeln, die Menschen seit jeher essen, sind Möhren erst recht spät eindeutig zu identifizieren – zuerst auf einer farbigen Abbildung, die um 500 n. Chr. in Konstantinopel angefertigt wurde. Die Araber sollen Möhren bereits vor 1 000 Jahren angebaut haben. Doch unsere „normalen" Möhren tauchten Ende des 17. Jahrhunderts in Holland auf. Rotviolette Möhren, die du auch säen kannst, wurden schon im 13. Jahrhundert in Italien gezüchtet.

MAIS
✔ Chile
✔ Kanada
✔ Mexiko

Der Mais stammt vermutlich aus Mexiko und wurde schon vor 7000 Jahren angebaut. Im Laufe der Jahrtausende wanderte Mais auf dem amerikanischen Kontinent nach Chile im Süden und Kanada im Norden. Kolumbus entdeckte Maisfelder bei seiner Landung auf San Salvador und brachte von seiner zweiten Reise Maiskörner nach Spanien mit. 1525 wurden Maisfelder in Südspanien angelegt. Wenn du noch mehr über Mais wissen willst, schau nach auf Seite 260 und 261.

AUBERGINEN
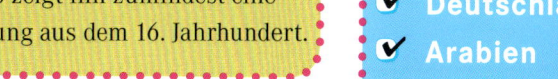
✔ Indien

Auberginen sind das einzige Gemüse aus der Familie der Nachtschattengewächse, das aus der Alten Welt kommt; ihre Verwandten, die Paprikaschoten, Tomaten und Kartoffeln stammen alle aus Mittel- und Südamerika. Wilde und die ersten kultivierten Auberginen gab es vermutlich im tropischen Indien; dort findet man noch heute die größte Vielfalt an Sorten. Durch arabische Kaufleute scheinen die Früchte zu Beginn des 13. Jahrhunderts nach Spanien, durch persische nach Afrika gekommen zu sein.

ERBSEN
- ✔ Palästina
- ✔ Griechenland
- ✔ Türkei

Als nahrhafte Hülsenfrüchte, die man trocknen und so gut in den Vorrat nehmen kann wie Getreide, gehören Erbsen zu den ältesten Kulturpflanzen. Wilderbsen wurden bereits vor knapp 10 000 Jahren gegessen, und vielleicht hat man sie damals nicht nur gesammelt, sondern auch schon angebaut: Die verkohlten Erbsen, die Archäologen im Süden Griechenlands, in der Türkei und in Palästina gefunden haben, stammen aus Ackerbaukulturen. Lange vor der Zeitenwende haben sich Erbsen über ganz Europa bis in den Norden nach Skandinavien ausgebreitet.

TOMATEN
- ✔ Peru

Tomaten kommen ursprünglich aus Peru und Ecuador. Die Stammpflanze kennt man nicht, nur die eng verwandte Wildtomate mit kirschgroßen, roten oder orangefarbenen Früchten. Eine rote Wildtomate namens „Rote Murmel" gibt es als Samen zu kaufen, und du kannst sie selbst anbauen. Sie schmeckt supersüß, toll nach Tomate und ist genau richtig zum Naschen. Lange vor Kolumbus haben die Indianer Kultursorten gezüchtet, die später den Tomatenanbau in Spanien und Italien begründeten. Die ersten europäischen Abbildungen des 16. Jahrhunderts zeigen nämlich sowohl „Primitivformen" mit kleinen Früchten als auch Tomaten mit so großen, wie wir sie heute kennen. Zunächst galten Tomaten nur als exotische Pflanzen für Wissenschaftler und für die Gartenanlagen des Adels. Doch die Italiener experimentierten auch in der Küche: Gegen Ende des 18. Jahrhunderts hatten sie das erste Tomatenessen erfunden. Na, was wohl: Pasta mit Tomatensauce natürlich! Sie sorgten weiter für die Küchenkarriere der Früchte aus der Neuen Welt, sodass mit Beginn des 20. Jahrhunderts Tomaten schließlich zu weltweit begehrten Gemüsepflanzen wurden.

GRÜNE BOHNEN
- ✔ Mexiko
- ✔ Peru

In ihrer Heimat Süd- und Mittelamerika werden sie seit etwa 5 000 Jahren genutzt: Die Völker in Mexiko und Peru, die Bohnen lange vor der europäischen Invasion kultiviert haben, bauten ihre beiden Grundnahrungsmittel Mais und Bohnen gemeinsam an: Dabei diente die Maispflanze den Bohnen als Stütze. Im Laufe der Jahrhunderte verbreiteten sich grüne Bohnen in vielen Sorten und allen Ländern der Erde. Übrigens wachsen die amerikanischen Bohnen im mitteleuropäischen Klima besser als alle Bohnen der Alten Welt. Deshalb essen wir heute viel mehr grüne als dicke Bohnen.

DICKE BOHNEN
- ✔ Mittelmeerraum

Die dicken Bohnen gehören zu den Bohnen der Alten Welt – im Gegensatz zu grünen Bohnen, die aus Süd- und Mittelamerika stammen. Wild wachsende Puffbohnen sollen im Himalaja und Nordafrika gefunden worden sein. Sicher bezeugt ist die Kultur der Puffbohne seit Jahrhunderten im Mittelmeerraum: Rund ums Mittelmeer zählen sie zum Traditionsgemüse, während sie weiter nördlich eher als Viehfutter, Arme-Leute-Essen und getrocknet als minderwertige Zutat zum Brot galten, wenn Getreide knapp war.

ZUCCHINI
- ✔ Texas
- ✔ Mexiko

Sie sind mit dem Kürbis verwandt und stammen aus der Neuen Welt, vermutlich aus den trockenen Ebenen und den Flusstälern zwischen Nordmexiko und Texas.

ROSENKOHL
✓ Belgien

Der Jüngste der Kohlfamilie ist der Rosenkohl und stammt aus Belgien: Zum ersten Mal taucht er als Brüsseler Kohl im Jahr 1785 auf – entweder als spontane Mutation oder gezielte Züchtung von hochstämmigem Sprossenkohl. Dieser „Tausendköpfige Kohl" wird heute nicht mehr kultiviert.

KÜRBIS
✓ Mexiko

Der Kürbis gehört zu den ältesten Nahrungspflanzen der Menschen. Samenfunde in Mexiko lassen sich auf etwa 15 000 Jahre zurückdatierten. Lange Zeit hat man vermutlich auch nur die ölhaltigen, nahrhaften Samen gegessen. Denn die Früchte waren vermutlich sehr klein, das Fleisch schmeckt bitter. Auch viele Kürbisblüten schmecken bitter – man kann sie deshalb nicht so zubereiten wie Zucchiniblüten (Seite 226). Die Kürbis-kulturpflanzen wurden in Zentral- und Südamerika gezogen und schließlich von den Europäern auf den restlichen vier Kontinenten verbreitet.

KIRSCHEN
✓ Türkei

Leckere Kirschen, die fast in jedem Garten stehen, stammen aus der Türkei, wurden vermutlich im 1. Jahrhundert vor Christus nach Rom gebracht – als Leckerbissen für reiche Leute. Etwa 100 Jahre später hatten römische Soldaten und Siedler die Pflanzen und Früchte bereits in Süd- und Westeuropa bis nach Südengland verbreitet.

PAPRIKASCHOTEN
✓ Mexiko
✓ Peru

Paprika stammen vermutlich aus einer Region, die vom südlichen Mexiko über die Karibik und Mittelamerika bis nach Peru reicht. Mit Chilis kamen sie durch die Spanier nach Europa, durch die Portugiesen nach Afrika, Asien und Südamerika. Nach Nordamerika kamen Paprikaschoten nicht vom Süden her, sondern aus Europa: mit den vielen Menschen, die in die Neue Welt auswanderten. Paprikaschoten sind ein Gemüse der Neuzeit und gewannen erst mit Beginn des 20. Jahrhunderts an Bedeutung, in Deutschland sogar erst nach dem Zweiten Weltkrieg.
Scharfe Chilischoten dagegen, die Verwandten von Paprika, blieben immer typisch für Mittel- und Südamerika. Die europäischen Eroberer konnten die höllisch-brennenden Speisen der einheimischen Bevölkerung nicht vertragen und mochten lieber milden Gemüsepaprika.

ERDBEEREN
✓ Amerika

Es ist zwar naheliegend, aber die Erdbeeren sind nicht aus wilden Walderdbeeren entstanden. Unsere großen saftigen Erdbeeren sind eine Kreuzung aus zwei Arten der Neuen Welt: der kleinen Virginischen Erdbeere (Fragaria virginiana), im mittleren Teil Nordamerikas heimisch und seit 1624 in Frankreich als Obstpflanze angebaut. Als zweite Stammpflanze gilt die Chile-Erdbeere (Fragaria chiloensis) mit großen Früchten. Sie ist an der gesamten Pazifikküste von den Aleuten im Norden bis Patagonien im Süden heimisch und wurde um 1714 in Frankreich und England eingeführt. Zwischen 1715 und 1760 entwickelte sich daraus die Erdbeere, die mittlerweile in mindestens 1 000 Sorten verbreitet ist.

ÄPFEL
✓ Asien
✓ Europa

Seit Jahrtausenden sind Äpfel schon bekannt. Wann sich europäische Wildarten wie der Holzapfel mit asiatischen Sorten wie dem Paradiesapfel – er heißt wirklich so! – verbunden haben, wann der „erste" Kulturapfel gewachsen ist, in welchem Zeitraum die 15 000 bis 20 000 verschiedenen Apfelsorten entstanden sind, lässt sich historisch nicht belegen. Äpfel werden gegessen, seit der Mensch Obst sammelt. Sie werden beschrieben, seit wir die Schrift kennten und gezüchtet, seit es Gärtner gibt. Traditionssorten wie Graue Französische Renette oder Roter Eiserapfel stammen aus dem 15. und 16. Jahrhundert. Selbst scheinbar neue Sorten wie Granny Smith oder Golden Delicious sind immerhin mehr als 100 Jahre alt.

85

WAS ISST DU DENN DA?

Du meinst, eine Erdbeere ist eine Beere? Ganz falsch. Aber Blumenkohl ist doch die Blume vom Kohl? Pustekuchen! Aber wenn du meinst, dass Rosenkohl das Röschen vom Kohl ist, liegst du nur noch ein bisschen daneben.

ARTISCHOCKEN

Artischocken sind Blüten – wie Löwenzahn, nur viel größer. Essen kannst du sie nur, wenn sie noch geschlossene Knospen sind. Das sieht dann auch so aus wie beim Löwenzahn, wenn die Knospen noch prall und grün sind. Du zupfst die dicken Blütenblätter ab und dippst sie in eine Sauce (Seite 186). Sobald die Artischocke richtig aufgeblüht ist, lässt du sie für Bienen und Hummeln stehen. (Löwenzahnknospen kannst du übrigens auch essen, schau nach auf Seite 144.)

AUBERGINEN

Auberginen sind botanisch Beeren. Je nach Sorte werden sie groß, wie du sie kennst oder bleiben wirklich so klein wie Beeren. Außerdem gibt es ganz verschiedene Farben: zum Beispiel lila und rot, weiß und gelb.

BROKKOLI

Also: Der Blumenkohl ist ein Stiel, der Wirsing besteht aus Blättern und, jetzt kommt's, der Brokkoli ist eine Blume. Die mittlere Brokkoli-Blume mit dem Blätterkranz besteht aus einer Gruppe voll entwickelter Blütenknospen auf verzweigten, fleischigen Stielen.

BLUMENKOHL

Der Kopf beim Blumenkohl ist nur der Blütenstiel – so als würden wir bei Weintrauben nicht die Beeren, sondern den Stiel essen. Botanisch gesehen ist „reifer" Blumenkohl also noch nicht mal eine Knospe. Du musst ihn rasch ernten, denn geschlossen bleibt der Kopf nur wenige Tage. Dann lockert er sich: Das heißt, die „Zweige" strecken sich, um Knospen zu bilden – ähnlich wie Einzelblüten bei den Bodendeckern im Steingarten. Zum Vergleich: Beim Wirsingkohl schließen sich die Blätter zu einem Kopf zusammen.

ERDBEEREN

Auberginen sind Beeren, Erdbeeren sind dafür aber keine Beeren, sondern eine Menge winziger Nüsse auf einem dicken Blütenboden. Nun mal der Reihe nach: Wenn eine Erdbeere reif wird, sterben die Blütenblätter ab. Der Blütenboden, auf dem sie angewachsen waren, schwillt an, wird dick und saftig. Auf diesem dicken Teil sitzen lauter helle Pünktchen. Das sind die Samen der Erdbeere; botanisch gehören sie zu den Nüssen. Deshalb nennen Botaniker die Erdbeere eine „Sammelnussfrucht".

FENCHEL

Fenchel sind dicke Blätter, die eng zusammengewachsen sind. Du kannst deutlich die „Fäden" sehen – wie in Mangold oder Stangensellerie. Das sind die Wasserleitungen, durch die Nährstoffe transportiert werden (wenn du es genauer wissen willst, schau nach auf Seite 59).

GURKEN

Gurken wiederum sind wirklich Beeren. Du erntest sie, wenn sie grün und noch nicht ganz reif sind. Das ist die sogenannte Grünreife. Danach werden sie richtig reif, schmecken aber nicht mehr. Sie verfärben sie sich gelblich, das Fruchtfleisch schmeckt wässrig, die Samen werden hart und sind reif zum Sammeln (Seite 74).

HIMBEEREN

Und Himbeeren sind eigentlich Minibeerenkörbe: Jede der weichen roten Kügelchen ist eine einzelne Frucht mit winzigem Kern. Viele Früchtchen wachsen zusammen und sitzen auf einem hellen, zapfenförmigen Blütenboden – was das ist, kannst du auf der Zeichnung rechts sehen. Davon zupft man die Himbeere beim Pflücken ab. Bei Brombeeren bleibt der Blütenboden stecken.

KOHLRABI

Kohlrabi ist genau wie Blumenkohl ein Stiel: Er verdickt sich im mittleren Teil der Pflanze zu einer fleischigen Knolle.

RHABARBER

Rhabarber ist Gemüse, kein Obst. Verwandt ist er mit dem Sauerampfer, den du auf jeder Naturwiese finden kannst. Warum man ihn süß zubereitet und wie Obst auf dem Kuchen oder mit Erdbeeren als Kompott isst, weiß keiner so genau. Vielleicht, weil die alten Gerichte mit „saurem" Rhabarber echt eklig schmecken.

RETTICH

Der Rettich ist tatsächlich eine Wurzel, die sich verdickt.

RADIESCHEN

Beim Radieschen bildet sich die Knolle zum größten Teil aus dem Stängelstück unterhalb der runden Keimblättchen. Deshalb lugen reife Radieschen immer ein bisschen aus der Erde.

ROSENKOHL

Rosenkohlröschen sind Kohlköpfe im Miniformat an einer einzigen Pflanze: Am etwa 1 m hohen Strunk der Pflanze zwischen den Blättern bilden sich Knospen, die man erntet, bevor sie sich entfalten. Deshalb wachsen sie nach dem Ernten auch wieder nach: Wenn du eine Rosenkohlpflanze auf dem Beet stehen lässt, bilden sich im Frühjahr noch mal kleine Röschen. Die schmecken sogar noch besser als die alten.

ZWIEBELN

Zwiebeln keimen den ganzen Sommer über: Die Knolle dient der Pflanze als „Nahrung" für den Keim. Gut geschützt und versorgt durch die fleischigen Blätter, überdauert er Monate und saugt gewissermaßen die dicken Häute von außen beginnend langsam aus. Deshalb bilden Zwiebeln immer mehr trockene braune Schalen, während das Innere fest bleibt.

OBST ODER GEMÜSE – WAS DENN NUN?

Obst sind süße Früchte. Botanisch sind Früchte das, was aus dem Fruchtknoten wächst, nachdem die Blüte bestäubt worden ist. Ein Apfel zum Beispiel entwickelt sich aus der Blüte nur, wenn sie bestäubt war. Früchte enthalten Samen (Birnen, Kirschen oder Pflaumen) oder sie sind Samen (Nüsse oder Getreide zum Beispiel).
Gemüse können ebenfalls Früchte mit Samen sein: wie Tomaten, Paprikaschoten, Auberginen, Zucchini und Gurken. Deshalb heißen diese Gemüse Fruchtgemüse. Es können aber auch Stiele (Kohlrabi), Wurzeln (Möhre) oder Blüten (Artischocken) sein.

Beim Blattgemüse wie Spinat oder Salat essen wir die Blätter, bevor die Pflanze blüht.

DER FRUCHTKNOTEN

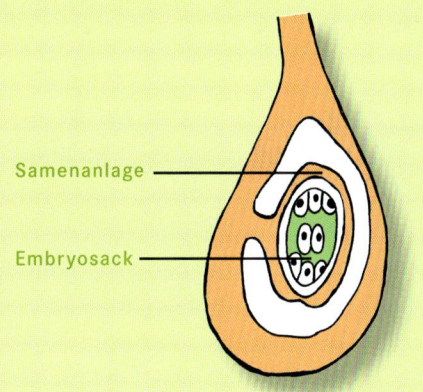

DIE BLÜTE

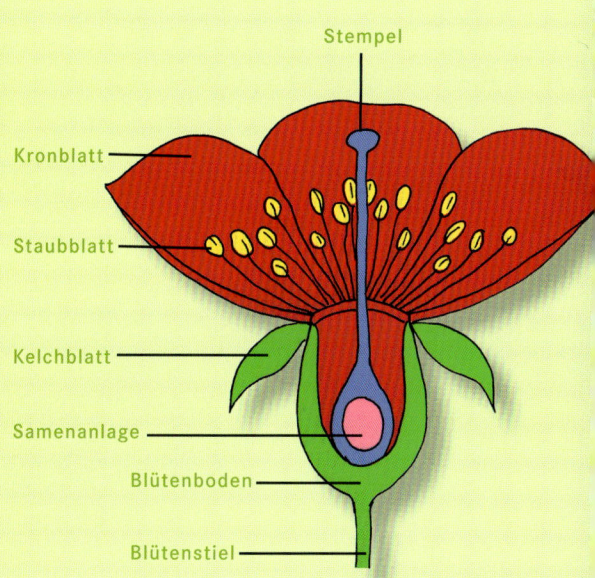

HOFLADEN

Der Sommer ist zu Ende und du bist stolz. Das darfst du auch sein, wenn du dein Gemüse eingefahren hast. Und weil sich deine ganze Ackerei auch ruhig rechnen darf: Nach der Ernte kommt der Markttag ... Zum Taschengeld aufbessern!

Du brauchst: Tisch • **Körbe für Gemüse und Obst** • **große Bögen Papier und Buntstifte** • **eventuell eine Schubkarre** • **eventuell einen Sonnenschirm** • **Gemüse frisch vom Beet** • **Obst** • **selbst Gemachtes** • **ein tolles Gratisangebot** • **bunte Schürzen** • **und natürlich eine Kasse**

1. Biete erst mal was gratis an – das lockt Kunden an: Wer einen deiner tollen Heidelbeermuffins (Rezept Seite 153) verdrückt hat, drückt sich auch vor dem Einkaufen nicht.

2. Die Sachen sollten so schön wie möglich aussehen: Lass das Kraut an den Möhren und ruhig auch ein bisschen Erde – das zeigt, dass sie frisch geerntet sind.

3. Wenn du Tomaten in Töpfen angebaut hast, kannst du die Früchte frisch vom Stock verkaufen. Die sind natürlich nicht ganz billig, denn wo sonst gibt es diese absolute Frische?

4. Das Gemüse kannst du in Körben auf dem Boden anbieten. Oder – das macht noch viel mehr her – hübsch in einem Schubkarren arrangieren.

5. Alles wird bunt beschriftet, damit die Kunden auch wissen, was in Gläsern und Flaschen ist.

6. Nimm alles, was du aus dem Garten holen kannst, auch wenn du es nicht selbst angebaut hast. Vielleicht kannst du Kastanien sammeln, die du fürs herbstliche Basteln anbietest. Holunderbeeren machen sich gut und sind zum Einkochen als Anti-Erkältungssaft heiß begehrt. Ein bunter Blumenstrauß macht den Tisch voller, wenn du nicht so viel Gemüse hast.

PICKNICK

Ein Picknick im Garten ist natürlich total praktisch, du brauchst niemanden, der dich irgendwo hinfährt und du musst Decken, Körbe mit den Fressalien und vollen Flaschen nicht so weit schleppen. Wenn du keinen Garten hast, kannst du natürlich bei Freunden, im Wald, im Park oder auf einer Wiese in der Stadt picknicken.

Du brauchst: 1 große Picknickdecke oder 1 normale Decke • reichlich Servietten oder Küchenpapier • Löffel • Gabeln • eventuell Messer • Plastikbecher • belegte Brötchen (in Servietten eingepackt) • kleines Gebäck mit Gemüse und Käse oder Brokkolikuchen, bereits aufgeschnitten (siehe Seite 164) • Gläser mit Pudding oder Joghurt • gut verpacktes Obst • Muffins und Kuchen (siehe Seite 153) • Mineralwasser • kalten Früchte- oder Kräutertee mit Saft gemischt

?! Nicht zum Picknick passen übrigens Dips mit Mayonnaise, Salate, Wurst und Fisch. Im Hochsommer ist es zu heiß für solche Sachen, weil sie ziemlich schnell verderben. Außerdem kann man sie nicht mit den Händen essen, ohne rumzukleckern.

1 Klar kann man mit Messer und Gabel draußen essen. Muss man aber nicht. Deshalb nimmst du lieber nur mit, was ihr mit einer Hand essen oder aus einem Glas löffeln könnt.

2 Also, als Erstes wird ein schöner Platz gesucht und die Decke ausgebreitet. Das geht am besten, wenn ihr das mindestens zu zweit macht. Zu viert ist es noch leichter. Ja und dann, dann packt ihr alles, was ihr zu essen und zu trinken dabeihabt auf die Decke. Und auch Becher und Löffel. Und dann geht's auch schon los.

3 Wenn ihr fertig seid, dürft ihr nicht vergessen, alles wieder mitzunehmen, den Müll natürlich auch.

Heiß ins Glas

Im Herbst geht es ans Einkochen. Das ist eine ganz alte Methode, Obst und Gemüse für den Winter haltbar zu machen. Obst wird mit Zucker zu Marmelade, Kompott oder Mus gekocht, heiß in Gläser gefüllt und fest verschlossen aufbewahrt. Mit Zucker könntest du auch Gemüse einkochen, aber das schmeckt natürlich nicht. Deshalb gibt man Essig und Gewürze dazu. So kochst du zum Beispiel Tomatenketchup (Seite 96). Oder Chutney, ein Kompott aus Gemüse und Obst, das gut zu Käse und Fleisch schmeckt.

Du brauchst: verschließbare Gläser (mit Schraubdeckel oder Bügelverschluss) • verschließbare Flaschen (mit Schraubdeckel) • 1 große Schüssel • 1 Geschirrtuch • 1 Trichter • 1 Schöpfkelle

1. Egal, ob du Marmelade, Kompott oder Ketchup einkochst: Du brauchst einen ganz sauberen Kochtopf. Am besten ist ein Topf, in dem weder Fleisch noch Brühe, sondern nur Gemüse und Obst eingekocht werden. Dann musst du alle Gläser und Deckel gründlich abspülen und mit heißem Wasser gut nachspülen, damit kein Spüli mehr dran haftet. Dann solltest du nicht mehr ins Glas fassen. Lass also Gläser und Deckel am besten in einer Schüssel mit kochend heißem Wasser liegen, bis du sie füllst.

2. Einkochen ist eine heiße Sache: Lass dir also von einem Erwachsenen helfen und zieh unbedingt Küchenhandschuhe an, damit du dir nicht die Finger verbrennst.

3. Erst brauchst du ein kaltes, nasses Geschirrtuch, damit die Gläser beim Einfüllen heil bleiben. Halte das Tuch unter kaltes Wasser, wring es aus, aber nicht zu doll. Dann faltest du es zweimal zusammen und legst es auf die Arbeitsfläche – möglichst nahe beim Topf mit der heißen Marmelade. Auf das Tuch stellst du jedes Glas unmittelbar bevor du es füllst. Lege nun den Trichter aufs Glas und schöpfe das Gekochte direkt aus dem Topf hinein. Fülle das Glas nicht ganz voll: Etwa einen Finger breit lässt du bis zum Rand noch frei. Jetzt sofort mit dem Deckel verschließen. Und jeweils nur ein Glas nach dem anderen füllen und auch gleich schließen.

4. Sobald du den Deckel fest zugedreht hast, stellst du das Glas auf den Kopf. So werden auch kleine undichte Stellen zwischen Deckel und Glas abgedichtet. Wenn die gefüllten Gläser kalt geworden sind, drehst du sie wieder richtig rum. Kontrolliere nun, ob alles passt: Der Deckel muss ganz fest sitzen und darf sich nicht einfach ohne Kraft wieder öffnen lassen. Bei Twist-off-Gläsern wölbt sich der Deckel durch den Unterdruck leicht nach innen.

?! Kompott hält sich mindestens drei Monate, meist länger. Eingekochtes mit viel Zucker wie Marmelade und mit Säure wie Essig (zum Beispiel Ketchup und Chutney) hält sich jahrelang. Am besten kühl und dunkel lagern und immer wieder die Deckel kontrollieren.

IST ETWAS SCHIEF GEGANGEN?

Wenn sich kein Vakuum gebildet hat, war entweder die Temperatur beim Abfüllen zu niedrig oder Glasrand oder Deckel sind nicht intakt. Dann musst du den Inhalt in den nächsten Tagen essen. Schimmel auf Kompott ist gesundheitsschädlich, und du musst es unbedingt wegwerfen. Bei Marmelade, die du mit gleichen Teilen von Obst und Zucker gekocht hast, kannst du die Schimmelschicht großzügig entfernen, denn dank des Zuckers kann der Schimmel nicht „wandern".

WELCHE GLÄSER SIND DIE BESTEN?

Twist-off-Gläser, die man ohnehin im Laden kriegt, wenn man Essiggurken, Marmelade oder Saft kauft. Sammle die unterschiedlich großen Gläser und Flaschen rechtzeitig, damit du nach der Ernte gleich mit dem Einkochen loslegen kannst. Twist-off-Gläser sind ganz leicht luftdicht zu verschließen, wenn du es so machst, wie auf Seite 91 beschrieben. Wichtig: Glas und Deckel müssen heil sein. Meistens gehen die Deckel zuerst kaputt, dann hat die Gummieinlage eine Macke oder du siehst Rostflecken am Deckelrand.

?! Bestreue frische Erdbeeren in einer Schale mit 2 oder 3 EL Zucker – so viel, wie du gerne magst. Mische sie vorsichtig, ohne sie zu quetschen und lass sie eine Stunde zugedeckt einfach so stehen. Was passiert? Die Erdbeeren sind ein bisschen matschig, super süß und liegen in richtig viel Saft. Denn der Zucker hat die Flüssigkeit aus den Zellen der Erdbeeren verdrängt. Der Druck, der dabei entsteht, hat die Zellen beschädigt, und die Erdbeeren werden weich.

WAS IST KONSERVIERUNG?

Konservierung bedeutet, dass man Lebensmittel haltbar macht, sodass man sie viele Monate oder sogar Jahre aufheben kann, ohne dass sie verderben. Denn auch nach der Ernte verändern sich Obst und Gemüse: Enzyme arbeiten darin und lassen Früchte nachreifen. Das kannst du riechen: Äpfel in einer Obstschale duften, weil durch die Enzyme Aromastoffe frei werden. Es bilden sich außerdem Kohlendioxid, Wasser und Ethylen, ein Reifegas, das die Äpfel immer reifer werden lässt, bis sie schließlich verderben.

Riecht es nicht mehr angenehm, sondern säuerlich? Das können Gärungsprozesse sein, die durch Bakterien verursacht werden. Denn auf jedem Lebensmittel leben auch andere Lebewesen – das ist ganz natürlich. Diese Bakterien und Pilze vermehren sich, sodass Obst und Gemüse faulen, Brot schimmelt und Milch sauer wird. Enzyme sind übrigens Eiweißstoffe im Körper, die viele Reaktionen ermöglichen. Unter anderem brauchen wir sie zum Verdauen.

WAS KANN MAN ALSO TUN?

KÜHLEN UND TIEFKÜHLEN

Enzyme arbeiten am liebsten bei Temperaturen zwischen 30 und 50 °C, Fäulnis- und Gärungserreger vermehren sich am besten zwischen 20 und 40 °C. Also: Je tiefer die Temperatur, desto länger halten sich Lebensmittel. Stimmt's? Schau mal die Temperaturanzeige bei Kühlschrank und Tiefkühler an.

TROCKNEN

Du kennst ja Rosinen im Kuchen und andere getrocknete Früchte im Müsli. Die sind viel länger haltbar als ihre frischen Kollegen. Wie beim Einkochen mit Zucker verlieren die Früchte beim Trocknen Wasser; Bakterien und Co. können sich nicht mehr vermehren.

MIT ZUCKER EINKOCHEN

Damit schlägst du Erregern und Enzymen ein dreifaches Schnippchen:

1. Durch Erhitzen: Die meisten Erreger sterben bei Temperaturen über 60 °C ab, Enzyme stellen die Arbeit ein.

2. Zucker verdrängt das Wasser im Obst. Ohne dieses Wasser können Enzyme nicht arbeiten, Bakterien und Pilze sich nicht vermehren.

3. Ohne Luft auch nicht: Im gefüllten Glas ist nur wenig Luft (weil ja Marmelade und so drin sind). Sie kommt auch nicht mehr rein, wenn du es so machst: Du füllst Marmelade oder Kompott (oder Ketchup oder Tomatensauce) kochendheiß in die Gläser und drehst gleich den Deckel zu. Beim Abkühlen bildet sich im Glas ein Unterdruck, der den Deckel ansaugt und ziemlich luftdicht verschließt. Deshalb kriegt man richtig gefüllte Gläser auch so schwer auf.

SALZ

Salz funktioniert genauso wie Zucker – es verdrängt das Wasser und legt die Erreger lahm.

SÄURE

Essig oder Zitronensaft mögen die Erreger auch nicht. Allerdings müssten die Essiggurken dann so sauer sein, dass man sie nicht mehr essen kann. Deshalb wird sauer Eingelegtes ebenfalls erhitzt und mit Zucker und Salz kombiniert.

ERDBEERMARMELADE
MIT APRIKOSEN

Für 8 Gläser brauchst du:
700 g reife Erdbeeren • 200 g geschälte und entsteinte Aprikosen • 100 ml Kokos-Ananas-Saft • 1 kg Gelierzucker (1 plus 1) • 2 EL Zitronensaft
AUSSERDEM 8 Twist-off-Gläser à 250 g

1. Die Erdbeeren und die Aprikosen in sehr kleine Stücke schneiden. Mit dem Saft und dem Gelierzucker in einem großen Edelstahltopf vermischen und etwa 12 Stunden zugedeckt in einem kühlen Raum ziehen lassen.

2. Den Topf auf den Herd setzen, die Mischung unter Rühren zum Kochen bringen. Sobald sie auch beim Umrühren sprudelnd kocht, noch 4 Minuten bei mittlerer Hitze weiterkochen. Dabei mit einem Schaumlöffel den Schaum abheben und immer wieder durchrühren.

3. Den Zitronensaft untermischen, die kochend heiße Konfitüre in saubere, heiß ausgespülte Twist-off-Gläser füllen und sofort verschließen.

TIPP
Das ist eine richtige Sommermarmelade! Die Aprikosen sollten reif, aber noch fest sein: Dann enthalten sie genügend Fruchtsäure, sodass die Konfitüre nicht zu süß wird. Pflücke Erdbeeren möglichst an trockenen Tagen, denn nach einer längeren Regenperiode haben die Früchte nicht soviel Aroma. Übrigens schmecken die kleinen Beeren am Strauch meist viel besser als die großen.

MARMELADE MIT KIRSCHEN

Für 8 Gläser brauchst du: 800 g entsteinte Kirschen • 200 g entsteinte Sauerkirschen • 1 kg Gelierzucker (1 plus 1) • 1 EL Vanillezucker • 2 EL Zitronensaft
AUSSERDEM 8 Twist-off-Gläser à 250 g

1. Die Kirschen und die Sauerkirschen mit dem Gelierzucker in einem großen Edelstahltopf vermischen und 12 Stunden zugedeckt in einem kühlen Raum ziehen lassen.

2. Den Topf auf den Herd setzen, den Vanillezucker zugeben und die Konfitüre unter Rühren zum Kochen bringen. Sobald sie auch beim Umrühren sprudelnd kocht, noch 4 Minuten bei mittlerer Hitze weiterkochen. Dabei weiter ständig umrühren, damit die Fruchtmischung nicht am Topfboden ansetzt. Zum Schluss mit einem Schaumlöffel den Schaum abschöpfen.

3. Den Zitronensaft unterrühren, die kochend heiße Konfitüre in saubere, heiß ausgespülte Twist-off-Gläser füllen und sofort verschließen.

TOMATENKETCHUP

Für 2 Flaschen brauchst du: 2 kg superreife Tomaten • 2 mittelgroße Zwiebeln • 1 TL Salz • 100 g Zucker • ¼ TL frisch gemahlenen schwarzen Pfeffer • 100 ml Essig • ¼ TL Fenchelsamen • ¼ TL Senfkörner • ½ TL Gewürznelken • 1 fingerlanges Stück Zimtstange
AUSSERDEM 1 Trichter • 2 Flaschen mit Twist-off-Deckel à 500 ml

1. Die Tomaten müssen abgezogen werden. Das geht bei reifen Tomaten recht einfach: oben am Stielansatz einen kleinen Kreis wegschneiden und von diesem Loch ausgehend die Haut rundherum nach unten abziehen. Es ist nicht schlimm, wenn etwas Haut dran bleibt, die Tomaten werden noch püriert.

2. Sind die Tomaten noch nicht so reif, müssen sie zum Abziehen oben am Stielansatz kreuzweise eingeritzt werden und in einer Schüssel mit kochendem Wasser übergossen werden. Wenn sich die Haut ablöst, herausnehmen, mit kaltem Wasser abschrecken und dann die Haut abziehen.

3. Die geschälten Tomaten in grobe Stücke zerteilen und in einen großen Topf geben. Die Zwiebeln schälen, halbieren, in dünne Scheiben schneiden und zu den Tomaten geben. Auf dem Herd bei mittlerer Hitze zum Kochen bringen, zwischendurch umrühren. Sobald es blubbert, den Deckel auf den Topf legen, die Hitze reduzieren und 30 Minuten köcheln lassen. Anschließend mit dem Pürierstab pürieren. Salz, Zucker, Pfeffer und Essig untermischen.

4. Fenchelsamen, Senfkörner, Gewürznelken und Zimtstange in einen Teebeutel füllen, zwischen den Fingern ein wenig zerkrümeln. Das Säckchen oben mit Küchengarn zubinden und zur Tomatenmischung geben.

5. Alles noch mal zum Köcheln bringen und ohne Deckel bei schwacher Hitze sanft köcheln, bis es nach 3 bis 4 Stunden endlich Ketchup geworden ist – dick eingekocht und kräftig rot. Während der Kochzeit musst du immer wieder nachsehen, ob das Püree sanft blubbert. Umrühren nicht vergessen, damit das Püree gleichmäßig dick wird und nichts am Topfboden kleben bleibt.

6. Zum Schluss das Gewürzsäckchen rausnehmen, den Ketchup noch mal mit Salz oder Zucker abschmecken. Die Flaschen mit kochend heißem Wasser ausspülen und den Ketchup mithilfe eines Trichters einfüllen. Sofort verschließen.

TIPP

Ketchup machen ist ganz schön langwierig: Es dauert 5 Stunden. Du musst zwar nicht ununterbrochen am Herd stehen, aber schon immer mal wieder in den Topf gucken und umrühren. Falls die Tomaten nicht so reif waren, kannst du folgenden Trick anwenden: Mixe beim Pürieren noch zwei Döschen oder ½ Tube Tomatenmark unter, bis das Mus schön rot und nicht mehr orangefarben ist.

TOMATENSAUCE FÜR DEN VORRAT

TIPP

Ketchup und Sauce sind ungefähr 1 Jahr haltbar. Wenn du ein paar Flaschen Sauce und Ketchup kochen willst, brauchst du eine Tomatensorte, die viele Früchte trägt. „Fuzzy Wuzzy" und „Rio Grande" sind solche Sorten. Allerdings kannst du die Pflanzen nicht kaufen, sondern musst sie aus Samen selbst ziehen. Beide wachsen im Topf und auf dem Beet gleich gut. Die „Fuzzy" sieht so witzig aus wie sie heißt: kleine, helle Früchte mit noch helleren Streifen. Auch die Blätter sind hellgrün und fühlen sich weich wie Samt an. Auf Butterbrot oder im Salat schmecken die beiden Sorten nicht: Die „Fuzzy" ist zu sauer, die „Rio Grande" eher mehlig als saftig.

Für 7 Gläser brauchst du: 3 kg superreife Tomaten • 2 große Zwiebeln • 2 Knoblauchzehen • 6 Oregano- oder Thymianzweige oder 3 Rosmarin- oder Salbeizweige • 4 EL Olivenöl • 1 TL Salz • 1 TL Zucker
AUSSERDEM 7 Twist-off-Gläser à 450 g

1 Tomaten häuten (schau auf der vorhergehenden Seite, wie das geht). Dann halbieren und grob zerkleinern. Zwiebeln und Knoblauch schälen und auch grob zerkleinern. Die Kräuter waschen und trocken tupfen (du kannst sie am Zweig lassen, dann kannst du sie später leichter rausholen). Das Öl in einem hohen Topf erhitzen. Zwiebeln mit Knoblauch und Kräutern glasig braten.

2 Die Tomaten dazugeben und alles zum Kochen bringen. Zugedeckt 15–20 Minuten weich garen. Die Kräuterzweige rausnehmen und die Sauce mit Salz und Zucker würzen. Kochend heiß in sauber gespülte Twist-off-Gläser füllen und diese sofort fest verschließen.

TIPP

Mit was schmeckt Tomatensauce am besten? Na klar, mit Spaghetti. Zu einer Flasche Sauce passen 500 g Spaghetti.

ERNTEN! SUPER!! UND DANN?

Erfolgreiche Gärtner brauchen die Schubkarre zum Ernten. Deshalb essen sie aber nicht dreimal täglich Gemüsesuppe. Sie machen es wie Eichhörnchen, Hamster und Feldmäuse und legen Vorräte an. Oder machen den Hofladen auf – schließlich haben sie Biogemüse im Angebot!

DEIN VORRATSLAGER VON A BIS Z

Artischocken und Auberginen
Die beiden musst du frisch zubereiten und gleich essen. Oder als Edelgemüse im Hofladen verkaufen (Seite 88).

Bohnen
Bohnen wäschst du, schneidest den Stielansatz ab und brichst sie ein- oder zweimal durch. Dann kommen sie in den Tiefkühlbeutel und du kannst sie einfrieren. Wenn du sie zubereiten willst, gibst du sie noch gefroren ins kochende Wasser.

Dicke Bohnen
Die pulst du aus den Hülsen und frierst sie ebenfalls in Tiefkühlbeuteln ein.

Erbsen
Wie dicke Bohnen pulst du sie aus den Hülsen und frierst sie ein.

Feldsalat
Den Salat für die kühlen Monate lässt du im Beet stehen und erntest ihn frisch.

Fenchel
Den Fenchel waschen, quer in Scheiben schneiden und – richtig! – in Tiefkühlbeuteln einfrieren.

Grünkohl
Bleibt auf dem Beet, bis er gegessen wird. Auch wenn der Winter kommt. Wenn du aber reichlich Grünkohl hast, kannst du ihn auch einfrieren. Gut waschen, in kochendem Wasser 2 Minuten blanchieren, ordentlich abtropfen lassen und dann ab in den Gefrierbeutel.

Gurken
Baue nur ein oder zwei Pflanzen an und iss die Gurken gleich frisch. Eingelegte Gurken machen sehr viel Arbeit.

Kartoffeln
Späte Kartoffeln, die du Ende September erntest, halten sich in einem kühlen, dunklen Keller über den Winter. Im Gartencenter kriegst du eine Spezialbox zum Kartoffeleinlagern. Es geht aber auch in einer Holzkiste für Lebensmittel, die du wie das Minibeet (Seite 118) auf Pflastersteine stellst. So kriegen die Kartoffeln Luft. Ist der Keller nicht ganz dunkel, weil er ein Fenster hat? Dann decke ein altes Badehandtuch oder ein Betttuch über die Kiste. Kartoffeln sollen dunkel liegen, sonst bilden sich Triebe. Hast du keinen kühlen Keller? Dann baue Frühkartoffeln an und ernte immer nur die Menge, die du auch gleich isst.

Kohlrabi
Du kannst Suppe oder Gemüse davon kochen und einfrieren.

Kürbis

Einfach auf der Fensterbank bei Zimmertemperatur liegen lassen. Kürbis mag es nicht kalt, deshalb kannst du ihn nur gekocht als Mus oder Suppe einfrieren.

Lauch

Lauch haben wir nicht im Buch. Falls du ihn angebaut hast: Die Stangen können im Winter draußen bleiben, du solltest nur die Erde möglichst hoch um die Pflanzen häufen – das schützt vor Frost.

Mais

Die Kolben kochen, die Körner abschneiden und in Gefrierboxen einfrieren. Mais schmeckt gut in der Gemüsesuppe.

Mangold

Lass die Pflanze auf dem Beet stehen: Du kannst so lange frisch ernten, bis Blätter und Stiele erfrieren. Aber im Frühling treibt die Pflanze wieder aus. Wenn sie im Sommer geblüht hat, liegen auch Samen in der Erde. Daraus wachsen neue Pflänzchen.

Möhren

Kannst du einfrieren oder im Keller aufheben. Zum Einfrieren schneidest du das Kraut ab und wäschst die Möhren gründlich. Nun schneidest du sie in Scheiben und packst sie in einem Tiefkühlbeutel in den Tiefkühler. Wenn du einen kühlen Raum hast, kannst du sie auch so lagern: Drehe das Kraut ab (nicht abschneiden, denn die Möhre soll ganz bleiben) und lege die Möhren ungewaschen in einen großen Plastikblumentopf. Darüber stopfst du einige Plastiktüten und zwar möglichst dicht. So halten sich die Möhren bis in den Januar; sie schmecken frisch im Salat und gegart. Wenn du eine Möhre herausnimmst, kontrolliere bitte immer, ob keine andere fault – die musst du dann wegwerfen.

Paprikaschoten

Musst du frisch essen. Man kann sie marinieren, aber das macht Arbeit.

Pastinaken

Genau wie Möhren ungewaschen, aber ohne Kraut in einem Plastikblumentopf aufheben. Pastinaken kannst du aber auch den Winter über im Beet stecken lassen – Frost schadet ihnen nicht..

Rosenkohl

Das ist einfach – der bleibt auch draußen (schau nach auf Seite 207).

Spargelerbsen

Isst du am besten frisch – so viele sind ja auch nicht an der Pflanze.

Tomaten

Klar: Ketchup! Oder Sauce für den Winter machen! Wenn du keine Lust mehr zum Einkochen hast: Tomaten kannst du einfach so einfrieren – die Schale löst sich nach dem Auftauen. Und auch mit Tomaten aus dem Tiefkühler kannst du Suppe und Sauce kochen.

Zucchini

Du kannst sie in Scheiben geschnitten in Olivenöl braten, mit Salz und Pfeffer würzen und portionsweise einfrieren. Zum Essen nur auftauen lassen – schmecken toll mit frischem Baguette! Es gibt schon noch mehr Möglichkeiten – trocknen und einfrieren. Aber dann musst du richtig kochen können. Baue lieber nur eine Pflanze an.

Zwiebeln

Nach dem Ernten jeweils vier oder fünf Zwiebeln am Grün zusammenbinden und an der Hauswand aufhängen – auf dem Balkon oder der Terrasse. Wenn sie so trocken sind, dass die Blätter rascheln, hebst du sie in einem Zwiebelkorb in einem möglichst kühlen Raum auf.

Den Garten für den Winter fertig machen

Viel muss es nicht sein; im späten Herbst mag man nicht mehr so gerne draußen schuften. Aber manches ist einfach wichtig. Packe es an, im Frühjahr wirst du dich freuen. Und deine Pflanzen auch.

Wie sieht's auf dem Beet aus?

Zuallererst lässt du deinen Blick übers Beet schweifen: Siehst du noch irgendwelche Stecken, Zweige oder Ähnliches in der Erde? Vielleicht hast du nach dem Ernten von Erbsen und Bohnen ein oder zwei vergessen? Die nimmst du gleich raus, denn wenn du sie beim Jäten übersiehst, kann das sehr gefährlich für die Augen sein. Auf Seite 31 findest du einen Tipp, wie du Pflanzstäbe besser sichtbar machen kannst.

Als Nächstes lässt du den Blick noch mal übers Beet schweifen, diesmal ganz nah am Boden. Wächst irgendwo noch Unkraut? Sicher! Aber falls du Löwenzahn, Disteln, Hahnenfuß oder Ackerwinde entdeckst, solltest du sie mit der Handgabel oder der Grabgabel ausgraben. Und zwar so, dass du die gesamte Wurzel entfernst. Denn alle diese Pflanzen gehören zum „Wurzelunkraut". Das heißt, auch ein winziges Fitzelchen von der Wurzel schlummert selig im Boden und treibt zur neuen Pflanze aus – spätestens im Frühling! Alle anderen Pflanzen kannst du mit dem Bügeljäter knapp über der Erde abschneiden und auf dem Beet liegen lassen.

Die Erde lockern

Mit dem Krümmer lockerst du die Erde. Man nennt es „Lüften" und macht es immer im Herbst. In der aufgelockerten Erde verteilen sich Regenwasser und Tauwasser von Schnee bis in die kleinsten Rinnen und Gänge. Sobald es richtig kalt wird, gefriert das Wasser. Eis dehnt sich aus, und diese sogenannte „Frostgare" bricht Erdklumpen auf. Und im Frühjahr ist die Erde schön krümelig.

Wenn du dagegen das Beet im Frühling mit dem Krümmer bearbeitest, verdunstet zu viel Feuchtigkeit aus der gelockerten Erde. Und das ist zwar nicht schädlich, aber ganz unnötig.

DÜNGEN

Manche Gemüsepflanzen mögen zwar auch beim Einsetzen frisch gedüngt werden – das steht bei den einzelnen Projekten. Aber die meisten mögen kein frisch gedüngtes Beet: Kartoffeln zum Beispiel oder Mais wachsen schöner und schmecken besser, wenn du im Herbst düngst. Das macht man so: Den gekörnten Rinderdung mit der Handschaufel dünn auf das Beet streuen – etwa halb so viel wie Streusel auf dem Apfelkuchen sind. Dann gehst du mit dem Krümmer drüber: einmal längs und einmal quer. Den Dünger einarbeiten nennt man das.

MULCHEN

Willst du jetzt noch was ganz Cooles machen, das die Regenwürmer und die anderen hilfreichen Tierchen im Boden lieben? Und die Pflanzen mögen? Und das Unkraut überhaupt nicht leiden kann? Dann mulche! Was das ist? Eine Schicht Blätter und ganz kurz geschnittenes Gras auf dem Dünger verteilen, damit das Beet abgedeckt ist. Die Würmer fressen diese Mulchschicht und machen noch mehr Dünger daraus. Sie haben es warm und gemütlich, sodass sie auch nächstes Jahr fleißig arbeiten werden.

Zum Mulchen musst du Blätter von Ahorn und/oder Haselnuss mit dem Rasenmäher klein machen. Mische sie mit frisch geschnittenem Gras im Verhältnis von zwei Dritteln Blätter und einem Drittel Gras und verteile alles gleichmäßig auf dem Beet. Die Mulchschicht kann etwa eine Handbreit dick sein.

Viel Arbeit? Ja, schon. Aber du hast die Blätter gekehrt, niemanden mit dem Laubpuster erschreckt und dein Beet wie ein Profi versorgt.

JETZT WIRD'S EHER UNCOOL

Denn du musst alle Gartengeräte sauber machen: Alles, was du verwendet hast, reinigst du mit Wasser – am besten in der Regentonne. Ist ja nur Erde und vielleicht Dünger dran. Es schadet also nicht, wenn du nächstes Jahr mit dem Wasser wieder gießt. Falls die Sonne scheint und es warm genug ist, lässt du die Geräte an der frischen Luft trocknen. Sonst reibst du sie mit ein paar alten Lappen trocken. Nun musst du sie noch mit einem Pflegemittel einsprühen, damit sie nicht rosten: Gut, günstig und ganz unschädlich für dich ist Ballistol. Lass dir trotzdem helfen: Die Geräte rundherum dünn besprühen und dort aufhängen, wo sie über den Winter aufbewahrt werden.

**FERTIG!
ZEIT FÜR HEISSE SCHOKOLADE UND FRISCH GEBACKENEN APFELKUCHEN. MIT STREUSELN!**

WAS IST MIT DEN BLUMENTÖPFEN?

Bei Pflanzen, die du ganz erntest wie Möhren, Fenchel oder Salat kannst du die Erde im Frühjahr wieder verwenden. Etwa zwei Wochen bevor du die Töpfe neu bepflanzen willst, bereitest du die Erde vor: Kippe sie mithilfe eines Erwachsenen in eine Plastikwanne, gib eine Handschaufel gekörnten Rinderdung dazu und mische alles mit der Handgabel gut durch. Nun musst du ein bisschen gießen: Die Erde sollte feucht sein, aber nicht durchnässt. Auch nicht vom Regen – eventuell deckst du sie mit Folie ab. Die vorbereitete Erde füllst du in die Töpfe für die neuen Pflanzen.

Die Erde von Tomaten, Paprikaschoten, Gurken und Kartoffeln kannst du nicht mehr verwenden. Denn diese Pflanzen haben die Nährstoffe verbraucht. Falls möglich, gibst du alles auf den Kompost. Sonst kippst du Pflanzen und Erde in die Biotonne.

GARTENTAGEBUCH

War dein erstes Gartenjahr erfolgreich? Was war denn der absolute Hit? Und was hat nicht so gut geklappt? Sicher gibt es Gemüse, das du unbedingt wieder anbauen möchtest. Anderes hat dir vielleicht gar nicht geschmeckt. Oder einige Tierchen fanden es so spitzenmäßig, dass nichts für dich übrig geblieben ist.

GEMÜSE- UND KRÄUTERALPHABET

Mach dir eine alphabetische Liste mit den Namen der Pflanzen, die du schon angebaut hast und stelle eine bunte Zeichnung oder ein Foto dazu. Was dich interessieren könnte und was du für nächstes Jahr planst, bleibt vorerst noch weiß, bis du es kennengelernt hast.

ERFAHRUNGEN GENAU AUFSCHREIBEN

In dein Gartentagebuch schreibst du alles, was du beim Anbauen erlebt und gelernt hast. Denk auch an Kleinigkeiten: Das Datum solltest du immer dazuschreiben, damit du weißt, wann du die letzten Möhren geerntet hast, wann die Erdbeeren reif waren und wann du die letzte gepflückt hast. Im Oktober?! Bist du sicher? fragt Oma. Klar, sagst du und beweist es ihr mit Bild und Notiz im Tagebuch. Und dann schenkst du ihr eins der Töpfchen mit den Ablegern!

Notiere dir, wo du gesät hast und ob die Pflanzen dort schön kräftig gewachsen sind. Ob die Tomaten genügend Sonne bekommen haben und im August reif waren. Schreib auf, wo du den Spinat fürs Frühjahr gesät hast, damit du die Pflänzchen im April auch findest. Du glaubst

MISCHGEMÜSE UND GEMÜSEABWECHSLUNG

Schau dir mal ein paar Projekte an: Immer findest du verschiedene Pflanzen, die du gemeinsam anbauen kannst – entweder in Töpfen oder im Beet. Diese Pflanzengemeinschaft nennt man Mischkultur. Durch Mischkultur kommen verschiedene Nährstoffe in die Erde. Krankheitserreger, die Pflanzen befallen, können sich nicht ausbreiten, sondern werden eher abgebaut. Das macht den Boden fruchtbar, sodass du mehr ernten kannst.

Du solltest auf einem Beet nicht jedes Jahr dasselbe anbauen. Eigentlich ist das ja sonnenklar, schließlich willst du im Lauf der Zeit möglichst viele Pflanzen kennenlernen. Wie bei der Mischkultur vermeidest du bei dieser sogenannten Fruchtfolge, dass sich Krankheitserreger ausbreiten und die Erde einseitig beansprucht wird.

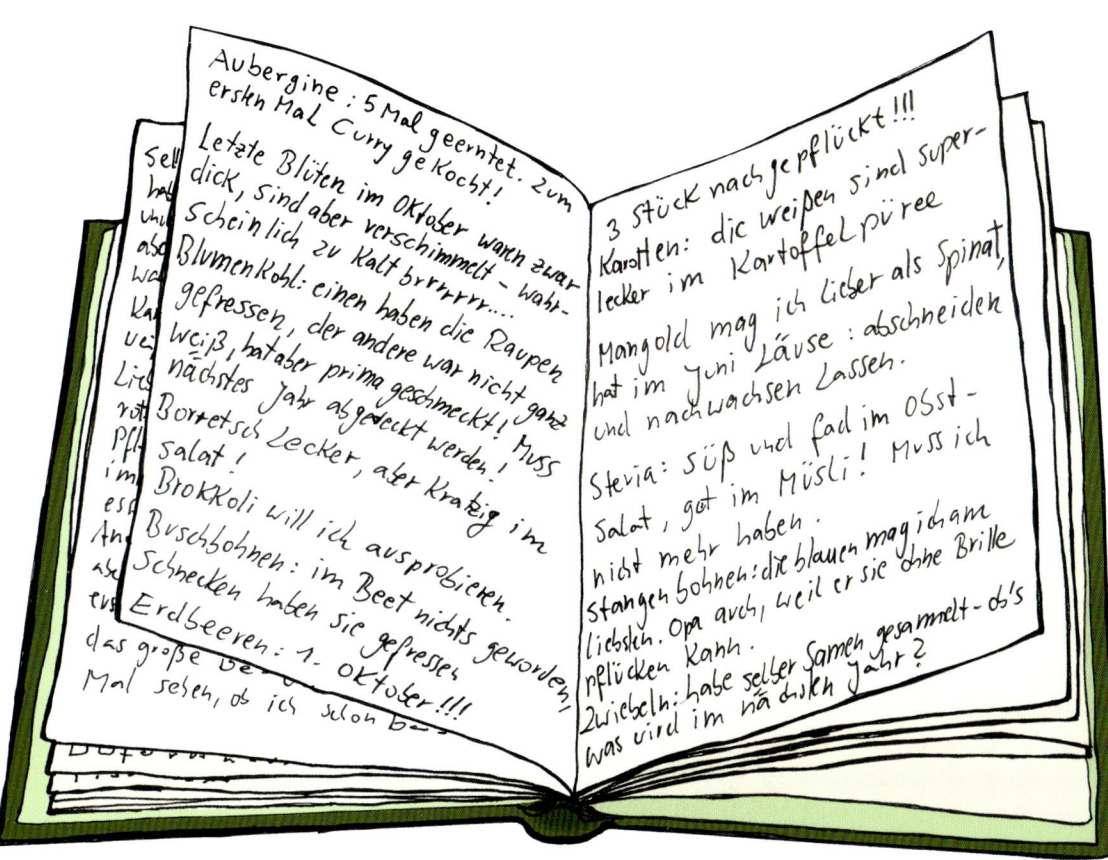

gar nicht, was man alles nach dem Säen vergisst, weil da wieder was anderes reif ist/aufgeht/trotz Suchens nicht da ist und überhaupt gar nicht das ist, was man erwartet hat.

Notiere vor allem deine eigenen Ideen! Denn ein richtiger Gärtner holt sich zwar Anregungen und schaut, wie es die anderen machen. Doch er verlässt sich auf seine eigenen Erfahrungen. Schließlich ist jeder Garten, jeder Balkon und jede Terrasse ein Spiegelbild des Gärtners. Und was bei Onkel Sven vielleicht wie wild wuchert, bleibt bei dir ein Kümmerling.

Dein Gartentagebuch hilft dir auch beim Organisieren. Sind die Radieschensamen alle? Okay, dann schreib dir auf, welche du für nächstes Frühjahr brauchst. Haben die Gartenhandschuhe den Geist aufgegeben, weil du gebuddelt hast wie ein Maulwurf? Auf den Einkaufszettel damit!

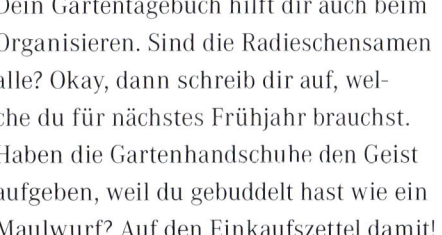

WAS MUSST DU WANN MACHEN?

Mach dir auch eine Liste, wann die Arbeiten im Gartenjahr fällig sind: Die Tomaten müssen gepflegt und die Kartoffeln nach den Eiern von Kartoffelkäfern abgesucht. Anfang Juni sollte der Salat aufgegessen und der neue erst gesät sein, weil Juni-Salatköpfe unweigerlich Läuse kriegen und zwar nicht zu knapp. Im August musst du dich um Feldsalat und Postelein kümmern, wenn du an frostfreien Wintertagen frischen Salat aus dem eigenen Garten holen willst. Es macht sehr viel Spaß, ein ganzes Gartenjahr zu planen.

BALKONKASTENBEET

Los geht's mit Möhren, Salat und Fenchel! Wenn Du Deine Pflanzen aus Samen ziehst, kannst Du schon im März anfangen. Kaufst Du vorgezogene Pflänzchen im Gartencenter geht's für Dich erst im Mai los, wenn es draußen etwas wärmer ist.

MÄRZ/MAI BIS JULI

 Die Pflanzen mögen Sonne bis nachmittags. Ein Süd-Ost-Balkon ist ideal. Aber auch im Süden und Westen gedeihen sie gut. Nur Norden mögen sie nicht.

 Düngen ist nicht nötig, die Erde enthält für die Pflanzen bereits genügend Nährstoffe.

 Dein Balkonkastenbeet musst du täglich ein bisschen gießen, sodass die Erde immer schön feucht, aber nicht nass ist.

 Ab Ende Juni, allerdings vielleicht nicht alles auf einmal: Fenchel und Radieschen sind zuerst reif, etwa eine Woche später kommen Möhren und Salat. Die Möhren werden natürlich nicht so dick wie im Gartenbeet. Dafür sind sie wunderbar zart!

 Frikadellen mit Gemüse und Salat dazu mischen (Seite 111).

Du brauchst: 1 Balkonkasten • 1 Handschaufel • 10 l Bio-Universalerde ohne Torf • ¼ TL Möhrensamen • 2 EL Sand • 1 Schraubglas • 1 Kopfsalatpflänzchen oder 2 Romanapflänzchen (gekauft oder selbst gezogen) • 1 Pflanzholz • 2 Fenchelpflänzchen (gekauft oder selbst gezogen) • 1 mittelgroße Gießkanne

?! Es gibt kurze runde Möhrensorten, die sich toll für Blumenkästen und Töpfe eignen. Sie heißen „Erstling", „Pariser Markt" oder „Thumbelina"; zu kaufen gibt es die Samen im Gartencenter.

1 Fülle den Blumenkasten mit der Erde. Gib die Möhrensamen und den Sand in ein Schraubglas, schraube es zu und schüttle es gut, damit sich die winzigen Möhrensamen mit dem Sand vermischen: So liegen sie in der Erde nicht zu dicht und können richtig Wurzeln bilden – und um die geht es dir bei den Möhren ja besonders! Außerdem mögen Möhren sandigen Boden sehr gern.

2 Streue nun den Möhren-Sand in die Mitte des Kastens und klopfe ihn leicht mit der Handfläche an: Die Samen bekommen so Kontakt mit der Erde und „wissen", dass sie keimen können.

DIE SONNE SCHEINT

> Den Kasten immer innen an die Brüstung hängen, nicht nach draußen. Denn nur, wenn er drinnen hängt, kannst du richtig pflanzen, gießen und jäten.

3. Rechts und links neben die Möhren kommen die Salatpflänzchen: Stecke das Pflanzholz in die Erde, bewege es hin und her, damit ein Loch entsteht. Halte das Pflänzchen so in das Loch, dass die Wurzeln möglichst gestreckt sind. Mit dem Pflanzholz schiebst du nun die Erde um das Pflänzchen. Lege das Pflanzholz beiseite und drücke das Pflänzchen mit Daumen und Zeigefinger in die Erde.

4. Den Fenchel pflanzt du ebenfalls rechts und links an die beiden Schmalseiten des Kastens: Mach es genauso wie beim Salat: Ein Loch mit dem Pflanzholz, das Pflänzchen hinein und so weiter.

Aufs Gartenbeet darf ruhig den ganzen Tag die Sonne scheinen – da fühlt sich dein Gemüse pudelwohl. Doch wenn sie in Töpfen wachsen, auf dem Balkon oder der Terrasse, mögen die meisten Pflanzen nicht so gern in der prallen Sommersonne stehen. Denn da staut sich die Hitze, und es verdunstet zu viel Feuchtigkeit aus den Blättern. Um das zu verhindern, lassen die Pflanzen erst mal die Blätter hängen. Wenn das nichts hilft, machen sie regelrecht dicht: Sie schließen die Spaltöffnungen, die vorwiegend an der Unterseite der Blätter sitzen.

Für kurze Zeit schadet das nicht. Doch wenn deine Pflanzen Tag für Tag so schwitzen, verlieren sie erstens zu viel Wasser. Zweitens nehmen sie zu wenig Kohlendioxid auf, weil die Spaltöffnungen zu lange geschlossen bleiben. Das heißt, die beiden Ausgangsstoffe für die Fotosynthese fehlen (schau nach auf Seite 62). Deshalb wachsen sie nicht richtig, sondern kümmern vor sich hin. Sobald du das bemerkst, spannst du ab Mittag den Sonnenschirm für deine Pflanzen auf und gibst ihnen etwas mehr Wasser.

Übrigens atmen Pflanzen auch Sauerstoff ein – genau wie wir Menschen und wie Tiere. Tagsüber brauchen sie für die Fotosynthese zwar vorwiegend Kohlendioxid. Doch nachts atmet eine Pflanze Sauerstoff ein. Auch im Frühjahr, wenn Pflanzen neu austreiben und noch keine grünen Blätter haben, nehmen sie Sauerstoff auf. Die Nährstoffe, die sie im Winter in Wurzeln und Zwiebeln gespeichert haben und jetzt wieder zum Wachsen brauchen, können sie nämlich nur mithilfe von Sauerstoff nutzen.

Spaltöffnungen auf der Unterseite der Blätter nennt man „Stomata", eine Spaltöffnung heißt „Stoma" vom griechischen Wort für „Mund".

DIE PFLANZE SCHWITZT
- Wasser verdunstet
- Spaltöffnungen
- Bodenwasser dringt in die Wurzeln

SPALTÖFFNUNG
- geschlossen
- geöffnet

FRIKADELLEN MIT GEMÜSE

Für 3–4 Portionen brauchst du: 2 altbackene helle Weizenbrötchen • 250 ml Milch • 1 kleine Zwiebel • ½ Fenchelknolle • 2 Möhren • 2 Stängel Petersilie • 2 kleine Eier • 500 g gemischtes Hackfleisch • Olivenöl zum Braten • Salz

1. Die altbackenen Brötchen in einer Schüssel mit Milch zum Einweichen bedecken. Beiseitestellen. Die Zwiebel abziehen und in kleine Stücke schneiden, Fenchel und Möhren waschen. Den Fenchel und die Möhren fein würfeln. Die Petersilie waschen, trocken schütteln und fein hacken.

2. Die Brötchen ausdrücken, mit den Eiern und dem Hackfleisch in eine Schüssel geben. Mit gewaschenen Händen gut verkneten, dann Fenchel, Möhren, Zwiebeln und Petersilie dazugeben und alles gut vermengen. Mit Salz würzen.

3. Die Hackmasse zu kleinen Kugeln formen (etwa so groß wie ein Tischtennisball) und diese etwas flach drücken. Die Frikadellen entweder in einer Pfanne in Olivenöl langsam bei mittlerer Hitze auf beiden Seiten schön braun braten oder auf ein Backblech mit Backpapier legen und im vorgeheizten Backofen bei 220 °C Ober-/Unterhitze (oder 200 °C Umluft) in etwa 20 Minuten braun backen.

TIPP

Dazu schmeckt Salat mit allem, was dein Balkonkasten gerade an Frischem bietet. Und wenn die Frühkartoffeln schon reif sind, kochst du Pellkartoffeln, lässt sie etwas auskühlen und mischt sie dann geschält und in Stücke geschnitten gleich mit unter den Salat. Vergiss die Kräuter nicht: Dill, Schnittlauch, ein paar Bohnenkrautblättchen und Rucola schmecken toll.

Mit den Frikadellen kannst du auch Burger machen: Heiß mit Tomatenscheiben und Salatblättern in aufgeschnittene Brötchen stecken und etwas grüne Sauce von den Ofenkartoffeln (Seite 234) darübergeben.

FENSTERBANKGEMÜSE

Draußen ist es noch zu kalt zum Pflanzen? Oder die Herbststürme pusten und du willst trotzdem eigene Kräuter in den Quark? Oder du kannst nur im Zimmer anbauen, weil du keinen Balkon hast? Dann gibt's Frisches von der Fensterbank!

VON LICHT UND LUX

MÄRZ BIS NOVEMBER

Was haben Fotoapparat und Radieschen gemeinsam? Sie können die Lichtstärke messen. Natürlich können das nicht nur Radieschen, sondern alle Pflanzen. Von diesen „Lux", der Maßeinheit für Lichtstärke, hängt ab, ob Pflanzen groß werden, blühen und Samen bilden. Denn die Lichtstärke ist außerordentlich wichtig für einen Stoffwechselprozess der Pflanze – die sogenannte Fotosynthese (mehr dazu findest du auf Seite 62). Noch zwei Zahlen: Tageslicht draußen entspricht etwa 15 000 Lux. Auf deiner Fensterbank sind es aber nur etwa 200 Lux. Hast du einen Extra-Belichtungsmesser für die Kamera? Dann miss einfach mal nach.

WAS GEHT AUF DER NORMALEN FENSTERBANK?

Kurz und knapp: Blätter. Auch Radieschen, aber die haben nicht immer Bock auf Knollen. Weil sie, selbst wenn's richtig hell ist, drinnen viel weniger Licht kriegen als draußen. Das kann man nicht ändern. Vielleicht bekommen die Radieschen auch nicht genügend Nährstoffe, um ihr Speicherorgan – so nennen Botaniker die rote Knolle – zu füllen, also dick und prall zu werden. Denn viel Erde ist ja nicht drin in den Gefäßen, die du fürs Fensterbankgemüse verwenden kannst.

Denk dran: Was du essen willst, muss in der Erde wachsen!

Erde brauchst du unbedingt. Denn auf Küchenpapier oder Watte darfst du nur ziehen, was du beim Wachsen beobachten willst. Essen darfst du es nicht, denn auf diesem Wattebausch-Blättern- und Küchenkrepp-Sprossen-Gemüse wachsen Keime, die gesundheitsschädlich sind.

Was du anbauen kannst

SCHNITTSALAT

Die Sorte bildet keine Köpfe, wie du es von Kopfsalat kennst, sondern lose Blätter. Sie wächst ähnlich hoch wie Pflücksalat, den man in Blumentöpfen und Balkonkästen draußen zieht (schau nach auf Seite 114). Die einzelnen Blättchen stehen dicht nebeneinander; du pflückst sie einfach ab wie Blumen.
Sorten mit grünen Blättern schmecken mild wie Kopfsalat, Sorten mit rötlichen Blättern kräftiger.

LINSEN

Linsen wachsen wie die Weltmeister: Schau dir das Minibeet auf Seite 118 an. Zum Säen nimmst du einfach einen Beutel braune Linsen aus dem Supermarkt. Auch schwarze oder grüne Linsen kannst du wachsen lassen. Nur rote, gelbe oder orangefarbe Linsen nicht, weil die geschält sind und keinen Keim zum Keimen mehr haben.

RADIESCHEN

Radieschen bilden kleine Blätter, die schön scharf schmecken. Knollen kriegen sie nur manchmal: Lasse einfach einige Pflanzen stehen – vielleicht hast du ja Glück.

LUZERNE

Luzerne heißt auch Alfalfa; du kannst die zarten Samen im Reformhaus kaufen. Sie keimen in 4–5 Tagen.

SONNENBLUMEN-SPROSSEN

Sprossen aus Sonnenblumenkernen sind in etwa einer Woche reif zum Essen; sie schmecken wunderbar über Salat. Nimm kein Vogelfutter, sondern kaufe die Kerne lieber im Reformhaus. Denn das Vogelfutter ist vielleicht behandelt, damit es nicht schimmelt.

> **?!** In unserem Klima kriegen Linsen keine Linsen, sie tragen also keine Samen. Die Pflanzen stammen aus den warmen Regionen rund ums Mittelmeer. Bei uns ist der Sommer nicht heiß und auch nicht lang genug, damit die Pflanzen blühen und Samen bilden können.

FENSTERBANKGEMÜSE, SO GEHT'S:

Du brauchst: 1 Tüte Sonnenblumenkerne (aus dem Reformhaus, siehe Seite 113) • 1 Blumenkasten oder 4–6 Plastikboxen (z. B. von Möhren aus dem Supermarkt) • 1 Handschaufel • 10–15 l Anzucht- und Kräutererde • je 1 Samentütchen Schnittsalat und Radieschen (aus dem Gartencenter) • 1 Tüte Luzerne (Alfalfa) • 1 Sprühflasche

1. Gib 1 EL Sonnenblumenkerne in ein Glas, übergieße sie mit lauwarmem Wasser und lasse sie etwa 4 Stunden quellen – dann keimen sie schneller.

2. Inzwischen hast du den Blumenkasten oder die Plastikboxen mit der Erde vollgeschaufelt. Teile den Blumenkasten in vier Felder ein. Ins erste streust du etwa ¼ TL Salatsamen, ins zweite 1 TL voll Radieschensamen, ins dritte 1 EL Luzerne und ins vierte legst du einzeln die Sonnenblumensamen, sobald sie mit dem Quellen fertig sind.
Hast du keinen Kasten, sondern Boxen? Okay, dann fülle jede mit Erde und säe wie im Blumenkasten: In die erste Box den Salat und so weiter.

3. Sind die Samen alle drin? Dann klopfst du mit der Handfläche leicht auf die Salatsamen, drückst die Radieschenkörner in die Erde, die Luzerne klopfst du leicht fest – nicht drauf hämmern! Die Sonnenblumenkerne stecken ja schon in der Erde.

4. Jetzt krümelst du noch ein bisschen Erde über alle Samen – nicht zu viel, sondern nur, als würdest du zwischen Daumen und Zeigefinger Salz in die Suppe streuen.

5. Pflänzchen, die umfallen und sich auch nicht wieder aufrichten, zupfst du heraus – sie sind zu schwach zum Wachsen.

> **?!** Auf der Fensterbank erntest du von den Radieschen vor allem die Blätter. Wenn du Geduld hast, dann warte ab, ob sie Knollen kriegen. Das tun sie allerdings drinnen nicht immer. Bilden sich nur rote Stängel wie oben auf dem Bild im rechten Töpfchen, erntest du nur die Blätter.

WAS NOCH AUF DER FENSTERBANK WÄCHST

TOMATEN
Wenn du ein großes Blumenfenster im Süden hast, kannst du auch Tomaten in Blumentöpfen wachsen lassen. Das geht allerdings nur, wenn du im Herbst an Tomatenpflanzen kommst, säen würde zu lange dauern. Wenn du im Sommer Tomaten angepflanzt hattest, haben sich vielleicht selbst einige ausgesät, die kannst du dann ins Zimmer holen. Zwei oder drei Pflanzen setzt du wie gewohnt in Töpfe und stellst sie in einen warmen, hellen Raum ans Fenster. Nun brauchst du viel Geduld, denn die Pflanze weiß ja, dass es Winter ist und macht erst mal Pause. Nach Neujahr, wenn die Tage länger werden, probiert sie es mit ein paar Blüten, die aber gewöhnlich verkümmern. Mitte Januar kommen wieder Blüten, die du bestäuben musst, weil die Bienen ja auch noch schlafen. Entweder fährst du mit einem ganz weichen, dünnen Pinsel über jede Blüte, bis du alle durch hast. Oder du führst zwei Blüten ganz vorsichtig zusammen, sodass sich die Staubgefäße berühren. Ob es geklappt hat, siehst du bald: befruchtete Blüten zeigen nach unten, unbefruchtete strecken sich und verkümmern.

 So hell und sonnig wie möglich. Zimmertemperatur ist gut, aber nicht höher als 20 °C.

 Düngen musst du nicht.

 Gib den Samen mit der Sprühflasche Wasser, weil sie durch einen Strahl aus der Gießkanne leicht verrutschen. Nimm auch später, wenn die Blättchen da sind, besser die Sprühflasche. Nicht zu heftig sprühen, so lange die Pflänzchen klein sind. Die Erde soll immer nur feucht, aber nicht nass sein.

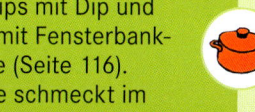 Den Schnittsalat kannst du ernten, sobald die Blätter etwa so groß wie deine Hand sind. Du kannst das Grün der Linsen nach etwa 6 Tagen schon als Kraut für den Salat ernten: Schneide es mit der Küchenschere ab, wie du es von Kresse kennst. Nach etwa einer Woche bildet die Luzerne schon grüne Blätter. Lass sie wachsen, bis du sie mit der Küchenschere abschneiden kannst. Radieschen brauchen etwa 2 Wochen. Du kannst die Blätter pflücken, sobald sie etwa so groß wie die Salatblätter sind.

 Tacochips mit Dip und Quark mit Fensterbankgemüse (Seite 116). Luzerne schmeckt im Kräuterquark (Seite 242) und im Fleischteig für Frikadellen (Seite 111).

SPINAT

SPINAT kennst du ja sicher. Sonst schau nach im Projekt „Blubb-Spinat". Die Samen bekommst du im Gartencenter: Nimm eine Sorte für den Winter – das steht auf dem Tütchen. Denn für die Fensterbank brauchst du Pflänzchen, die nicht so sonnenhungrig sind, sondern auch mit weniger Licht gut wachsen. Spinatblätter bleiben auf der Fensterbank klein und zart.

SENF

SENF ist ein Schnellwachser und wird wie Linsen geerntet. Die Samen gibt es im Gartencenter: Gelbsenf ist preiswert und schmeckt am besten – zum Beispiel auf Butterbrot oder im Salat.

KRESSE

KRESSE kennst Du sicher. Säe sie einfach selbst; Samen bekommst du im Gartencenter.

PFLÜCKSALAT

PFLÜCKSALAT bildet auch keinen Kopf, sondern wächst an einem Stängel nach oben. In der Mitte sitzt das „Herz", an dem sich immer neue Blätter bilden. Pflücke deshalb immer nur die äußeren Blätter ab, dann wachsen ständig neue nach. Die Samen gibt es im Gartencenter.

QUARK mit Fensterbankgemüse

Für 2–3 Portionen brauchst du:
250 g Quark (20 % Fett) • **3 EL Sahne** • **1 Frühlingszwiebel** • **1 Handvoll Blättchen von Linsen, Erbsen, Kresse, Koriander und was sonst noch in deinem Fensterbankbeet wächst** • **1 Prise Zucker** • **Salz, Pfeffer**

1. Den Quark mit der Sahne verrühren. Die Würzelchen der Zwiebel abschneiden, die Zwiebel mit dem Grün in feine Röllchen schneiden. Die Fensterbankblätter waschen, trocken schütteln und grob klein schneiden. Zwiebel und Blätter mit dem Quark mischen, mit Salz, Pfeffer und Zucker würzen.

2. Falls du Radieschen hast, kannst du sie klein schneiden und unter den Quark mischen – auch die Blättchen schmecken gut.

Dazu passen Brot oder Kartoffeln.

BOHNENMUS MIT FENSTERBANKKRÄUTERN

Für 4 Portionen brauchst du: 1 Dose weiße Riesenbohnen (etwa 400 g Abtropfgewicht) • 1 kleine rote Paprikaschote • 1 Frühlingszwiebel • 2 EL Olivenöl • 6–8 EL Apfelsaft • 1 Handvoll Kräuter von der Fensterbank • Salz

1. Die Bohnen auf ein Sieb abgießen, kalt abspülen und gut abtropfen lassen. Die Paprikaschote waschen, putzen und in ganz kleine Stücke schneiden. Die Wurzeln der Zwiebel abschneiden, die Zwiebel mit dem Grün in feine Ringe schneiden und im heißen Öl bei schwacher Hitze glasig braten. Bohnen, Paprikaschote und zunächst 6 EL Apfelsaft zugeben, unter Rühren einmal aufkochen und knapp 3 Minuten dünsten.

2. Die Bohnen abkühlen lassen und mit dem Stabmixer pürieren. Püree nach Wunsch mit dem restlichen Apfelsaft verdünnen. Die Kräuter hacken, unter das Mus mischen und alles mit Salz abschmecken.

3. Dazu schmecken Tacochips zum Dippen, oder du streichst das Mus auf geröstetes Brot und isst dazu Tomaten.

MINIBEET

Ein Winzlingsbeet in der Obstkiste zum Üben und Beobachten. Du kannst einen Teich darin anlegen oder sogar Erbsen anpflanzen!

LINSEN

Linsen? Säen?? Klar, weil die nämlich in Nullkommanix wachsen. Schon nach drei Tagen siehst du die ersten grünen Spitzen. Die kleinen Pflänzchen schneidest du wie Kresse mit der Küchenschere ab und schnippelst sie in den Salat. Oder aufs Butterbrot. Zum Säen besorgst du dir einfach einen Beutel ganz normale braune Linsen aus dem Supermarkt. Du kannst auch kleine grüne Linsen oder schwarze Linsen aus dem Reformhaus nehmen. Nur mit gelben und roten Linsen funktioniert es nicht, denn die werden geschält und keimen nicht mehr (was das ist, steht auf Seite 16). Das heißt, man kann sie nur kochen, aber nicht mehr pflanzen.

KRESSE

Kresse kennst du sicher in den kleinen Pappkartons mit dem grünen Rasen drin, die im Supermarkt bei den Kräutern stehen. Kressesamen wachsen fast so schnell wie die Linsen und das Grün schmeckt ebenfalls auf Brot oder im Salat. Die Samentütchen bekommst du im Supermarkt oder im Gartencenter. Ob du glatte oder krause Kresse nimmst, spielt keine Rolle.

ERBSEN

Erbsen sind ein echt cooles Übungsgemüse: Weil du die Pflanzen nicht kaufen kannst, musst du sie selbst ziehen. Wie sie wachsen? Aus Erbsen! Das sind die runden, grünen Dinger, die dir immer von der Gabel kullern. Erbsen gibt es im Samentütchen im Gartencenter. Nimm das Tütchen, auf dem „Markerbsen" steht: Sie schmecken süß und saftig.

RUCOLA

Rucola ist auch ein Salatkraut, sehr würzig und genau wie Kresse ein bisschen scharf. Im Minibeet wächst er super und wird vermutlich sogar blühen. Die Samen gibt es im Gartencenter; oft steht der deutsche Name „Rauke" und nicht der italienische Name „Rucola" auf dem Tütchen. Du kannst wählen zwischen Salatrucola oder wildem Rucola.

WAS NOCH IN DIE KISTE PASST

Fenchel bleibt in der Kiste puppenküchenmäßig klein, sieht aber genauso aus wie sein großer Bruder im Balkonkasten oder Gartenbeet. Salat bekommt zwar keinen dicken Kopf wie im Beet, aber du kannst die Samen und kleinen Pflänzchen toll beim Wachsen beobachten und dann einfach die Blätter ernten. Kohlrabi kriegt schöne Blätter, die viel sanfter nach Kohlrabi schmecken als die Knolle. Eine Knolle kriegt er bei so wenig Erde nicht.

?!
Frische Erbsen kannst du nicht zum Säen nehmen; sie sind nämlich jung und deshalb noch nicht reif zum Keimen. Doch wenn sie in der Hülse dick und hart geworden sind, kannst du sie fürs Frühjahr zum Säen ernten und trocknen. Auch Erbsen in den Samentütchen vom Gartencenter sind getrocknet, denn frisch kann man sie nicht aufheben – sie würden verderben.

MAI BIS AUGUST

MINIBEET, SO GEHT'S:

Du brauchst: 8 Pflastersteine • 1 große Obstkiste • 1 Stück schwarze Lochfolie in Größe der Obstkiste • 1 Handschaufel • 15 l Bio-Universalerde ohne Torf • 1 Glasschälchen für den Teich • irgendeinen Ring (zum Beispiel von einer Springform für Obstkuchen – wird garantiert zurückgegeben) • 3–4 EL Linsen • 1 Salatpflanze • 1 kleines Tütchen Kressesamen • 2 Samen Rucola • 2 Erbsenkörner (aus der Samentüte oder selbst getrocknet) • 1 schmalen hohen Blumentopf mit beliebiger Erde • 1–2 Zweige • 1 mittelgroße Gießkanne

1 Zuerst baust du das Podest fürs Beet und zwar an einer Stelle, wo die Sonne nicht den ganzen Tag scheint. Lege je zwei Pflastersteine aufeinander, sodass die Obstkiste darauf stehen kann. Mit der Folie legst du den Boden der Kiste aus, damit das Gießwasser nicht einfach durchrauscht und die Erde aus der Kiste schwemmt (Bild 1). Fülle die Kiste bis zum Rand mit der Erde. Zerkrümele die Erde fein und streiche sie mit den Händen glatt (Bild 2 und 3).

2 Für den Teich machst du in der Mitte (oder wo es dir am besten gefällt) eine Mulde und stellst das Glasschälchen hinein (Bild 4). Jetzt ist der Ring an der Reihe: Du brauchst ihn, um den Linsenwald schön gleichmäßig um den Teich herum zu säen (Bild 5). Klar, du kannst das auch freihändig machen! Vergiss nicht, den Ring wieder aus der Erde zu nehmen und sauber zu machen.

3 Auf dem Bild 6 siehst du, wie Anna den Salat neben den Wald gepflanzt hat und das Pflänzchen gießt, damit sich die Wurzeln strecken und gut in der Erde verteilen können.

Die Pflanzen im Minibeet mögen entweder vor-mittags oder nachmittags Sonne. Nur nicht den ganzen Tag.

Nein, das Minibeet musst du nicht düngen, denn Bioerde enthält bereits genügend Nährstoffe.

Du musst jeden Tag gießen – eine kleine Kanne voll Wasser (wie auf Bild 6) reicht.

Linsen und Kresse kannst du nach etwa zwei Wochen ernten. Die Erbsen nach etwa sechs Wochen, wenn die Hülsen dick geworden sind. Auch Salat und Rucola sind dann reif zum Ernten.

Grießklößchensuppe mit Erbsen (Seite 123), Butterbrot oder Käsebrot mit fein geschnittener Kresse und Rucola. Oder den Salat bei den Möhrenbuletten (Seite 136), den du noch mit allem verfeinern kannst, was du gerne isst: Gurken, Radieschen, Tomaten, Linsengrün und Kresse.

4 Nun kannst du auf eine Seite noch die Kresse säen, auf die andere Rucola. Und ganz an den Rand steckst du die Erbsen in die Erde. Dann nehmen sie den anderen Pflanze nicht die Sonne weg, wenn sie hoch wachsen. Außerdem brauchen Erbsen eine Stütze, an der sie hochranken können. Stelle hinter die Obstkiste den hohen Blumentopf mit Erde und stecke ein oder zwei Zweige in die Erde. Im Lauf der Zeit bilden die Erbsenpflanzen dünne Triebe, die sie um die Zweige schlingen, um sich festzuhalten.

5 Füll Wasser in Deinen Teich und gib Blumen und Blätter hinein. Bald werden Bienen und andere Insekten kommen, die sich auf den Blättern niederlassen, um aus dem Teich zu trinken. Deshalb solltest du Wasser und Blumenschmuck immer schön frisch halten.

Kresse, Rucola und Senf kommen aus derselben Pflanzenfamilie. Sie enthalten Senföl und schmecken deshalb alle ein bisschen scharf.

Grießklößchensuppe
mit Erbsen

Für 2 Portionen brauchst du: 1,25 l Fleischbrühe • 1 EL weiche Butter • 1 großes Ei • geriebene Muskatnuss • 1 EL zerkleinerte Petersilie • 100 g Hartweizengrieß • 1–2 Handvoll Erbsen (frisch aus den Hülsen gepulte, notfalls auch tiefgekühlte) • 1 EL Schnittlauchröllchen • Salz, Pfeffer

1 Die Brühe in einem großen Topf zum Kochen bringen. Die Butter, das Ei, Salz, Pfeffer, Muskat und Petersilie mit einem Kochlöffel verrühren. Den Grieß untermischen. Mit zwei Teelöffeln flache Klößchen formen und in die kochende Brühe geben. Dabei die Löffel immer wieder in die Brühe tauchen, damit die Klößchen sich lösen. Klößchen im halb zudeckten Topf bei mittlerer Hitze 15 Minuten sanft kochen lassen.

2 Die Erbsen zu den Grießklößchen geben und einmal aufkochen. Auf der abgeschalteten Herdplatte weitere 5 Minuten ziehen lassen. Die Suppe mit dem Schnittlauch bestreut servieren.

TIPP
Für Grießklößchen brauchst du Hartweizengrieß (steht auf der Packung), der besonders gut aufquillt. Lockere, zarte Klößchen bekommst du mit geschmeidigem Teig, der etwa so weich wie Quark ist. Kernig werden die Klößchen, wenn der Teig am Rührlöffel einen Kloß bildet. Wichtig: Den Teig nicht stehen lassen, sondern gleich formen und garen.

RATZFATZ-FERTIG-BEET

Hier wird mal nicht gebuddelt, sondern gebaut: Das schnellste Beet aller Zeiten für Gurke und Kräuter, ein paar Radieschen und ein bisschen Salat. Platz dafür ist überall!

MAI BIS SEPTEMBER

Du brauchst: 8 Pflastersteine • 1 altes Gitterrost vom Backofen • 20 l Gemüseerde • 1 Handgabel • 1 Schere • 1 Paar Gartenhandschuhe • 1 Beutel gekörnten Rinderdung (12,5 kg; reicht für viiiiele Beete!) • 1 Gurkenpflanze (Balkongurke oder Minigurke) • 1 stabilen Zweig • Bast oder Gartengarn • 1 Basilikumpflanze • 1 Pflücksalatpflanze (gekauft oder selbst gezogen; schau nach auf Seite 20) • 2 Steckzwiebeln • 4 Radieschensamen • 1 mittelgroße Gießkanne

1 Zuerst baust du das Podest fürs Beet: Je zwei Pflastersteine aufeinander im Viereck auslegen und den Gitterrost darauflegen (Bild 1). Den Beutel Gemüseerde hievst du mit einem Helfer auf den Rost (Bild 2). Nun stichst du mit den Zinken der Handgabel auf einer Seite Löcher in den Beutel, damit das Gießwasser ablaufen kann. Den Beutel umdrehen und mit der Schere Löcher hinein schneiden: Zuerst an zwei gegenüberliegenden Ecken ein großes für die Gurke und eines für das Basilikum. Dann in die Mitte eines für den Salat. Daneben eines für Zwiebeln und Radieschen (Bild 3).

2 Jetzt kannst du pflanzen. Zieh zuerst die Gartenhandschuhe an (geht aber auch ohne). Lockere die Erde in den Löchern mit der Handgabel, denn in den Beuteln ist sie immer stark zusammengepresst. Pflanzen aber wollen krümelige Erde, damit sich die Wurzel gut ausbreiten können.
Für die Gurke schiebst du nun die Erde mit der Gabel zur Seite, damit ein Pflanzloch entsteht. Gib einen Teelöffel voll gekörnten Rinderdung (igitt? Lies nach was auf Seite 60 unter „Mist!" steht – du wirst dich wundern!) in diese Mulde. Die Pflanze nun in das Loch setzen und die Erde wieder darüber schieben (Bild 4). Sobald die Wurzeln bedeckt sind, legst du beide Hände dort, wo die Wurzeln beginnen dicht an den Stängel und drückst sie fest in die Erde. Stecke nun den Zweig neben der Gurke in die Erde und zwar durch den Beutel nach unten, bis er den Boden berührt. Später, wenn die Gurke größer ist, braucht sie den Zweig als Stütze und du bindest sie mit Bast oder Gartengarn an.

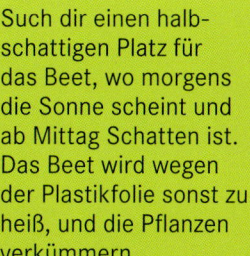

 Such dir einen halbschattigen Platz für das Beet, wo morgens die Sonne scheint und ab Mittag Schatten ist. Das Beet wird wegen der Plastikfolie sonst zu heiß, und die Pflanzen verkümmern.

 Düngen musst du nicht, Gemüseerde enthält bereits genügend Nährstoffe für Salat, Zwiebeln, Radieschen und Basilikum. Und die Gurke hat ihre Extraportion Mist ja schon beim Einpflanzen bekommen.

 Das Beet musst du jeden Tag gießen – eine Kanne voll Wasser reicht. Die Gurkenpflanze braucht am meisten Wasser, damit sie pralle Gurken kriegt.

 Das Basilikum ab sofort und den ganzen Sommer über. Die Zwiebeln nach etwa drei Wochen, sobald die Röhren dick und saftig sind. Radieschen und Gurke, wenn sie reif sind – das kannst du leicht erkennen. Aber lass die Gurken nur etwa 10 cm lang werden, dann schmecken sie am besten.

 Gurkensandwichs (Seite 126) und Gesprenkelte Pfannkuchen (Seite 127).

3 Das Basilikum und den Salat pflanzt du genauso ein. Die Zwiebeln steckst du mit der Wurzel nach unten so in die Erde, dass du die Spitze gerade eben noch sehen kannst. Du kannst sie ganz dicht nebeneinander stecken, denn in diesem kleinen Beet wachsen sie nicht zu großen Zwiebeln heran. Sie bilden nur schön saftige grüne Zwiebelröhren – so nennt man die Blätter von Zwiebeln, weil sie rund und innen hohl sind.

4 Neben die Zwiebeln steckst du in etwa zwei Finger breitem Abstand die Radieschensamen in die Erde. Nicht besonders tief, nur so, dass du sie nicht mehr siehst.
Das war's schon – jetzt musst du nur noch regelmäßig gießen und geduldig sein!

?! Für das Beet musst du wirklich ein Podest bauen: 1. weil die Schnecken nicht so leicht rankommen. 2. Weil das Wasser ablaufen muss – deshalb auch die Löcher im Beutel.

GURKENSANDWICH

Für 2 Portionen brauchst du: 4 Scheiben Kastenweißbrot • 1 EL weiche Butter • 2 EL Kräutersenf oder Remouladensauce (aus dem Glas oder selbst gemacht; schau nach auf Seite 232) • 2 Blätter Pflücksalat • 2 dünne Scheiben Käse • 1 kleine Gurke • 2 Blättchen Borretsch • Salz, Pfeffer

1 Die Weißbrotscheiben mit der Butter und dem Senf bestreichen. Zwei der Brotscheiben zuerst mit den gewaschenen, trocken getupften Salatblättern, dann mit den Käsescheiben belegen.

2 Die Gurke waschen, in Scheiben schneiden und auf dem Käse verteilen. Die Borretschblättchen waschen, trocken tupfen und fein schneiden. Auf die Gurke streuen, mit Salz und Pfeffer würzen. Die beiden anderen Brotscheiben darauflegen und leicht andrücken.

Gesprenkelte Pfannkuchen

Für 4 Portionen brauchst du: 200 g Mehl • 4 Eier • 1 Handvoll Zwiebelgrün, Radieschenblätter und Basilikum • 500 ml Milch • 1 EL Olivenöl • Salz • Öl oder Butterschmalz zum Backen

1. Das Mehl mit Salz und Eiern verrühren. Zwiebelgrün, Radieschenblätter und Basilikum waschen, trocken schütteln und grob hacken. Mit Milch und Öl unter den Teig mischen. Zugedeckt bei Zimmertemperatur 30 Minuten ruhen lassen.

2. In einer großen beschichteten Pfanne Butterschmalz oder Öl erhitzen. Pro Pfannkuchen eine Schöpfkelle Teig darin verteilen und bei mittlerer bis geringer Hitze auf jeder Seite etwa 2 Minuten backen.

BUTTERBROTTÖPFE

Nein, du kannst keine fertig geschmierten Butterbrote züchten. Sondern in Butterbrottöpfen wächst alles, was gut auf allem möglichen Brot mit Butter oder Frischkäse schmeckt.

VOM TOPF AUFS BROT

In den Töpfen wachsen zum Beispiel Radieschen, über die man kein weiteres Wort verlieren muss – sie sind spitzenmäßig fürs Butterbrot geeignet. Oder Kresse, das Kraut für die Fensterbank im Winter. Draußen im Butterbrottopf auf dem Balkon kriegt sie viel mehr Würze und schlägt mit Frischkäse auf dem Brot jede langweilige Wurstschnitte.

Schnittlauch schmeckt toll auf Butter- oder Käsebrot und wächst immer nach – wie das Gras im Rasen. Du musst also oft mähen! Und dann noch Asia-Salat, der mit Rucola verwandt ist, aber viel schneller reif fürs Butterbrot ist. Oder für Salat – schließlich heißt er ja auch so. Asia-Salat keimt sehr schnell und schmeckt ein bisschen scharf wie Kresse.

Du brauchst: 1 hohen Topf (Durchmesser ca. 32 cm) • 2 leere Plastikboxen von Möhren, Feldsalat oder Cocktailtomaten aus dem Supermarkt • 1 Handschaufel • 40 l Bio-Universalerde ohne Torf • je 1 Samentütchen Radieschen, krause oder glatte Kresse, Asia-Salat • 1 Schnittlauchpflanze • 1 mittelhohen Topf (Durchmesser ca. 24 cm) • 1 mittelgroße Gießkanne

MAI BIS JULI

1. Fülle den hohen Topf und die Boxen mit Erde und mache sie mit den Händen locker und krümelig. In den hohen Topf säst du Radieschen, denn sie brauchen am meisten Platz in der Erde, damit sich Knollen bilden. Die Radieschensamen jeweils etwa zwei Finger breit voneinander entfernt säen. Wenn Radieschen nämlich zu dicht liegen, bilden sie keine Knollen. Stecke die Samen mit dem Zeigefinger etwa 1 cm tief in die Erde. Den Rest der Samen hebst du zum Nachsäen auf: Etwa alle zehn Tage wieder ein paar Samen in die Erde stecken, dann kannst du wochenlang ernten.

Alle Pflanzen mögen Sonne. Und weil es ja ohnehin Frühlingspflanzen sind, ist die Sonne am großen Fenster oder auf dem Balkon auch noch nicht zu heiß.

Düngen ist nicht nötig, denn die Erde enthält bereits genügend Nährstoffe.

Die Samen und die Schnittlauchpflanze brauchen gleich Wasser. Du musst täglich ein bisschen gießen, sodass die Erde immer schön feucht, aber nicht nass ist.

Von der Schnittlauchpflanze kannst du sofort etwas abschneiden. Der Asia-Salat und die Kresse keimen sehr schnell, du kannst etwa zwei Wochen nach dem Säen ernten. Und beide kannst du dann nachsäen. Am längsten dauert es mit den Radieschen; sie brauchen etwa vier Wochen, bis die Knollen groß genug zum Ernten sind. Aber du säst ja regelmäßig nach und kannst deshalb auch oft ernten.

Quark mit Fensterbankgemüse (Seite 116), Ofenkartoffeln (Seite 234), Kräuterquark (Seite 242), Gurkenjoghurt (Seite 233: einfach Kresse anstelle von Dill in den Dip schnippeln). Alle Kräuter kannst du auch auf Brot mit Butter oder Frischkäse verteilen.

> **?!** Schnittlauch kannst du auch säen, aber es dauert mindestens zwei Monate bis die Halme dick genug zum Abschneiden sind. Es lohnt sich, wenn du Schnittlauch für das Gartenbeet willst: Dicht gesät, wird aus einem Päckchen Samen ein schöner Schnittlauchrasen, der jedes Jahr im zeitigen Frühjahr wieder wächst.

2 In die erste Plastikbox streust du Kressesamen – sie dürfen dicht liegen, damit sie zu einem schönen „Rasen" wachsen. In die zweite Box streust du etwa ein Drittel der Asia-Salat-Samen aus der Tüte und verteilst sie wie die Radieschensamen.

3 Für den Schnittlauch füllst du den mittelhohen Topf zunächst nur zur Hälfte mit Erde. Hole die Schnittlauchpflanze aus dem Topf, in dem du sie gekauft hast. Das geht manchmal gar nicht so leicht. Du kannst ruhig mit einer Hand an der Schnittlauchpflanze ziehen und zwar ziemlich genau über dem Topfrand. Mit der anderen Hand drückst du von unten an den Topf oder quetscht ihn an allen Seiten, bis sich die Pflanze löst.

4 Das wäre geschafft. Jetzt lockerst du die Wurzeln: Lege die Pflanze auf den Boden (am besten auf ein Stück Zeitung) und ziehe mit beiden Händen die Wurzeln auseinander – so als würdest du einen verfilzten Haarzopf aufdröseln. Sind die Wurzeln schön locker? Gut, dann setze den Schnittlauch aufrecht in den Topf mit Erde. Nun mit einer Hand festhalten und mit der anderen Erde um die Pflanze schaufeln, bis der Topf gefüllt ist. Zum Schluss die Pflanze mit beiden Händen fest in die Erde drücken.

DAS WÄCHST JA NOCH MAL! WESHALB DENN?

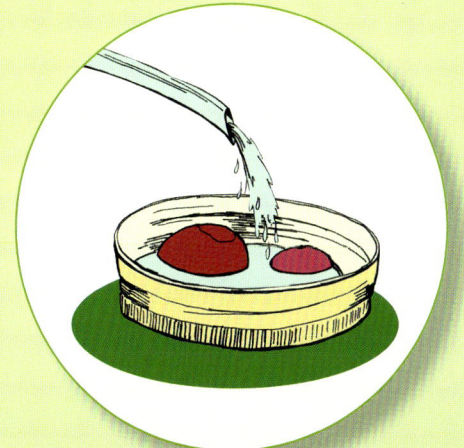

SO GEHT'S
Schneide eine Fenchelknolle im Beet oder Topf ab und lass die Wurzel in der Erde stecken.

Ein Radieschen und eine rote Bete ziehst du aus der Erde und schneidest jeweils unter dem Blattansatz ein fingerbreites Stück ab. Lege diese Stücke in ein oder zwei Deckel von Einmach- oder Twist-off-Gläsern. Fülle regelmäßig Wasser nach. Radieschen und Rote Bete kannst du aufessen.

WAS PASSIERT?
Nach einigen Tagen wachsen aus dem Fenchel in der Erde an den Seiten Minifenchelknollen.

Radieschen und rote Bete treiben Blätter. Die Winzlingsblätter von roter Bete werden als „Baby-Leafs" sogar eigens für Blattsalatmischungen gezogen.

ABER WARUM
wachsen die Pflanzen auch nach der Ernte noch? Weil die Leitbahnen für den Transport von Nährstoffen aus der Wurzel noch intakt sind. Der Fenchelstrunk holt sich die Nährstoffe mit seiner Wurzel aus der Erde, sodass neuer Babyfenchel wächst. Bei Radieschen und roter Bete genügen die Nährstoffe in den kleinen Wurzelstückchen, damit sich neue Blätter bilden. Auch der Schnittlauch im Butterbrottopf hat die Wurzeln noch in der Erde. Du kannst ihn immer wieder abschneiden und abschneiden und abschneiden. Solange du ihn nicht mit den Wurzeln aus der Erde zupfst, wächst er immer wieder nach. Das Radieschenexperiment kannst du auch mit Möhren machen.

KANINCHENFUTTER

MAI BIS JULI

Die Tiere mit den langen Ohren haben knackfrische Möhren und saftigen Salat so lieb, dass sie auf der Suche nach diesen Delikatessen angeblich ganze Gemüsegärten verwüsten. Damit sie das bei dir nicht tun, stellen wir unser eigenes Kaninchenfutter einfach in Töpfen auf die Terrasse. Oder den Balkon.

Du brauchst: 2 hohe Töpfe (Durchmesser ca. 32 cm) • 1 Handschaufel • 40 l Bio-Universalerde ohne Torf • je ½ TL Pflücksalatsamen von rotem und grünem Salat • 2 TL Möhrensamen • 2 Handschaufeln voll Sand • 1 Twist-off-Glas • 1 mittelgroße Gießkanne

Möhren und Salat mögen Sonne bis nachmittags. Terrasse oder Balkon mit Süd-Ost-Richtung ist ideal.

Düngen ist nicht nötig, denn die Erde enthält bereits genügend Nährstoffe.

Pflänzchen und Samen brauchen gleich Wasser. Dein Kaninchenfutter musst du täglich ein bisschen gießen, sodass die Erde immer schön feucht, aber nicht nass ist.

Ab Ende Juni ist der Salat reif: Pflücke immer die Blätter vom Rand, dann wachsen die Pflanzen ständig nach und du kannst mindestens vier Wochen ernten. Ab Anfang Juli sind die Möhren reif. Sie werden nicht so dick wie im Gartenbeet, bleiben aber schön zart! Auch die grünen Blätter der Möhren sind zart und würzig: Du kannst sie wie Kräuter fein zerkleinern und mit dem Salat mischen.

Möhren-Salat-Quark (Seite 139), Möhren mit Kartoffeln und Butter (Seite 138) und Möhrenbuletten mit Salat (Seite 136).

1 Fülle den ersten Blumentopf ganz mit Erde, den zweiten nur bis zu Dreiviertel. Streue die Salatsamen auf die Erde im ersten Topf und klopfe sie mit den Handflächen sachte fest (nicht so fest, dass die Erde zusammenpappt).

2 Gib die Möhrensamen und den Sand in ein Schraubglas, schraub es zu und schüttel es gut. Dabei vermischen sich die winzigen Möhrensamen mit dem Sand und wachsen besser (warum das so ist, auf Seite 134).

3 Streue nun die Möhren-Sand-Mischung gleichmäßig in den zweiten Topf und klopfe ihn leicht mit der Handfläche an: Die Samen kriegen so Kontakt mit der Erde und „wissen", dass sie keimen können. Fertig! Jetzt musst du nur für regelmäßige Wasserzufuhr sorgen und abwarten.

Möhren als Salat schmecken besonders gut, wenn du sie außer mit Salz noch mit einer Prise Zucker würzt. Zu Möhrengemüse gibst du etwas Butter und/oder fein zerkleinerte Petersilie.

Dein Kaninchenfutter wächst auch im Süden und/oder Westen – der Salat wird allerdings schneller „schießen". Damit meint der Fachmann, dass die Pflanze schneller Blüten bildet. Sobald die Blüte in der Mitte wächst, verlieren die Blätter ihren appetitlichen Glanz. Sie sind hart statt zart und schmecken oft ein wenig bitter.

ALT UND BUNT

Möhren stehen auf der Liste der ältesten Gemüsepflanzen – mit Erbsen, Sellerie und Kohl.

Unter den vielen Wurzeln, die wir Menschen seit jeher essen, sind Möhren bereits vor ungefähr 1.500 Jahren sicher zu identifizieren: Nämlich auf einer Illustration, die um 500 n. Chr. in Konstantinopel, dem heutigen Istanbul, entstanden ist. Du kannst übrigens auch Möhrensamen kaufen, die aus sehr alten Sorten entstanden sind: zum Beispiel Purple Haze, die außen violett und innen orange ist. Solche Sorten sind erstmals in Italien im 13. Jahrhundert gezüchtet worden.

Die wilden Verwandte von Möhren kannst du an Wegrändern finden: Die Pflanzen werden etwa 1 m hoch, die Blätter sehen aus wie zu groß geratenes Möhrenkraut. Weil es mehr Pflanzen gibt, die so ähnlich aussehen, erkennst du wilde Möhren ganz sicher aber nur an den weißen Blütendolden. Sie bleiben nicht flach, sondern ziehen sich zusammen, sodass sie wie ein kleines Vogelnest aussehen.

MÖHREN-KNOW-HOW

WARUM MISCHST DU DEN MÖHRENSAMEN MIT SAND?

1 Weil man die Möhren so leichter säen kann
Möhrensamen sind so klitzeklein, dass man sie immer zu dicht streut. Wenn du sie aber mit Sand vermischt, haben sie meistens genügend Abstand und bilden schöne Wurzeln.

2 Weil sie leichter wachsen können
Möhren mögen Sand in der Erde, weil sie darin leichter wachsen können. Versuch es mal selbst: Fülle einen Blumentopf mit Sand, einen mit Erde aus einem Beet im Garten und einen mit Kompost. Dann stecke nacheinander in jeden den Zeigefinger: Wo spürst du am wenigsten Widerstand?

3 Weil sie dann besser schmecken
Möhren mögen Erde mit Sand, weil das Wasser leichter abläuft. Auf Seite 44 kannst du über die Zusammensetzung von Erde nachlesen. In einem leichten, lockeren Boden, dem sandigen Lehm oder lehmigen Sand, bilden sich nicht so rasch Pfützen auf der Erde oder Staunässe unter der Erde. Möhren mögen keinen nassen Boden, in dem das Wasser vom Regen oder vom Gießen stehen bleibt. Sie keimen dann schlecht, wachsen schlecht und schmecken nicht so gut.

GUTE MÖHRENERNTE

Hast du eine Möhre aus dem Blumentopf gezogen, die so aussieht? Dann hast du vermutlich zu unregelmäßig gegossen. Möhren mögen am liebsten gleichmäßig feuchte, aber eben nicht nasse Erde.

Wenn du Möhren im Beet aussäst, musst du natürlich genauso auf leichten Boden achten, damit das Wasser gut ablaufen kann. Dann wachsen die Möhren gleichmäßig und lassen sich gut ernten, ohne dass sie in der Erde abbrechen.

MÖHRENBULETTEN
MIT SALAT

Für 2–3 Portionen brauchst du: SALAT 2–3 Handvoll Pflücksalat oder 1 Kopf Eissalat, Romana oder Kopfsalat • 1 Handvoll Rucola, Basilikum und Dill • 1 kleine Möhre • 1 Frühlingszwiebel oder 4 Schnittlauchhalme • 2 EL Balsamico (weiß oder rot) • 4 EL Olivenöl • Salz, Pfeffer
BULETTEN 3 dicke Möhren • 2 mittelgroße gekochte Pellkartoffeln • 1 kleine Zwiebel • 4 Stängel glatte Petersilie • 2 Eier • ½ TL abgeriebene Bio-Zitronenschale • geriebene Muskatnuss • Öl zum Braten • Salz, Pfeffer

1. Eine große Schüssel mit kaltem Wasser füllen und die Salatblätter vorsichtig, aber gründlich darin schwenken: Die Erde vom Beet und vielleicht auch ein paar Läuschen müssen weg, aber die Blätter sollen knackig bleiben – also nicht quetschen! Ab in die Salatschleuder und möglichst trocken in die Salatschüssel geben. Die Blättchen der Kräuter nur in Stücke zupfen, nicht schneiden.

2. Die kleine Möhre waschen und dabei sauber reiben. Dann mit einem kleinen Messer ungeschält in den Salat schnippeln. Frühlingszwiebel oder Schnittlauchhalme ebenfalls waschen und in Röllchen schneiden. Alles in die Schüssel geben, Salz und Pfeffer darüberstreuen, Essig und Öl hinzufügen und alles mit dem Salatbesteck locker mischen.

3. Die dicken Möhren für die Buletten waschen und auf der Rohkostreibe in feine Raspeln reiben. Achte auf die Finger! Von den Kartoffeln mit dem kleinen Messer die Schale abziehen und auf einen tiefen Teller in Scheiben schneiden. Mit einer Gabel zerdrücken und zu den Möhren geben. Die Zwiebel abziehen, halbieren und würfeln. Die Petersilie waschen, trocken tupfen und fein hacken. Alles in die Schüssel geben.

4. Die Eier einzeln aufschlagen und dazugeben und mit etwa ½ Teelöffel Salz, Pfeffer, Zitronenschale und ein bisschen Muskatnuss würzen. Mit einer Gabel oder sauberen Fingern zu einem Teig verkneten.

5. Eine große Pfanne erhitzen und 2 EL Öl darin heiß werden lassen. Die Pfanne von dem Herd ziehen und den Teig mit einem Esslöffel als flache Buletten, die etwa so groß sind wie dein Handteller, ins Öl setzen. Die Pfanne wieder auf die Hitze stellen und die Buletten pro Seite etwa 10 Minuten braten. Den Salat noch einmal durchmischen und die Buletten direkt aus der Pfanne dazu servieren. Falls noch Teig übrig ist: Erst die heißen Buletten essen, dann den Rest braten.

MÖHREN MIT KARTOFFELN UND BUTTER

Für 3 Portionen brauchst du: 4 mittelgroße Möhren • 4 mittelgroße vorwiegend festkochende Kartoffeln • 1 kleine Zwiebel • 1 TL Öl • 100 ml Gemüsebrühe • geriebene Muskatnuss • 6 Stängel Petersilie • 2 EL Butter • 2 EL Sahne • Salz, Pfeffer

1. Die Möhren und die Kartoffeln schälen, waschen und würfeln. Die Zwiebel abziehen und fein zerkleinern. Das Öl in einer großen Pfanne erhitzen und die Zwiebeln darin glasig anschwitzen. Möhren, Kartoffeln, Brühe, Salz, Pfeffer und Muskat zugeben, aufkochen und zugedeckt 10–15 Minuten kochen lassen, bis das Gemüse weich ist.

2. Inzwischen die Petersilie waschen, trocken tupfen und fein hacken. Mit Butter und Sahne unter das Möhren-Kartoffel-Gemüse rühren und die Petersilie drüberstreuen.

MÖHREN-SALAT-QUARK

Für 4 Portionen brauchst du: 1 Ei • 1 Handvoll Pflücksalat • 1 Handvoll Rucola, Dill und Basilikum • 3 Möhren • 1 Frühlingszwiebel oder 4 Schnittlauchhalme • 250 g Quark (20 % Fett) • 1 Becher saure Sahne (150 g) • Salz, Zucker

1. 250 ml Wasser in einem kleinen Topf aufkochen lassen. Mit einem Eipiekser ein kleines Löchlein in das eine Ende vom Ei piksen. Auf einem Esslöffel vorsichtig in das kochende Wasser gleiten lassen und darin etwa 8 Minuten hart kochen. Danach unter fließendem kalten Wasser abschrecken und die Schale abpellen. Erst einmal beiseitestellen.

2. Den Salat wie bei den Möhrenbuletten (Seite 136) beschrieben waschen und trocken schleudern. Die Blättchen der Kräuter nur in Stücke zupfen, nicht schneiden. Die Möhren waschen und dabei sauber reiben. Salat, Kräuter und Möhren in ganz feine Streifen bzw. Scheiben schneiden. Frühlingszwiebel oder Schnittlauchhalme ebenfalls waschen und in sehr feine Röllchen schneiden.

3. Den Quark und die saure Sahne in eine mittelgroße Schüssel geben und vermischen. Salat, Kräuter und Möhren dazugeben und gut verrühren. Das Ei halbieren, mittelfein zerschneiden und ebenfalls zum Quark geben. Mit 1 TL Salz und 1 Prise Zucker würzen und mit gebackenen Kartoffeln essen oder in Fladenbrote füllen. Oder auf Wraps geben und mit gebratenen Zucchini belegen, aufrollen und abbeißen – schmeckt spitzenmäßig!

SAMMELSURIUM

MÄRZ BIS OKTOBER

Diesmal musst du nicht säen oder pflanzen, sondern du machst einfach einen Ausflug ins Grüne. Dort blüht es nämlich, und viele Blumen und Früchte kannst du essen: die Knospen von Löwenzahn auf der Wiese und die duftenden Blütendolden von Holunderbüschen. Veilchen kannst du sogar in Zuckerlösung einlegen und als Süßigkeit oder Garnierung für Torten verwenden. Im Sommer kannst du dann Gänseblümchen und Kräuterblüten von Thymian, Borretsch und Kapuzinerkresse sammeln – und essen. Runter gefallene Äpfel auf Streuobstwiesen sind dann im Herbst reif zum Aufsammeln.

Früher war das Sammeln im Wald und auf der Wiese total selbstverständlich. Nachdem man im Frühjahr und im Sommer Blüten und Blumen gesammelt hatte, ging es im Herbst mit allem, was aus den Blüten gewachsen war, weiter: Hagebutten aus wilden Rosen für süße Suppe und Brotaufstrich, Beeren aus Holunderblüten für Saft und Kompott, Dillsamen für eingelegte Gurken. Löwenzahnwurzeln hat man ausgegraben, geraspelt und getrocknet, um eine Art Kaffee damit zu kochen. Wilde Äpfel ließ man nicht einfach am Baum verfaulen, sondern hat Gelee davon gemacht. Und die leuchtendroten Vogelbeeren hat man den Vögeln stibitzt, um Marmelade zu kochen.

Noch vor 50 Jahren sind die Menschen, um Beeren und Pilze zu bekommen, auch nicht zum Gemüsehändler, sondern in den Wald gegangen. Kleine Walderdbeeren – heute eine sündhaft teure Delikatesse – hat man im Frühsommer selbst gesucht und mit ein bisschen Glück auch eimerweise nach Hause getragen. Bald danach ging man „in die Himbeeren", die auf Waldlichtungen als dichtes Gestrüpp wuchsen.

Zu Hause wurden Saft, Gelee und Marmelade gekocht. Brombeeren waren im Hochsommer dran: Als stachelige Hecken säumten sie Wegränder, Heidelbeeren bedeckten den Boden in lichten Wäldern – man musste tatsächlich nur pflücken.

Und darauf achten, dass man die Pflanzen nicht verletzte, sodass sie auch das folgende Jahr wieder reiche Frucht tragen konnten. Im Sommer standen massenhaft Champignons auf Pferdeweiden: Pilze wachsen nämlich nicht nur im Wald. Wer sich gut auskannte, hat die wunderbarsten Gerichte gekocht: Selbst gesuchte Mischpilze schmecken nämlich um Klassen besser als die langweiligen Steinpilze und Pfifferlinge, die es auf dem Markt zu kaufen gibt.

Wo du Löwenzahn findest, weißt du. Apfelbäume findest du auf Streuobstwiesen oder an Wegrändern. Holunderbüsche wachsen an Weg- und Waldrändern.

Du kannst dich faul zurücklehnen, schließlich sammelst du nur.

Hier kannst du dich auch ausruhen und mal nix machen.

Löwenzahnblüten für Nudeln findest du schon im März. Holunderblüten pflückst du im Juni. Blüten und Äpfel kannst du bis zum Herbst sammeln.

Probier die Nudeln mit Löwenzahnknospen (Seite 144) und Apfelküchlein (Seite 146) oder sogar gebackene Holunderblüten (Tipp Seite 146).

?! ACHTUNG

Es gibt bei uns nur wenige giftige Blütenpflanzen. Trotzdem: Du darfst nur Blüten pflücken, die du kennst und nicht verwechseln kannst: Gänseblümchen und Löwenzahn. Und die Blüten von Pflanzen, die du im Garten anbaust: Borretsch, Ringelblumen, Kapuzinerkresse, Oregano, Thymian, Dill, Schnittlauch und Minze.

WARUM BLÜHT GEMÜSE?

Gemüse blüht, damit es bestäubt wird: Auf jede Blüte müssen ein paar gelbe Pollenkörner kommen, damit sich eine Frucht bilden kann, die Samen enthält. Oder damit sich aus der Blüte Samen bilden. So wie du es beim Löwenzahn sehen kannst, wenn die Samen mit dem Schirmchen umherfliegen. Eine Blüte, die nicht mit Pollen versorgt wird, verkümmert und fällt ab.

Auberginenblüte

Bei Tomaten, Gurken und Paprikaschoten bilden sich aus den Blüten die Früchte – genau wie bei Äpfeln und Birnen. Die Samen sitzen im Innern der Frucht und reifen langsam, bis die Frucht selbst weich wird und schließlich zerfällt. Dann fallen die reifen Samen auf die Erde und bilden im nächsten Jahr eine neue Pflanze. Beim Tomatenbeet kannst du das gut beobachten. Jedes Jahr gehen ein paar Pflänzchen auf, die du gar nicht eingesetzt hast.

Bei einer Gurke kannst du den Reifeprozess der Samen sogar an der Frucht gut sehen: Zuerst ist die Gurke schön dunkelgrün und fest. Wenn du sie nicht abschneidest, sondern an der Pflanze hängen lässt, wird sie langsam dick und gelb (schau mal auf Seite 74). Und wenn du sie dann aufschneidest, siehst du wie groß die Samen geworden sind und wie wenig vom festen Fruchtfleisch übrig geblieben ist.

Zucchiniblüte

Bei Bohnen und Erbsen bilden sich aus den Blüten die Hülsen, in denen die Samen sitzen. Essen kannst du beides: Die Hülsen, wenn sie jung und zart sind, die Samen, wenn sie so dick sind, dass du sie durch die Hülsen sehen kannst. Salat, Möhren und Radieschen blühen genau wie Blumen und bilden auch die Samen genauso. In den Samen konzentrieren sich die Nährstoffe für die neuen Pflanzen. Blühende Möhren oder Radieschen werden dann hart und holzig. Wenn ein Salat schon blüht, schmeckt er leicht bitter und hat zähe Blätter. Bei Kopfsalat bilden die gelben Blätter in der Mitte zuerst einen Buckel, dann wächst daraus ein Stängel mit Blättern, der oben Blüten bildet. Beim Pflücksalat verlieren die Blätter ihren Glanz und wirken langweilig stumpf-grün.

Bei manchen Pflanzen schmecken Kraut, Blüten und Samen aber auch gut: Frische Dillblüten und getrocknete Samen nimmt man zum Einlegen von Gurken. Rucolasamen schmecken würzig scharf wie die Blätter – probiere sie mal in einem bunt gemischten Salat.

NUDELN MIT LÖWENZAHNKNOSPEN

Für 2 Portionen brauchst du: 3 Handvoll fest geschlossene Löwenzahnknospen • 1 Knoblauchzehe • 2 EL Butter • 4 EL Gemüsebrühe • 100 g Sahne • 1–2 TL Zitronensaft • 200 g dünne Nudeln wie Capellini, Linguine oder Spaghettini • 3 EL frisch geriebenen Parmesan • 2 EL Schnittlauchröllchen • Salz, Pfeffer

1. Die Löwenzahnknospen waschen und abtropfen lassen. Den Knoblauch schälen und fein zerkleinern. Die Butter in einem kleinen Topf erhitzen und den Knoblauch darin bei schwacher Hitze glasig braten. Löwenzahnknospen zugeben und bei starker bis mittlerer Hitze unter Rühren 2 Minuten braten. Die Brühe und die Sahne dazugießen, einmal aufkochen und die Knospen zugedeckt bei schwacher Hitze 5 Minuten garen. Mit Salz, Pfeffer und Zitronensaft abschmecken.

2. Während der Löwenzahn gart, mindestens 2 Liter Wasser aufkochen. Wenn es sprudelnd kocht, salzen und die Nudeln darin bissfest kochen – bei Capellini dauert das nur 4 Minuten (schau am besten auf der Packung nach). Abgießen, abtropfen lassen und mit der Löwenzahnsauce mischen. Mit Parmesan und Schnittlauch bestreut servieren.

Apfelküchlein mit Zimtzucker

Für 4 Portionen brauchst du: 2–3 Äpfel • 1 Ei • 1 Prise Salz • 80 g Mehl • 125 ml Milch • etwas abgeriebene Bio-Zitronenschale • Butterschmalz, Kokosfett oder Öl zum Frittieren • 2–3 EL Zucker • ¼ TL Zimtpulver

1 Die Äpfel mit einem Apfelausstecher entkernen. Also den Ausstecher oben am Stiel ansetzen und einmal kräftig durch den Apfel stechen, anschließend mit dem Kerngehäuse wieder rausziehen. Dann kannst du die Äpfel schälen und in Scheiben schneiden.

2 Das Ei anschlagen und in zwei Hälften teilen. Nun Eigelb und Eiweiß trennen. Dazu das Eiweiß in der einen Eierschalenhälfte in eine Schüssel geben und das Eigelb zwischen den Eierschalenhälften hin und her schütten, sodass das Eiweiß komplett in die Schüssel fließt und das Eigelb in der Eierschale bleibt. Das Eigelb in eine andere Schüssel geben und mit Salz und Mehl verrühren, dann Milch und Zitronenschale untermischen. Das Eiweiß in der Schüssel mit dem Rührgerät kräftig aufschlagen, sodass es weiß und steif wird. Den so entstandenen festen Eischnee langsam unter den Teig heben.

3 Das Fett zum Frittieren in einer tiefen Pfanne erhitzen. Die Apfelscheiben mit einer Gabel aufpieksen, in den Teig tauchen und ins heiße Fett geben. Bei mittlerer Hitze in etwa 4 Minuten goldgelb ausbacken, dabei musst du sie einmal wenden. Achtung, das heiße Fett kann spritzen. Lass dir dabei am besten von einem Erwachsenen helfen.

4 Die Küchlein mit einem Schaumlöffel herausnehmen und auf Küchenpapier abtropfen lassen. Zucker mit Zimt mischen und über die gebackenen Apfelküchlein streuen. Sofort servieren. Vanilleeis ist toll dazu.

TIPP
Du kannst auch Holunderblüten selbst sammeln und ausbacken. Ende Mai bis Anfang Juni vom Holunderbusch pflücken, kräftig ausschütteln und in einer Schüssel mit kaltem Wasser kurz waschen. Auf Küchenpapier abtropfen lassen. Die Holunderblüten am Stiel fassen, in den Teig tauchen und wie die Äpfel ausbacken.

SÜSSE SACHEN PFLANZEN

Zum Obstanbauen brauchst du keinen Obstgarten – okay, Äpfel und Birnen kriegst du auf dem Balkon natürlich nicht so gut hin. Aber Erdbeeren und Heidelbeeren schon, weil beide wunderbar in Blumentöpfen wachsen.

ERDBEEREN

Erdbeeren kennst du natürlich. Weißt du auch, dass es viele verschiedene Sorten gibt? Mit ganz großen und sehr kleinen Früchten. Mit süßen und säuerlichen, mit sehr festen und eher weichen. Die festen und großen Erdbeeren gibt es im Supermarkt: Solche Früchte halten sich lang und lassen sich gut transportieren. Kleinere, eher weiche und süßsäuerliche Beeren schmecken aber viel besser. Deshalb baust du sie selbst an. Besorge dir im Gartencenter zwei Pflanzen: Sage einfach, dass du die Pflanzen für den Balkon brauchst, dann wissen die Leute Bescheid. Du kannst zwischen Kletter- und Ampelerdbeeren wählen. Klettererdbeeren ranken an einem Stab wie Bohnen nach oben. Ampelerdbeeren pflanzt man in eine Blumenampel und hängt sie auf. Oder setzt sie in einen hohen Topf. Wichtig ist nur, dass Triebe und Früchte genügend Platz haben; sie hängen nämlich nach unten. Auch wichtig: Eine immer tragende Sorte wie Milan oder Monatserdbeeren kannst du nicht nur im Juni und Juli ernten, sondern bis in den Herbst hinein. Erst wenn die Nächte richtig kalt werden, ist es aus mit den Beeren, und die Pflanzen müssen ins Winterquartier.

MAI BIS OKTOBER

HEIDELBEEREN

Heidelbeeren kennst du sicher auch – die runden blauen Beeren, die so gut auf Pfannkuchen schmecken. Aber erst musst du sie ja anbauen. Also: Du besorgst dir im Gartencenter eine Heidelbeerpflanze. Und dazu noch ein Päckchen „Kokohum". Das ist eine Blumenerde für Pflanzen, die lieber weniger Kalk in der Erde mögen. Heidelbeeren und Blaubeeren sind übrigens dasselbe.

STEVIA

Stevia heißt auch Süßkraut und kommt aus Südamerika. Es wächst gut in einem großen Topf auf der warmen Terrasse oder auf dem Balkon.

SO VERMEHREN SICH ERDBEEREN

Erdbeeren vermehren sich durch Triebe, die oft meterlang wachsen. Im Erdbeerbeet gibt das Chaos, wenn du nicht regelmäßig jätest und die Triebe abschneidest. Auf der Terrasse dagegen sind die Triebe höchst praktisch: Einfach auf ein Töpfchen mit Erde setzen, mit einer U-förmig gebogenen Büroklammer feststecken und abwarten, bis das neue Pflänzchen seine Wurzeln in die Erde gesteckt hat. Dann kannst du das „Seil" zwischen Mutter und Tochter abschneiden. Oder zwischen den Geschwistern, denn auch die jungen Pflänzchen bilden wieder Triebe. Also: genügend Töpfe bereithalten für die Terrassen-Erdbeerzucht!

IM WINTER

Erdbeeren und Heidelbeeren sind winterhart und du kannst sie auf dem Balkon oder der Terrasse stehen lassen. Doch weil sie im Topf und nicht in der Erde wachsen, musst du sie vor Frost schützen: nämlich die Töpfe mit Wintervlies aus dem Gartencenter umwickeln. Dann ziehst du den Pflanzen noch eine Haube aus Vlies – wie man sie für Tomaten bekommt – über. Alle zwei Wochen musst du die Pflanzen ein wenig gießen. Die Erde aber nur leicht befeuchten. Denn wenn du sie richtig nass machst, gefriert das Wasser im Topf und die Pflanzen sterben ab. Stevia musst du im Winter in ein sehr helles, aber kühles Zimmer stellen, das nicht wärmer als 20 °C werden sollte. Falls sie blüht, tut sie das im Winter und kriegt dann auch etwas Dünger für Gemüse und Kräuter: Entweder ein Teelöffelchen gekörnter Rinderdung in die Erde oder ein Teelöffelchen Flüssigdünger ins Gießwasser.

ERDBEEREN, HEIDELBEEREN UND STEVIA PFLANZEN

 Die Pflanzen vertragen den ganzen Tag Sonne.

 Du hast in der Erdbeererde ja schon Rinderdung, das reicht

 Erdbeeren und Heidelbeeren musst du täglich gießen. Stevia braucht weniger Wasser. Gieße also nur sehr sparsam und kneife immer wieder die Spitzen der Blätter ab, damit das Kraut buschiger wächst.

 Bei Stevia kannst du wie bei jedem anderen Kraut die Blätter ständig abpflücken. Erdbeeren sind ab Juni reif. Heidelbeeren gibt es ab Ende Juli.

 Erdbeeren und Heidelbeeren kannst du natürlich einfach pflücken und essen. Ansonsten kannst du auch Heidelbeermuffins (Seite 153) oder Erdbeermarmelade machen (Seite 94) machen. Steviablätter in Streifen geschnitten kannst du zum Süßen in Obstsalat oder Müsli geben.

Du brauchst: 1 Blumenampel oder 1 hohen Topf für die Erdbeeren (Durchmesser ca. 35 cm) • 1 hohen Topf für die Heidelbeere • 1 mittelhohen Topf für die Stevia (Durchmesser ca. 24 cm) • Steine oder Tonscherben von einem kaputten Blumentopf • 1 Handschaufel • 30 l Bio-Universalerde ohne Torf • 1 Beutel gekörnten Rinderdung (12,5 kg; reicht für viele Töpfe und Beete!) • 2 Erdbeerpflanzen • 1 Päckchen Kokohum • 1 Haushaltsschere • 1 Eimer • 1 Heidelbeerpflanze • 1 Steviapflanze • 1 Gartenschere • 1 mittelgroße Gießkanne

1. Töpfe, Ampeln und Schalen für Gemüse müssen am Boden ein Abflussloch haben. Wenn es viel regnet oder du ein bisschen zu viel gegossen hast, muss das Wasser ablaufen, das die Pflanze nicht braucht. Über dieses Loch legst du einen flachen Stein oder eine Scherbe von einem kaputten Blumentopf aus Ton, damit das Wasser beim Gießen nicht einfach durchrauscht – das mögen Pflanzen nämlich auch nicht. Deshalb gehört in jeden Blumentopf ein Wasserstopper.

?! Stecke zwischen die Erdbeeren zwei Knoblauchzehen, dann bleiben sie gesund. Denn Erdbeeren kriegen leicht eine Pilzkrankheit. Dann sehen die Früchte aus wie verschimmelt, und du musst sie mit den Stielen abschneiden und in die Mülltonne werfen.

2 Für die Erdbeeren und die Heidelbeere musst du dir gleich den Platz aussuchen, wo die Pflanzen wachsen (oder hängen) sollen. Ampel oder Topf werden mit Erde und Pflanze nämlich ganz schön schwer.

3 Zum Einpflanzen der Erdbeeren schaufelst du Ampel oder Topf etwa zur Hälfte voll mit Erde. Streue zwei Teelöffel Rinderdung auf die Erde und mische alles mit der Handgabel durch. Die Erdbeeren nun mit etwa Handbreit Abstand so auf die Erde setzen, dass die Wurzeln gestreckt sind – am besten macht man das zu zweit: Einer hält die Pflanze, der andere schaufelt weiter Erde in den Topf. Sobald die Wurzeln bedeckt sind, legst du beide Hände etwa dort an den Stängel, wo die Wurzeln beginnen und drückst die Pflanze fest in die Erde. Jetzt noch Erde um den Stängel schaufeln und festdrücken, damit die Erdbeeren Halt bekommen. Die Ampel wird jetzt aufgehängt – das müssen vermutlich zwei Erwachsene machen. Gießen nicht vergessen, damit sich die Wurzeln wohlig ausstrecken und gleich nach den Mineralstoffen in der Erde angeln können.

4 Die Heidelbeere braucht eine Mischung aus Erde und Kokohum: Schneide den Kokohum-Quader in der Mitte auseinander und löse die eine Hälfte wie auf der Packung beschrieben mit Wasser in einem Eimer auf. Mische es mit etwa so viel Erde, dass du den Topf mit der Mischung füllen kannst. Schaufle die Hälfte davon in den Topf, setze die Heidelbeerpflanze darauf und schaufle den Rest der Kokohum-Mischung um die Pflanze. Festdrücken und gießen.

5 Die Stevia-Pflanze setzt du genau wie eine Erdbeerpflanze ein. Dünger braucht sie nicht. Nur gießen musst du.

?! Hast du Kompost? Das ist ideal: 2 Teile Komposterde und 1 Teil normale Gartenerde aus einem Beet mögen Erdbeeren nämlich sehr gern.

EINE WOW-PFLANZE

Stevia ist sogar für Botaniker eine Wow-Pflanze. Denn sie bildet Inhaltsstoffe, die es so kombiniert in der Natur nicht gibt: Eine bestimmte Säure namens Steviol verbindet sich mit Traubenzucker zu dem sogenannten Stevioglycosid. Diese Stevioglycoside machen die Blätter von Stevia außerordentlich süß. Und weil es eben Blätter und keine Früchte sind, fehlt die Fruchtsäure, die Erdbeeren, Äpfeln oder anderem Obst das angenehme Aroma gibt. Deshalb schmeckt Stevia nur süß und sogar ein bisschen fade. Für die Lebensmittelindustrie spielt die Pflanze eine wichtige Rolle: Man kann nämlich die Stevioglycoside aus den Blättern lösen und zum Beispiel Getränke wie Limonade damit süßen. Im Gegensatz zu Zucker haben Steviablätter praktisch keine Kalorien und verursachen auch kein Karies. Entdeckt wurde Stevia von dem Schweizer Hobby-Botaniker Dr. Moises Bertoni. Zufall war das aber nicht, denn Bertoni hat lange danach gesucht. Er lebte in Südamerika, war Direktor des Landwirtschaftsinstituts in Asuncion, der Hauptstadt von Paraguay. Zum ersten Mal hörte er 1887 von der süßen Pflanze. Da fing er an zu suchen. Doch Stevia war sehr selten, und dass er sie schließlich fand, verdankte Bertoni nur der Hilfe von Indianern. Die Indianer hatten Stevia, das sie Caa'-ehe nannten, schon immer zum Süßen von Mate-Tee genommen. 1899 konnte Bertoni die Pflanze beschreiben und botanisch einordnen: Stevia gehört zur riesigen Familie der Korbblütler – genau wie Gänseblümchen und Löwenzahn.

HEIDELBEERMUFFINS

Für 12 Muffins brauchst du: 250 g frische Heidelbeeren • 250 g Mehl • 125 g Vollrohrzucker • 2½ TL Backpulver • 2 TL Vanillezucker • etwas abgeriebene Bio-Zitronenschale • 250 g Milch • 80 ml Öl • 1 Ei **AUSSERDEM** Muffinblech mit 12 großen Mulden und 12 Papierförmchen

1 Die Heidelbeeren in einer großen Schüssel mit kaltem Wasser waschen, auf ein Sieb abgießen und abtropfen lassen. Das Muffinblech mit Papierförmchen auslegen und den Backofen auf 200 °C Ober-/Unterhitze (oder 180 °C Umluft) vorheizen.

2 Mehl und Zucker in eine große Schüssel geben, Backpulver, Vanillezucker und Zitronenabrieb unterrühren. In eine kleinere Schüssel Milch und Öl gießen, das Ei zugeben und alles gründlich verrühren. Zu der Mehl-Zucker-Mischung in die größere Schüssel geben und nur kurz verrühren, bis sich alles miteinander verbunden hat. Die Heidelbeeren unterheben.

3 Den Teig mithilfe von zwei Esslöffeln gleichmäßig in die Papierförmchen verteilen. Auf der mittleren Schiene im Backofen etwa 20 Minuten backen, bis sie schön gebräunt und aufgegangen sind. Herausnehmen und etwa 10 Minuten abkühlen lassen. Dann erst auf ein Kuchengitter setzen und vollständig erkalten lassen.

BLUBB-SPINAT UND SEINE KOLLEGEN

MAI BIS SEPTEMBER

Was haben Rahmspinat, Paprikastreifen, Brechbohnen und Rahmbrokkoli gemeinsam? Richtig, sie kommen aus dem Tiefkühler! Aber das ist nur ihre letzte Station vor dem Kochtopf. Und die erste? Sie hat immer mit Erde zu tun.

SPINAT

Spinat mit dem Blubb ist doch kein Unterwassergewächs! Es sind tiefgefrorene Spinatblätter mit Blubb, also mit Sahne.

Du brauchst: 1 Beet (1 m mal 20 cm) • 1 Paar Gartenhandschuhe • 1 Tütchen Spinatsamen für den Frühjahrsanbau • 1 mittelgroße Gießkanne • 1 Handgabel • 1 Küchenschere • 1 Erntekorb

?! Lass eine Spinatpflanze blühen und auf dem Beet stehen. Stecke einen Marker in die Erde und schau im nächsten Frühjahr nach: Manchmal wachsen neue Pflänzchen heran. Denn nach der Blüte bilden sich Samen, die auf die Erde fallen und vielleicht aufgehen.

1 Spinat wächst aus Samen direkt auf dem Beet. Für jede Pflanze brauchst du einen Samen; du kannst also ziemlich genau bestimmen, wie viel Spinat du anbauen willst. Okay, ein oder zwei Samen gehen vielleicht nicht auf, aber wenn du zehn Stück gleich Anfang Mai in die Erde steckst, hast du genug Spinat für ein Essen.

2 Spinat wächst im Beet am besten: zu großen Pflanzen, die sogar blühen. Doch er braucht nicht viel Platz, und für deine zehn Pflanzen reicht ein Beetstreifen von 1 m Länge und 20 cm Breite. Alle paar Zentimeter steckst du einen Samen mit dem Finger in die Erde. Zuerst zeigen sich zwei spitze Blättchen, dann bildet sich eine kreisförmige Pflanze, wie du es von Löwenzahn kennst. Das nennt man eine Rosette.

3 Das mit dem Ernten funktioniert so: Du ziehst entweder die ganze Pflanze aus der Erde, indem du mit der Handgabel in die Erde und unter die Wurzeln fährst. Oder du schneidest nur die äußeren Blätter mit der Küchenschere ab, dann wird die Pflanze immer höher, und rund um den Stängel wachsen weitere Blatt-Rosetten, die du ebenfalls ernten kannst. Erst wenn sich ganz oben die Blüte gebildet hat, schmecken die Blätter nicht mehr so gut.

- Das Beet sollte in der Sonne liegen.
- Dünger mag Spinat überhaupt nicht.
- Gießen musst du jeden zweiten Tag.
- Zwei Monate, nachdem du gesät hast, kannst du ernten. Die Blätter sollten dann etwa so lang wie deine Hand sein.
- Du kannst Rahmspinat (Seite 163) kochen.

PAPRIKA

Paprikaschoten wachsen nicht in Streifen, sondern als Schoten – das sagt ja schon der Name. Streifen werden erst hinterher daraus.

Du brauchst: 3 Paprikasamen und 1 Eierkarton oder 1 Paprikapflanze • 10 l Kräuter- und Aussaaterde • 1 mittelhohen Topf (Durchmesser ca. 25 cm) • 1 mittelgroße Gießkanne • eventuell 1 Paar Gartenhandschuhe • 1 Bambusstab (Länge ca. 50 cm) • Bast oder Gartengarn • 1 Gartenschere

1. Paprikapflanzen wachsen aus Samen und fühlen sich in einem großen Blumentopf auf Terrasse oder Balkon sehr wohl. Du kannst kleine Pflänzchen im Gartencenter kaufen. Wenn du die Pflänzchen selbst in der Aussaaterde aus Samen ziehen möchtest, musst du im Frühjahr schon damit beginnen – schau nach auf Seite 20. Egal ob du die Pflanze selbst gezogen oder gekauft hast, in den großen Topf kommt sie, sobald sie etwa so lang ist wie deine Hand.

2. Zum Einpflanzen schaufelst du den Topf etwa zur Hälfte voll mit Kräuter- und Aussaaterde. Die Paprikapflanze so auf die Erde setzen, dass die Wurzeln gestreckt sind – am besten bittest du jemanden, dir dabei zu helfen: Einer hält die Paprika, der andere schaufelt weiter Erde in den Topf. Sobald die Wurzeln bedeckt sind, fasst du die Pflanze etwa an der Stelle, wo die Wurzeln beginnen und drückst sie mit beiden Händen fest in die Erde. Stecke einen Stab in die Erde. Sobald die Pflanze etwa 20 cm hoch ist, bindest du sie mit Bast oder Garn an den Stab. Und das Gießen nicht vergessen!

3 Deine Paprikapflanze darf erst ins Freie, wenn kein Frost mehr kommt; sie braucht den ganzen Sommer über viel Sonne und Wärme.

4 Am besten schmecken reife Schoten, die – je nach Sorte – rot, orange oder gelb sind. Grüne Paprikaschoten sind zwar noch nicht ganz reif, aber schön knackig und saftig, du kannst sie auch schon essen. Zum Ernten schneidest du die Schoten am Stiel mit einer Gartenschere ab.

?! Am Mittag, wenn die Sommersonne heiß brennt, darf man Pflanzen nicht gießen - auch wenn du gerade dann entdeckst, dass sie schon die Blätter hängen lassen. Das tun sie übrigens, um den Sonnenstrahlen möglichst wenig Fläche zu bieten. Dann verdunstet auch weniger Wasser aus den Blättern.

Die Paprika mag Sonne und Wärme.

Düngen musst du nicht, denn du hast Erde, die bereits genügend Nährstoffe enthält.

Gießen musst du jeden Tag, entweder morgens oder abends.

Paprikaschoten brauchen den ganzen Sommer über zum Reifen. Die Ernte beginnt erst Ende August.

Du kannst sie einfach roh mit Butterbrot oder im Salat essen. Du kannst auch gefüllte Paprika damit machen (Schlau kochen Seite 110) oder sie in den sommerlichen Gemüsetopf (Seite 172) schneiden.

BOHNEN

Brechbohnen sind kein Hass-Gemüse, sondern grüne Bohnen, die in Stücke gebrochen werden, damit man sie besser essen kann.

Du brauchst: 3 Buschbohnenkerne • 1 flachen Stein oder Tonscherbe von einem kaputtem Blumentopf • 1 hohen Topf (Durchmesser ca. 35 cm) • 10 l Bio-Universalerde ohne Torf • 1 mittelgroße Gießkanne • eventuell 1 Paar Gartenhandschuhe • 1 Küchenschere

1. Bohnen wachsen aus Samen. Die Samen sind – Bohnenkerne! Du kannst sie im Topf anbauen und auf den Balkon oder die Terrasse stellen. Wichtig ist, dass du im Gartencenter wirklich das Samentütchen mit der Aufschrift „Buschbohnen" ergatterst. Denn diese Sorte bildet eine knapp 50 cm hohe, buschige Pflanze. Stangenbohnen wachsen zwar auch im Topf, aber bis zu 2 m hoch und brauchen Stützen zum Hochranken – darüber kannst du ab Seite 174 lesen.

2. Säen kannst du Mitte Mai, wenn keine Nachtfröste mehr drohen. Du legst du den Stein oder die Scherbe über das Loch im Blumentopf (warum? schau nach auf Seite 167), füllst den Topf mit Erde, steckst drei Bohnensamen hinein – fertig. Damit die Bohnen schneller keimen, kannst du sie vorher drei Tage in ein Schälchen mit kaltem Wasser legen und dann erst in die Erde stecken.

3. Sobald die Bohnen Ende Juni blühen, dauert es nicht mehr lang bis zur Ernte. Etwa zwei Wochen später sind aus den Blüten fingerlange Hülsen gewachsen, die du mit der Küchenschere abschneidest. Geübte Bohnengärtner pflücken die Hülsen ab, ohne die Pflanze zu beschädigen.

4. Bohnen blühen und bilden Hülsen bis Ende September – vorausgesetzt du erntest regelmäßig. Wenn du mal ein paar Hülsen vergessen hast, lässt du sie hängen, bis sie unansehnlich braun sind. Nun ritze sie mit dem Fingernagel auf und schau dir die Bohnenkerne an: Du kannst sie in der Suppe kochen oder trocknen und bis zum Frühjahr für deine neue Aussaat aufheben.

ACHTUNG!!
Bohnen darfst du nicht roh essen – weder die grünen Hülsen noch die Bohnenkerne darin. Denn Bohnen enthalten Phasin, ein gesundheitsschädliches Protein, das erst durch Kochen harmlos wird.

Bis Mitte Juli mögen Bohnen den ganzen Tag Sonne, danach soll der Topf so stehen, dass sie nur bis nachmittags Sonne kriegen.

Sie brauchen keinen Dünger.

Du musst die Bohnen aber jeden Tag gießen.

Ab Juli bis Ende September kannst du ernten.

Mit grünen Bohnen kannst du einen sommerlichen Gemüsetopf machen (Seite 172) oder einen Salat zubereiten (Seite 179).

BROKKOLI

Brokkoli wächst nicht schon fertig mit einer Sahnesauce im Beet. Bevor er als Rahmbrokkoli in den Topf kann, muss er aus einer kleinen zu einer großen Pflanze heranwachsen. Ein bisschen sieht Brokkoli übrigens aus wie Blumenkohl, nur in Grün.

Du brauchst: 1 Beet (50 cm lang und 50 cm breit) • 5 Brokkolisamen und 1 Eierkarton und etwas Kräuter- und Aussaaterde oder 3 Brokkolipflanzen • 1 Handgabel oder 1 Pflanzholz • 1 Paar Gartenhandschuhe • 1 mittelgroße Gießkanne • 6 stabile Holzstöckchen (je etwa 20 cm lang) • 1 Insektenschutznetz (2 m lang und 2,10 m breit) • Steine zum Beschweren des Netzes • 1 Gartenschere

1. Brokkoli wächst nur gut im Beet, braucht dort aber nicht viel Platz: ein Viereck von etwa 50 cm mal 50 cm reicht dicke für drei Pflanzen. Du kannst die jungen Pflänzchen selbst aus Samen ziehen (schau nach auf Seite 20) und dann ins Beet pflanzen. Gleich ins Beet säen wie Spinat funktioniert nicht so gut. Natürlich kannst du die Pflanzen auch im Gartencenter kaufen.

2. Anfang Mai wird ins gut vorbereitete Beet gepflanzt. Die Erde hast du mit Kompost gemischt (Seite 46). Dann mit der Handgabel oder einem Pflanzholz (schau nach auf Seite 32) ein Loch in die Erde machen, das etwa einen Fingerbreit tiefer sein soll, als die Wurzen lang sind. Das Pflänzchen so ins Loch setzen, dass die beiden Keimblättchen unter die Erde gesteckt werden: Dann wächst der Brokkoli schön gerade. Das Pflänzchen nun mit einer Hand festhalten und die Erde mit der anderen um die Würzelchen schieben. Dann loslassen und die Erde rechts und links vom Pflänzchen mit beiden Händen festdrücken.

3. Lass den frisch gepflanzten Brokkoli nun zwei Wochen einfach wachsen. Sobald die Pflanzen sich gut entwickelt haben, musst du sie mit einem feinmaschigen Netz abdecken. Denn Brokkoli gehört zu den Kohlpflanzen. Und die sind Futter für Kohlweißlinge. Die weißen Schmetterlinge legen ihre Eier auf Kohl ab, damit die Raupen richtig was zu fressen haben. Die Pflanzen sterben zwar nicht ab, sind aber für uns verdorben.

4. Deshalb musst du Brokkoli schützen: Stecke vier Holzstöckchen im Viereck um die Pflanzen, die beiden anderen in die Mitte. Nun breitest du das Netz über die Pflanzen und beschwerst es rundherum mit Steinen, damit der Wind es nicht davon weht. Wichtig: Das Netz darf die Pflanzen nicht berühren; der Abstand sollte etwa zwei Fingerbreit betragen. Zum Gießen musst du das Netz nicht entfernen. Um den Brokkoli zu ernten, schneidest du den dicken Stiel etwa drei Fingerbreit über der Erde ab, dann wachsen manchmal kleine Röschen nach.

 Der Brokkoli mag Sonne.

 Düngen musst du ihn nicht.

 Er freut sich, wenn du ihn jeden Tag ein bisschen gießt.

 Brokkoli ist ab August reif zum Ernten.

 Mit Brokkoli kannst du einen Kuchen backen (Seite 164).

TIPP Mit tiefgefrorenem Spinat geht es auch und viel schneller. Aber es schmeckt lange nicht so gut.

RAHMSPINAT

Für 4 Portionen brauchst du: 1 kg Spinat • 2 EL Butter • 1 TL Mehl • 5 EL Fleischbrühe • 100 g Sahne • 1–2 TL Zitronensaft • geriebene Muskatnuss, Salz, Pfeffer

1. Den Spinat nach Tierchen absuchen, die vielleicht auf den Blättern sitzen. Die Blätter in einer Schüssel mit kaltem Wasser waschen, in einem Sieb abtropfen lassen und die harten Stiele entfernen – für diese ganze Vorbereitung musst du dir wirklich Zeit nehmen.

2. Wenn du mit dem ganzen Berg Spinatblätter fertig bist, bringst du in einem großen Topf reichlich Wasser zum Kochen. Den Spinat darin portionsweise sprudelnd kochen lassen, bis er intensiv grün ist. Jeweils mit einem Schaumlöffel herausnehmen und in ein Sieb geben.

3. Den Spinat etwas abkühlen lassen, mit den Händen ausdrücken und auf ein Küchenbrett geben. Mit einem Wiegemesser oder einem großen scharfen Messer grob hacken; lass dir dabei von einem Erwachsenen helfen.

4. Die Butter in einem Topf zerlassen. Das Mehl darüberstreuen und einrühren. Die Brühe langsam dazugießen und unter Rühren aufkochen, bis eine glatte Mischung entstanden ist. Zugedeckt bei schwacher Hitze 5 Minuten köcheln lassen.

5. Den Spinat untermischen und unter Rühren einmal aufkochen. Die Sahne untermischen und erhitzen, aber nicht mehr kochen. Den Spinat mit Zitronensaft, Salz, Pfeffer und Muskat abschmecken, in tiefe Teller geben und solo oder mit Salzkartoffeln und Spiegelei essen.

BROKKOLIKUCHEN
MIT EIERGUSS

Für 4 Portionen brauchst du: TEIG 200 g Mehl • 1 Prise Salz • 100 g Butter • (oder einen fertigen Mürbeteig aus dem Kühlregal im Supermarkt) **BELAG** 600 g Brokkoli • Saft von 1 Zitrone • 2 Fleischtomaten • 2 Knoblauchzehen • ½ EL getrockneter Thymian • 1 Prise Zucker • 150 ml Milch • 50 g Sahne • 2 Eier • 100 g geriebenen Emmentaler • weiche Butter oder Öl zum Einfetten der Form • Salz, Pfeffer **AUSSERDEM** 1 ofenfeste Form (zum Beispiel eine Quiche-Form oder eine Springform, Durchmesser 26 cm)

1. Mehl, Salz, Butter und 4 EL kaltes Wasser in eine Schüssel geben und mit dem Knethaken des Handrührgerätes vermischen. Auf die Arbeitsfläche geben und mit den Händen rasch zu einem glatten Teig verkneten. Falls der Teig noch zu trocken ist und bröckelt, esslöffelweise Wasser unterkneten.

2. Den Boden und die Ränder der Form mit etwas weicher Butter einstreichen. Den Teig in die Form legen und mit den Fingern so auseinanderdrücken, dass er den Boden der Form bedeckt und rundherum einen 3 cm hohen Rand ergibt. Den Teigboden mit einer Gabel mehrmals einstechen und 30 Minuten im Kühlschrank kalt stellen.

3. In der Zwischenzeit den Brokkoli waschen, putzen und in Röschen und Stiele teilen. Die Stiele schälen. Reichlich Wasser in einem Topf zum Kochen bringen, Brokkoli mit dem Zitronensaft hineingeben und etwa 5 Minuten sprudelnd kochen. Durch ein Sieb abgießen und abtropfen lassen. Den Backofen schon mal auf 200 °C Ober-/Unterhitze oder 180 °C Umluft vorheizen.

4. Die Tomaten würfeln, den Knoblauch schälen und fein zerkleinern. Beides in einer Schüssel mit Thymian, Salz, Pfeffer und Zucker mischen. Mit dem Brokkoli auf dem Teigboden verteilen.

5. Milch, Sahne und Eier in der Schüssel verrühren, über das Gemüse gießen und mit dem Käse bestreuen. Den Kuchen im heißen Backofen auf der mittleren Schiene etwa 45 Minuten backen.

TIPP

Wenn du einen Kuchen mit Brokkoli, Fenchel, Kohlrabi oder Lauch backen willst, musst du das Gemüse vorab in reichlich Wasser ein paar Minuten kochen oder in Öl halb weich braten. Sonst bleibt das Gemüse beim Backen hart und schmeckt nicht.

TOPFGEMÜSE

Viele Gemüsepflanzen und Kräuter wachsen gerne im Blumentopf auf Balkon und Terrasse. Bohnen, Gurken, Erdbeeren und Salat kannst du in eine Ampel pflanzen, die an der Wand hängt – das spart Platz.

MAI BIS JULI

BOHNEN

Prunkbohnen, auch Ampelbohnen genannt, wachsen in einer Ampel zum Aufhängen oder im Blumentopf. Sie bilden mit der Zeit überhängende, nicht allzu lange Ranken, blühen wunderschön und tragen ziemlich dicke Hülsen, die sich gut für Suppe und Eintopf eignen.

AUBERGINEN

Auberginen wachsen an einer warmen, windgeschützten Stelle und tragen dann Früchte bis zum Herbst.

PAPRIKA

Paprikapflanzen brauchen viel Wärme und wachsen deshalb auf einem sonnigen Balkon oder der Terrasse am besten.

RONDINI

Rondini sind grün und kugelrund, schmecken wie Zucchini und gedeihen gut im Blumentopf. Sie wachsen aus Samen, die du im Gartencenter bekommst.

KRÄUTER

Petersilie wächst im Topf und im Blumenkasten aus Samen, aber leider nicht immer. Mach es dir leicht und kaufe ein Pflänzchen, das du dann in den Blumentopf pflanzt.
Rosmarin solltest du immer im Blumentopf anbauen, weil er den Winter in der kalten Erde nicht verträgt. Im Topf kannst du ihn vor Frost schützen – genau wie die Erdbeeren (schau nach auf Seite 149).
Zwiebeln wachsen gut in Schalen – schau nach auf Seite 201.
Und wie du Tomaten im Topf anbauen kannst, steht auf Seite 198.

?! Töpfe, Ampeln und Schalen für Gemüse müssen am Boden ein Abflussloch haben. Wenn es viel regnet oder du ein bisschen zu viel gegossen hast, muss das Wasser ablaufen, das die Pflanze nicht braucht. Über dieses Loch legst du einen flachen Stein oder eine Scherbe von einem kaputten Blumentopf aus Ton, damit das Wasser beim Gießen nicht einfach durchrauscht – das mögen Pflanzen nämlich auch nicht. Deshalb gehört in jeden Blumentopf ein Wasserstopper.

Los geht's mit der Balkonbepflanzung

Die meisten Pflanzen mögen Sonne nur von morgens bis etwa drei Uhr nachmittags – dann wird es ihnen zu heiß. Ampelbohnen, Petersilie und Zwiebeln wachsen deshalb am besten auf einem Südost-Balkon. Wenn du nur Süden und/oder Westen bieten kannst, spannst du etwa ab drei Uhr den Sonnenschirm für sie auf. Tomaten, Rosmarin und Auberginen brauchen den Schirm nicht, denn sie mögen Sonne bis abends.

Auberginen und Paprika bekommen etwas Rinderdung, der Rest kommt ohne Dünger aus.

Pflanzen im Topf musst du jeden Tag gießen.

Bohnen, Auberginen, Rondini und Zwiebeln kannst du ab Mitte Juli ernten, Tomaten ab Ende Juli, bei kühlem Wetter erst im August, grüne Paprika ab August, rot und reif sind sie erst im September. Petersilie und Rosmarin kannst du ab dem Pflanztag den ganzen Sommer über ernten, bis es kalt wird.

Das gibt's mit deiner Ernte: Gefüllte Rondini (Seite 268), einen sommerlichen Gemüsetopf (Seite 172) oder Auberginenmus (Seite 173).

Du brauchst für alle sechs Projekte: 1 Beutel gekörnten Rinderdung (12,5 kg; reicht für viele Töpfe und Beete!) • 1 Haushaltsschere • 1 Gartenschere • 1 mittelgroße Gießkanne • 1 Handgabel

?!

Nasse Füße

Damit der Nachbar auf dem Balkon unter dir kein Wasser abkriegt, stellst du die Töpfe auf Untersetzer. Dann siehst du auch gleich, ob du zu viel gegossen hast: Wenn nach ein paar Stunden noch immer Wasser im Untersatz ist, musst du die Gießmenge reduzieren. Pflanzen mögen nasse Füße nämlich überhaupt nicht, weil die Erde durch zu viel Feuchtigkeit „sauer" wird. Das heißt, für deine Pflanzen stimmt die Nährstoffzusammensetzung nicht mehr.

Prunkbohnen

Du brauchst: 1 Blumenampel oder 1 mittelhohen Topf (Durchmesser ca. 28 cm) • 10 l Bio-Universalerde ohne Torf • 5 Samen von Prunkbohnen

1 Die Prunkbohnen ziehst du aus Samen, nämlich den getrockneten Bohnenkernen im Samentütchen. Fülle den Topf oder die Ampel mit Erde und lege die fünf Bohnensamen auf die Erde – wo ist egal. Drücke die Bohnen ganz leicht an und bedecke sie zwei Finger hoch mit Erde. Bohnen sollen nur flach in der Erde liegen, sonst keimen sie nicht. Jetzt wird gleich gegossen, damit die Bohnen wissen, dass die Zeit zum Wachsen gekommen ist. Du kannst sie auch vor dem Pflanzen drei Tage in Wasser einlegen, dann keimen sie in der Erde hinterher schneller. Sobald die Pflanzen etwa 10 cm hoch sind, kannst du die Ampel aufhängen.

2 Prunk- oder Ampelbohnen wachsen buschig und brauchen keine Stütze. Die Hülsen kannst du auch ganz trocken werden lassen und dann erst die Samen ernten. Sie schmecken gut in der Suppe. Du kannst sie nicht ständig pflücken, wie Bohnen, die auf dem Beet wachsen: Nach der ersten Ernte musst du den Pflanzen drei Wochen Zeit geben, bis sich neue Blüten und Hülsen bilden.

AUBERGINEN

Du brauchst: 1 hohen Topf (Durchmesser ca. 35 cm) • 20 l Bio-Universalerde ohne Torf • 2 TL Rinderdung • 1 Auberginenpflanze aus dem Gartencenter • 1 dünnen Bambusstab (ca. 50 cm lang) • Gartengarn oder Bast

1. Wenn Du die Aubergine pflanzen willst, muss du dir gleich den Platz aussuchen, wo sie wachsen soll. Der Topf mit Erde und Pflanze wird nämlich ganz schön schwer, sodass du ihn nicht mehr verschieben kannst.

2. Zum Einpflanzen schaufelst du den Topf etwa zur Hälfte voll mit Erde. Streue den Rinderdung auf die Erde und mische alles mit der Handgabel durch. Die Auberginenpflanze so auf die Erde setzen, dass die Wurzeln gestreckt sind – am besten macht man das zu zweit: Einer hält die Aubergine, der andere schaufelt weiter Erde in den Topf. Sobald die Wurzeln bedeckt sind, legst du beide Hände etwa dort an den Stängel, wo die Wurzeln beginnen und drückst die Pflanze fest in die Erde. Jetzt noch Erde um den Stängel schaufeln und festdrücken, damit die Aubergine Halt bekommt.

3. Etwa handbreit neben dem Stängel steckst du den Bambusstab in die Erde. Binde die Pflanze nun vorsichtig mit Gartengarn an den Stab. Sobald sie größer wird, musst du sie weiter oben noch mal an den Stab binden. Gießen nicht vergessen, damit sich die Wurzeln wohlig ausstrecken und gleich nach den Nährstoffen in der Erde angeln können.

WARUM SIND BLÄTTER GRÜN?

Weil sie das Sonnenlicht fast komplett schlucken und nur Grün reflektieren. Aha!? Das Sonnenlicht besteht aus den Farben violett, blau, grün, gelb, orange und rot. Wenn wir alle diese Farben gleichzeitig sehen, ist es einfach hell. Wenn wir gar keine sehen, ist es dunkel. Wenn du die Farben nebeneinander sehen willst, spritze einen Wasserstrahl aus dem Gartenschlauch direkt in Richtung Sonne. In den Wassertröpfchen trennen sich die Farben, es erscheint ein kleiner Regenbogen. Alle Dinge, die wir sehen, reflektieren eine oder mehr Farben aus diesem Spektrum. So auch die Blätter: Das Blattgrün darin, das die Pflanze für die Fotosynthese (Seite 62) braucht, reflektiert nur Grün. Das heißt: Wenn wir ein Blatt ansehen, bleiben alle anderen Farben des Lichts für unsere Augen unsichtbar.

RONDINI

Du brauchst: 1 mittelhohen Topf (Durchmesser ca. 28 cm) • 10 l Bio-Universalerde ohne Torf • 3 Rondini-Samen

1. So. In den nächsten Topf kommt dein Rondini. Fülle den Topf zuerst ganz mit Erde und stecke drei Samen etwa so weit hinein, wie dein Daumen reicht. Wahrscheinlich reicht auch ein Samen, weil eine Pflanze daraus wächst. Aber so genau weiß man das eben nicht, und mit drei Samen bist du auf der sicheren Seite. Gießen und feucht halten, aber nicht unter Wasser setzen. Sobald sich die Keimblättchen zeigen, hat die Saat funktioniert.

2. Wenn aus allen Samen was wird, kannst du ja notfalls eine oder zwei Pflanzen in kleine Töpfe umsetzen und verschenken. Oder du gibst den beiden Pflänzchen ebenfalls größere Töpfe (umtopfen nennt man das – sieh nach auf Seite 67), dann wird's ein Rondini reiches Jahr für dich!

3. Nach der ersten Ernte macht die Pflanze gewöhnlich Pause – nicht die Geduld verlieren. Nach 1–2 Wochen bilden sich wieder Früchte. Im Topf natürlich nicht so viele wie im Beet. Inzwischen kannst du die Blüten mit den langen Stielen aufessen: Schau nach auf Seite 226!

PAPRIKA

Du brauchst: 1 hohen Topf (Durchmesser ca. 35 cm) • 20 l Bio-Universalerde ohne Torf • 2 TL Rinderdung • 1 Paprikapflanze aus dem Gartencenter • 1 dünnen Bambusstab (ca. 50 cm lang)

1. Für die Paprikapflanze suchst du dir auch gleich den richtigen Platz aus. Dann pflanzt du sie genau wie die Aubergine (auch mit etwas Rinderdung) und bindest sie an einen Bambusstab.

ROSMARIN

Du brauchst: 1 mittelhohen Topf (Durchmesser ca. 20 cm) • 3 l Bio-Universalerde ohne Torf • 2 Joghurtbecher voll Sand (ca. 300 g) • 1 Rosmarinpflanze aus dem Gartencenter

1. Der Rosmarin mag nicht mal so viele Nährstoffe, wie in der Bio-Erde enthalten sind, sondern will es lieber mager. Man spricht bei Pflanzen wirklich von „magerer" und „fetter" Erde! Also kriegt er seine Spezialmischung aus Erde und Sand: Gib beides in einen Eimer rühre es mit der Handgabel gut durcheinander und fülle den Topf damit zur Hälfte. Pflanze rein, Erde drumherum, andrücken, gießen, fertig!

?! Petersilie und Rosmarin kannst du mit etwas Glück über den Winter retten: In einen kühlen Raum stellen und alle zwei Wochen ein bisschen gießen. Im Frühjahr, sobald kein Frost mehr droht, kommen die Töpfe wieder auf den Balkon. Schneide nun ab, was an Petersilienblättchen noch übrig ist, damit die Pflanze neu austreibt. Auch beim Rosmarin schneidest du jedem Zweiglein die Spitze ab, dann wird die Pflanze buschiger.

PETERSILIE

Du brauchst: mittelhohen Topf (Durchmesser ca. 24 cm) • etwa 7 l Bio-Universalerde ohne Torf • 1 Topf Petersilie aus dem Supermarkt oder Gartencenter

1. Den Topf für die Petersilie erst zur Hälfte mit Erde füllen, dann die Pflanze rein, Erde drumherum, andrücken. Gießen. Fertig. Im Lauf der Wochen wird Petersilie sehr buschig und füllt den Topf ganz aus. Wichtig: Petersilie braucht keinen Rinderdung, sie ist mit den Nährstoffen in der Bioerde ganz zufrieden. Nur gießen musst du sie regelmäßig.

GANZ SCHÖN SCHWER

Pflanzen, Töpfe und Erde wiegen schon einige Kilo. Einen Balkon darf man aber nur mit höchstens 250 kg pro Quadratmeter belasten. Damit du eine Vorstellung hast, was Pflanzen im Topf wiegen, hier ein paar Gewichtsangaben:

1. 5 Ampelbohnenpflanzen in einem Topf mit Erde (Durchmesser ca. 28 cm) wiegen etwa 10 kg

2. 1 Auberginenpflanze mit in einem Tontopf (Durchmesser ca. 35 cm) wiegt etwa 9 kg

3. 1 Paprikapflanze mit Erde im Plastiktopf (Durchmesser ca. 35 cm) wiegt etwa 9 kg

4. 1 Petersilie mit Erde im Plastiktopf (Durchmesser ca. 24 cm) wiegt etwa 3 kg

5. 1 Rosmarinpflanze mit Erde im Tontopf (Durchmesser ca. 20 cm) wiegt 5 kg

6. 1 Tomatenpflanze mit Erde im Plastiktopf (Durchmesser ca. 35 cm) wiegt etwa 8,5 kg

7. 5 Zwiebeln in einer flachen Tonschale (Durchmesser ca. 30 cm) wiegen etwa 7 kg

Für alle Pflanzen zusammen brauchst du etwa 2 Quadratmeter Platz. Auf dem Balkon stehen vermutlich nicht nur die Pflanzen, sondern auch Sonnenschirm, Tisch und Stühle – das alles musst du mit berechnen. Lass dir von deinen Eltern beim Ausrechnen helfen, wenn du dein Topfgemüse planst.

?! **Praktisch!** Töpfe aus Ton und Terrakotta sind zwar wunderschön, doch Pflanzsäcke und Plastiktöpfe wiegen viel weniger. Das heißt, damit kannst du mehr Gemüse und Kräuter anbauen. Pflanzsäcke kannst du genau wie Blumentöpfe verwenden. Nimm am besten braune oder grüne Säcke, denn die schwarzen heizen sich in der Sommerhitze zu stark auf.

SOMMERLICHER GEMÜSETOPF

Für 3 Portionen brauchst du: 1 mittelgroße Aubergine • 1 Handvoll Ampelbohnen (oder andere grüne Bohnen) • 3 Paprikaschoten, möglichst 1 rote, 1 grüne und 1 gelbe Schote • 3 Frühlingszwiebeln • 4–5 Tomaten • 1 Handvoll Petersilie • 2 Rosmarinzweige • 125 ml Öl zum Braten • 3 EL Olivenöl zum Beträufeln • Salz, Pfeffer

1. Aubergine, Bohnen und Paprikaschoten waschen und putzen. Aubergine längs halbieren und quer in fingerdicke Scheiben schneiden. Bohnen in 3 Stücke schneiden, die Paprikaschoten in zwei Finger breite Streifen schneiden. Zwiebeln waschen, flach auf die Arbeitsfläche legen und mit dem Grün halbieren. Tomaten abziehen und vierteln, dabei Stielansätze entfernen. Kräuter waschen und fein hacken.

2. Den Backofen auf 220 °C Ober-/Unterhitze vorheizen. Das Öl in einer Pfanne erhitzen. Aubergine, Bohnen, Paprikaschoten und Zwiebeln darin portionsweise anbraten und dann in einen flachen Schmortopf schichten. Jede Schicht mit Tomatenvierteln belegen, mit Kräutern, Salz und Pfeffer aus der Mühle bestreuen. Gemüse mit dem Olivenöl beträufeln. Zugedeckt in den heißen Backofen auf die untere Schiene stellen und 30 Minuten garen. Mit Fladenbrot oder Pellkartoffeln servieren.

AUBERGINENMUS

Für 4 Portionen brauchst du:
3 Thymianstängel • 1 mittelgroße Aubergine • 4 große saftige Tomaten oder 3 Handvoll kleine • 1 kleine Zwiebel • 5 EL Olivenöl • 100 g Joghurt • Salz, Pfeffer

1. Den Backofen auf 220 °C Ober-/Unterhitze (oder 200 °C Umluft) vorheizen. Die Thymianstängel waschen, die Blättchen abstreifen und in eine flache ofenfeste Form geben. Die Aubergine und die großen Tomaten waschen und in Stücke schneiden. Kleine Tomaten nur waschen. Die Zwiebel schälen und würfeln. Alles in der Form verteilen und mit dem Olivenöl beträufeln. Im heißen Backofen etwa 1 Stunde backen, bis die Aubergine gebräunt und ganz weich ist. Du musst immer ein- oder zweimal nachsehen: Es bildet sich Flüssigkeit, die aber wieder verdampfen soll. Wenn etwas anbrennt, musst du die Ofentemperatur auf 200 °C zurückschalten.

2. Die Form aus dem Ofen nehmen und 10 Minuten stehen lassen. Das Gemüse nun in ein hohes Gefäß geben, Öl und Thymianblättchen mit dem Teigschaber aus der Form ebenfalls ins Gefäß geben (lass dir dabei helfen) und den Joghurt zufügen. Alles mit dem Pürierstab pürieren, mit Salz und Pfeffer kräftig würzen.

3. Das Mus schmeckt lauwarm oder kalt auf Brot und in Wraps mit gebratenem Gemüse.

BAUEN MIT BOHNEN

Nein, denk jetzt nicht an kleine Bohnenkerne aus der Tüte, die du aufschichten sollst. Wäre ja reichlich öde. Du baust mit den wachsenden Bohnen, und zwar mit Stangenbohnen. Im Garten kannst du ein Zelt damit bauen. Auf der Terrasse einen Turm. Und auf dem Balkon eine Wand.

MAI BIS AUGUST

BAUEN IM BEET

Du brauchst: 1 Beet (etwa 2 m mal 2 m) • 1 Krümmer • 3 Bambusstangen (etwa 1,20 m lang) • Gartengarn oder Bast • 2 Samen von Feuerbohnen • 2 Samen von der Stangenbohnensorte „Blauhilde" • 2 Samen von Forellenbohnen • 1 mittelgroße Gießkanne

1. Mit dem Krümmer (schau nach auf Seite 33) lockerst du das Beet, denn Bohnen brauchen krümelige Erde. Ziehe den Krümmer Reihe für Reihe durch die Erde: einmal längs und dann einmal quer.

2. Stecke die Bambusstangen schräg in die Erde, sodass sie sich oben berühren. Vermutlich brauchst du dazu Hilfe, denn den Stangen müssen etwa 25 cm tief und stabil im Boden stecken, damit das Zelt von keinem Gewittersturm umgepustet wird. Oben werden die Stangen mit Gartengarn oder Bast verschnürt – das gibt zusätzlichen Halt.

3. Lege nun außen an jeder Stange 2 Bohnensamen auf die Erde. Du kannst die Sorten mischen oder immer zwei Samen von einer Sorte in die Erde legen, ganz wie du willst. Bedecke die Samen etwa einen Fingerbreit mit Erde.

Bohnen auf dem Beet mögen den ganzen Tag Sonnenschein.

Bohnen brauchen keinen Dünger. Es reicht, wenn du sie auf ein Beet pflanzt, das du im Herbst etwa zwei Finger hoch mit Kompost bedeckt hast. Wenn du die Erde dann mit dem Krümmer lockerst, wird der Kompost untergemischt.

Du gießt mit dem Brausekopf auf der Kanne, damit die Bohnen nicht wegschwimmen, ¼ Kanne mit Wasser reicht. Das machst du jeden Tag, bis die Bohnen nach etwa drei Wochen mit dem Klettern anfangen. Jetzt nimmst du den Brausekopf ab. Die Pflanzen musst du dann jeden dritten Tag gießen. Wenn es regnet, rechnest du diesen Tag als Gießtag.

Wenn du regelmäßig pflückst, kannst du Bohnen ab Mitte Juli bis zum ersten Frost ernten.

Mit Bohnen kannst du Salat machen (Seite 179).

BOHNENTURM AUF DER TERRASSE

 Bohnen auf der Terrasse fühlen sich am wohlsten, wenn sie nicht den ganzen Tag, sondern von morgens bis etwa zwei Uhr nachmittags Sonne kriegen. Wenn die Sonne zu stark brennt, merkst du das ziemlich schnell: Die Bohnenpflanzen wachsen nicht sehr dicht und kriegen helle Blätter. Am besten spannst du den Sonnenschirm am frühen Nachmittag auf.

 Düngen ist auch im Topf nicht notwendig.

 Zuerst mit dem Brausekopf wie beim Bohnenzelt beschrieben. Wenn die Bohnen ranken, brauchen sie jeden Tag etwa ½ Kanne voll Wasser, denn Pflanzen im Topf muss man täglich gießen.

 Ernten kannst du wie beim Bohnenzelt ab Mitte Juli.

 Bohnensalat schmeckt toll mit frisch gepflückten Bohnen (Seite 179). Oder du brichst die Bohnen einfach in Stücke und brätst sie in Olivenöl. Dazu passt Schinken- oder Käsebrot.

Du brauchst: 1 hohen Blumentopf (Durchmesser ca. 40 cm, ca. 60 cm hoch) • 1 Handschaufel • 40 l Bio-Universalerde ohne Torf • 1 Bambusstange (2 m lang) • 2 Bambusstangen (je 1 m lang) • Blumendraht • 5 Samen von Feuerbohnen oder Forellenbohnen

1 Der Turm ist so schwer, dass du gleich den richtigen Platz dafür aussuchen musst – verschieben geht nachher nicht mehr. Am besten steht er am Rand der Terrasse als Hingucker und Sichtschutz.

2 Fülle den Topf zur Hälfte mit Erde. Nun steckst du die lange Bambusstange tief in die Erde. Die beiden kurzen steckst du schräg daneben. Dort, wo sie die lange Stange berühren, umwickelst du alles mit Blumendraht. Fülle den Topf mit Erde auf und lege die 5 Bohnensamen auf die Erde – wo ist egal; die Bohnenpflanzen ranken an den Stangen hoch. Drücke die Bohnensamen ganz leicht an und bedecke sie einen Finger hoch mit Erde.

?! Maxi-Töpfe für den Bohnenturm findest du vor allem bei ebay. Viele Leute, die mit der Gartenarbeit aufhören wollen, verkaufen diese dort sehr preiswert.

Der Bohnenturm auf der Terasse kann ganz schön hoch werden.

?! Bohnen mögen nicht stockdunkel unter einer dicken Erdschicht liegen – da tut sich gar nichts. Nachdem du die Bohnensamen in die Erde gelegt hast, wird gegossen, damit die Bohnen wissen, dass jetzt Zeit zum Wachsen ist. Du kannst sie auch vor dem Pflanzen drei Tage in Wasser liegen lassen, dann keimen sie schneller.

WAS SIND RANKEN?

Ranken sind entweder Teile von Blättern oder die Seitentriebe einer Pflanze. Solche Seitentriebe hat zum Beispiel der Wein: Ein Trieb ist fertil, das heißt, daran werden Trauben wachsen. Der andere daneben dient nur zum Festhalten.

Bohnen, Erbsen, Gurken und Kürbisse tragen sogenannte Rankenblätter: Einzelne Blätter werden so umgebaut, dass nur der Mittelteil wächst.

Das Rankenblatt reagiert auf Berührung, schlingt sich in kurzer Zeit um eine Stütze und gibt der Pflanze Halt. Deshalb wachsen Rankenblätter immer voraus und sind „schneller" als die anderen Blätter – beim Klettern im Gebirge schlägt man ja auch erst den Haken ein und zurrt das Seil fest, bevor man weiter nach oben steigt.

BOHNENWAND AUF DEM BALKON

Du brauchst: 4 Bambusstäbe (1,50 m lang) oder **1 Rankgerüst** • **Blumendraht und Gartengarn oder Bast** • **2 hohe Blumentöpfe (Durchmesser ca. 32 cm)** • **1 Handschaufel** • **40 l Bio-Universalerde ohne Torf** • **je 3 Samen von gelben und blauen Bohnen**

1 Stelle die Töpfe nebeneinander mit etwa einer Handlänge Abstand an die Balkonbrüstung – dort, wo du den Sichtschutz haben willst. Stangenbohnen bilden nämlich ab Mitte Juli eine wunderschön blühende Wand auf dem Balkon, wenn du ihnen was zum Festhalten gibst.

2 Dafür brauchst du die Bambusstäbe: Binde sie im Abstand von 30 cm an die Brüstung und spanne mit Gartengarn Schnüre dazwischen.

3 Fülle die Töpfe mit Erde und lege in jeden Topf drei Samen – entweder von einer Bohnenfarbe oder gemischt. Drücke die Bohnen leicht an und bedecke sie einen Finger hoch mit Erde.

4 Jetzt machst du alles genauso, wie beim Bohnenturm beschrieben.

So sieht dein Sichtschutz aus Bohnen aus.

 Bohnen auf dem Balkon sollten nur von morgens bis nachmittags Sonne kriegen. Dann wachsen sie schön üppig. Falls zu viel Sonne scheint: Sonnenschirm aufspannen.

 Extra Dünger brauchen die Bohnen nicht.

 Auch die Bohnen für die Wand musst du jeden Tag gießen – wie beim Zelt und beim Turm.

 Reif zum Ernten sind die Bohnen ab Ende Juli.

 Außer Bohnensalat kannst du die Bohnen einfach kochen und dann mit Spaghetti, Butter und geriebenem Parmesan mischen.

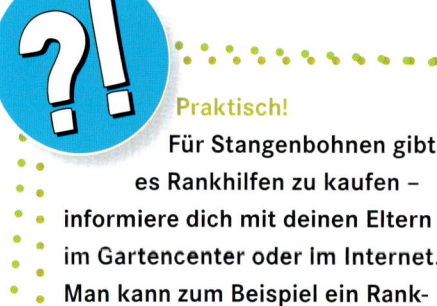

Praktisch!
Für Stangenbohnen gibt es Rankhilfen zu kaufen – informiere dich mit deinen Eltern im Gartencenter oder im Internet. Man kann zum Beispiel ein Rankgitter an der Balkonbrüstung befestigen.

BOHNENSALAT

Für 2 Portionen brauchst du: 4 Handvoll grüne Bohnen • wenn du hast: 1 Stängel Bohnenkraut • 1 kleine Zwiebel • 1–2 EL Zitronensaft • 1 TL Senf • 1 Prise Zucker • 3 EL Öl • Salz, Pfeffer

1. Die Bohnen waschen, putzen und in etwa 2 Zentimeter lange Stücke schneiden. Das Bohnenkraut waschen. In einem Topf Wasser aufkochen, salzen und Bohnen mit Bohnenkraut hineingeben. Einmal aufkochen und die Bohnen zugedeckt bei mittlerer bis schwacher Hitze in 10–15 Minuten bissfest garen.

2. Abgießen und unter fließendem kalten Wasser oder in einem Eiswürfelbad kalt abschrecken. In eine Schüssel geben und lauwarm abkühlen lassen. Dann die Zwiebel schälen, fein zerkleinern und untermischen.

3. Den Zitronensaft mit Senf, Zucker, Salz, Pfeffer und Öl verrühren und über die Bohnen geben. Salat mischen und etwa 20 Minuten zugedeckt ziehen lassen.

4. Hast du auch Tomaten oder Paprikaschoten angebaut? Beides schmeckt klein geschnippelt gut im Bohnensalat. Zum Sattessen kannst du den Salat mit Gemüsetalern (Seite 204) oder gesprenkelten Pfannkuchen (Seite 127) servieren.

WUNDERGARTEN

MAI BIS SEPTEMBER

Eigentlich ist es ja schon ein Wunder, dass aus kleinen gelben Blüten dicke rote Tomaten wachsen. In deinem Wundergarten kannst du aber noch mehr Wunder erleben: ein blaues mit Kartoffeln. Ein rot-weiß Geringeltes in einer Wurzel. Ein ganz rotes mit einem Gemüse, das Früchte wie Erdbeeren bekommt. Ein stachliges mit einem Gemüse, das überhaupt kein Kaktus ist. Und dann wunderst du dich über ein Gemüse, das weder Erbse noch Spargel ist und trotzdem so heißt.

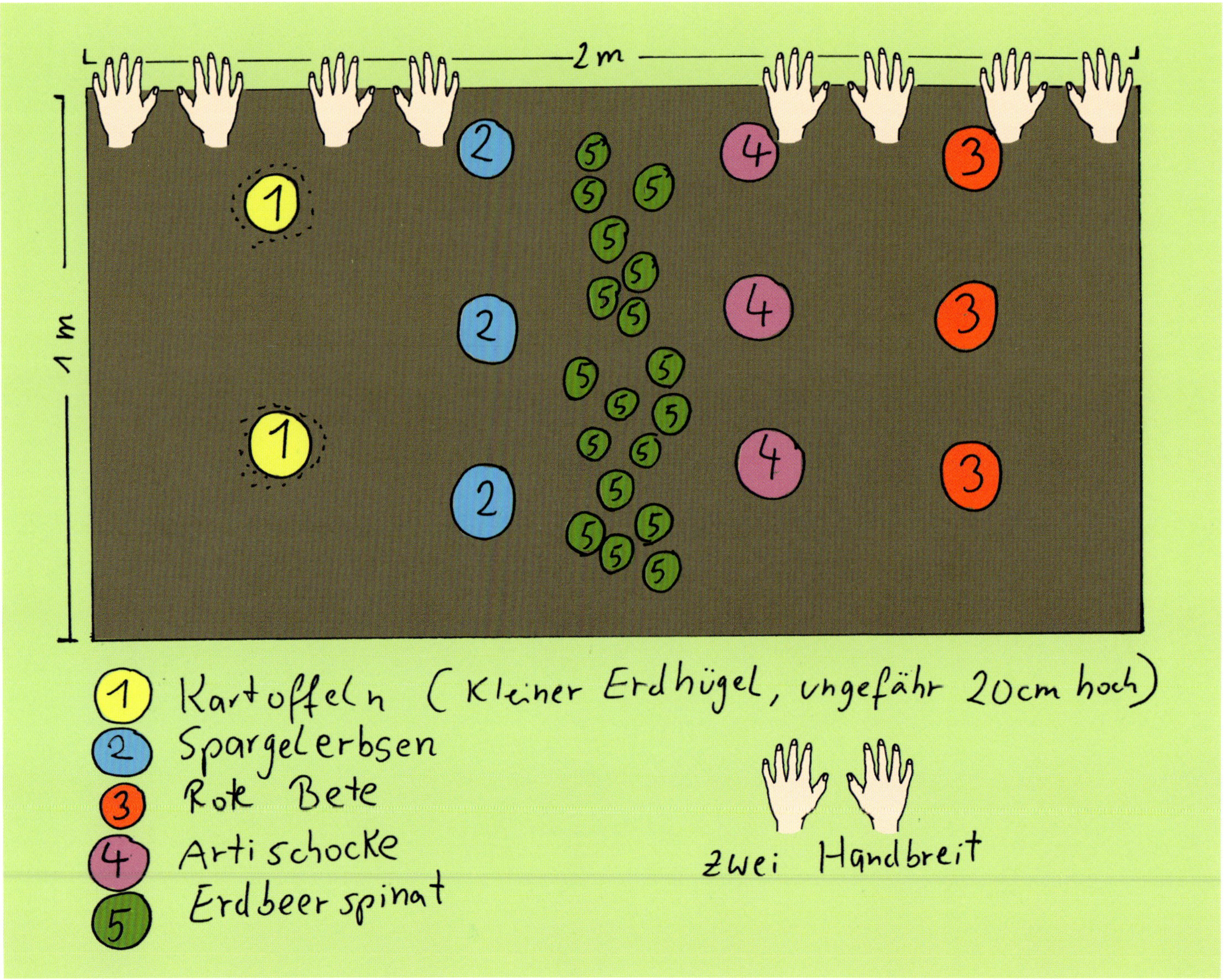

① Kartoffeln (Kleiner Erdhügel, ungefähr 20cm hoch)
② Spargelerbsen
③ Rote Bete
④ Artischocke
⑤ Erdbeerspinat

zwei Handbreit

LAUTER GEHEIMNISSE

Erdbeerspinat ist was Besonderes: Seinen Namen hat er von den roten Früchten bekommen, die es sonst bei keiner Pflanze aus seiner Familie gibt. Ein Verwandter von Erdbeerspinat ist Weißer Gänsefuß, der in fast jedem Garten wächst. Schau dir die Knospen von Erdbeerspinat und Gänsefuß auf den Bildern an: So lange die Pflanzen noch ganz jung sind, sehen sie sich zum Verwechseln ähnlich. Doch Erdbeerspinat bildet dann wunderschöne, tiefrote Früchte, während die Samen von Gänsefuß einfach reif und vom Wind verbreitet werden. Deshalb ist beim Gänsefuß regelmäßiges Jäten angesagt: Eine Pflanze bringt es auf etwa 10 000 Samen, die innerhalb von 14 Tagen reifen.

Erdbeerspinat kennt heute fast niemand mehr, weil die Menschen normalen Spinat immer lieber gegessen haben. Denn der schmeckt als Gemüse ja auch viel würziger. Auf Seite 184 steht, wie du Erdbeerspinat lecker hinkriegst.
Woher Erdbeerspinat eigentlich kommt, weiß auch niemand so genau. In Pflanzenbüchern des Mittelalters taucht er nicht auf, sondern erst in einem Buch, das im Jahr 1601, also viele Jahre nach der Entdeckung Amerikas, erschienen ist. Der Autor des Buches, Carolus Clusius, war ein berühmter Botaniker. Er erzählt, dass er Erdbeerspinat aus Samen gezogen hat (genau wie du!), die er getrocknet aus Spanien bekommen hat. Deshalb vermuten Wissenschaftler, dass die Pflanze aus der Neuen Welt stammt und nach Europa gebracht worden ist. In Nordamerika wächst Erdbeerspinat nämlich wild wie Unkraut. Bei uns in Europa kommt er nur dort vor, wo Menschen wohnen oder wo Nutztiere die Samen verbreitet haben.

WUNDERGARTEN, SO GEHT'S

 Alle Pflanzen im Beet vertragen den ganzen Tag Sonne.

 Bevor du säst und pflanzt, bekommt der Boden Gemüsedünger.

 Die Samen und die Artischocken musst du jeden Tag ein bisschen gießen (eine kleine Gießkanne voll Wasser reicht). Die Kartoffeln brauchst du nicht zu gießen. Sobald aus den Samen Pflanzen gewachsen sind, verteilst du alle zwei Tage etwa zwei Gießkannen Wasser gleichmäßig auf alle Pflanzen. Regentage zählen als Gießtage, da hast du dann frei: Wenn es also einen Tag regnet, gießt du erst nach vier Tagen wieder.

 Zuerst sind Anfang Juni die Blätter vom Erdbeerspinat und die Spargelerbsen dran. Anfang Juli kannst du auch die Früchte vom Erdbeerspinat essen. Rote Bete sind Ende Juli reif – sie schmecken am besten, wenn sie nur so groß wie Tischtennisbälle sind. Artischocken kannst du im August abschneiden, die Kartoffeln ebenfalls Ende August ausbuddeln.

 Die Artischocken gibt es mit Knoblauchsauce (Seite 186), Rote Bete wird geschält, geraspelt und mit Zitronensaft und Nüssen zu Salat gemixt. Mit blauen Kartoffeln kannst Du wie gewohnt Püree machen und Spargelerbsen kommen in die Suppe (schau auch auf Seite 184).

Du brauchst: PFLANZEN UND SAMEN 3 Artischockenpflanzen • 2 blaue Kartoffeln („Blaue Schweden", „Blaue Sankt Galler", „Salad Blue" oder „Valfi") • 1 TL Erdbeerspinatsamen • 3 Samen von Roter Bete „Chioggia" • 3 Samen von Spargelerbsen **AUSSERDEM** 1 Gartenbeet von 2 m Länge und 1 m Breite • 1 Paar Gartenhandschuhe • 3 Handschaufeln voll Gemüsedünger • 1 Krümmer • 1 Handgabel • 1 mittelgroße Gießkanne • 1 Bügeljäter • 1 Gartenschere • 1 Erntekorb

1. Anfang Mai bereitest du das Beet vor: Streue den Gemüsedünger mit der Handschaufel gleichmäßig auf das Beet. Nimm den Krümmer (Bild und Beschreibung Seite 33) und ziehe ihn Reihe für Reihe durch die Erde: einmal längs und dann einmal quer. Das lockert den Boden und vermischt dabei schon die Erde mit dem Dünger.

2. Jetzt kannst du auch schon die Kartoffeln in die Erde legen: An der einen Schmalseite des Beetes, überall etwa zwei Handbreit vom Rand weg, machst du rechts und links mit der Handschaufel zwei flache Gruben: etwa so tief wie dein Daumen lang ist. In jede Grube legst du eine Kartoffel mit den blauen Trieben nach oben – falls sie schon welche hat. Schaufle nun die Erde ringsherum so auf die Kartoffeln, dass ein Hügel von etwa 20 cm entsteht.

Denk dran!
Die Kartoffeln musst du regelmäßig mit dem Bügeljäter pflegen: Schau nach auf Seite 33.
Artischocken sind zwar ein edles Gemüse, aber trotzdem Disteln und deshalb sehr stachelig. Zum Ernten musst du unbedingt Gartenhandschuhe anziehen: Die geschlossenen Blütenköpfe mit einem handbreiten Stück Stiel abschneiden.

?! Wo gibt es diese Pflanzen und Samen?

Die Wundergartensachen sind leider nicht so einfach zu kriegen wie „normales" Gemüse. Im Gartencenter bekommst du Artischockenpflanzen und manchmal auch blaue Kartoffeln. Sonst musst du Kartoffeln, Erdbeerspinat, Rote Bete „Chioggia" und Spargelerbsen online bestellen. Adressen stehen auf Seite 287.
Im nächsten Jahr hast du es dann aber schon viel leichter, Kartoffeln kannst du nämlich selbst vermehren (Seite 74) und die Gemüsesamen, die du gekauft hast, sind etwa vier Jahre keimfähig und reichen locker so lange.

3 Lasse wieder zwei Handbreit Abstand vom Hügel und stecke die Samen der Spargelerbsen daumentief in die Erde.

4 Nun gehe zur anderen Schmalseite des Beetes und stecke wiederum zwei Handbreit vom Rand entfernt, die drei Rote-Bete-Samen in die Erde – im Kreis und mit nur einer Handbreit Abstand zueinander. Rote Bete sollen möglichst weit entfernt von der Kartoffeln wachsen – die Pflanzen können sich nämlich nicht so gut leiden.

5 Zwei Handlängen entfernt pflanzt du nun die Artischocken: Mit der Handschaufel ein Loch neben der Roten Bete buddeln, das etwa drei Fingerbreit tiefer ist, als die Würzelchen reichen. Die Pflanze mit der einen Hand ins Loch halten, mit der anderen Hand (plus Schaufel oder ohne) die Erde um das Pflänzchen schieben. Dann loslassen und die Erde rechts und links vom Pflänzchen mit beiden Händen festdrücken. Die zweite Pflanze im Abstand von zwei Handbreit zur Mitte des Beetes pflanzen – etwa drei Handlängen von den Spargelerbsen entfernt. Die dritte mit zwei Handbreit Abstand hinter die Roten Beten. Die Artischocken sollen einen Handkreis im Beet bilden. Zwischen Artischocken und Spargelerbsen streust du den Erdbeerspinat auf die Erde. Ein bisschen Erde über die Samen krümeln und mit den Handflächen festklopfen.

6 Stecke den Brausekopf auf Gießkanne und gieße damit die Samen und die Kartoffeln. Die Artischocken werden ohne Brausekopf gegossen und zwar so viel, dass die Erde um die Pflanzen ein bisschen schlammig wirkt.

ERBSEN MIT RÜSCHEN

Auch von der Spargelerbse berichtet uns Carolus Clusius zum ersten Mal: 1583 in seinem Buch über Pflanzen. Nach dem englischen Botaniker Thomas Martyn (1735–1825) sollen Spargelerbsen auf Sizilien in den Hügeln rund um Messina gefunden und 1596 zum ersten Mal kultiviert worden sein.

Andere Wissenschaftler nennen ein großes Gebiet, das vom südwestlichen Mittelmeergebiet bis jenseits des Kaukasus reicht. Wie beim Erdbeerspinat weiß man also nicht genau, woher die Pflanze eigentlich stammt.

Weshalb der Name? Denn Spargelerbsen sehen ja nicht aus wie Erbsen und schon gar nicht wie Spargel. Erbse heißt sie deshalb, weil sie genau wie Erbsen, Zuckererbsen und Bohnen zur Familie der Hülsenfrüchte gehört.
„Spargel" heißt sie, weil man nicht nur die Hülsen gegessen hat, sondern auch die zarten Triebe. Und früher hat man viele Pflanzen als „Spargeln" bezeichnet, wenn man auch die Triebe gepflückt oder die unterirdischen Sprosse ausgegraben und gegessen hat. Nur beim richtigen Spargel hat sich dieser Name erhalten.

?! Wenn du Spargelerbsen und Erdbeerspinat supergut zubereiten willst, musst du den richtigen Erntezeitpunkt erwischen – und das ist schon ein bisschen tricky: Spargelerbsen sind reif, wenn die Hülsen knapp 2 cm lang sind – längere bleiben beim Braten zäh. Denn die „Rüschen", die an den vier Seiten der Hülsen sitzen, bilden harte Fäden wie bei überreifen Bohnen und Erbsen. Zubereiten kannst du Spargelerbsen dann so: Als Salat wie Bohnen (Seite 179), mit Grießklößchen in der Suppe (Seite 123) oder in der Hähnchenpfanne (Seite 252). Die dicken Bohnen lässt du dann weg.
Vom Erdbeerspinat pflückst du Blätter und Triebe, so lange die Pflanzen noch grün sind, und kochst sie in der Grießklößchensuppe (Seite 123). Wenn sich die Früchte rot färben, ist es aus mit dem Gemüse, und es gibt Obst: Du kannst die roten Beeren gleich in den Mund stecken wie Leah es macht. Oder du mischt sie mit Erdbeeren, Joghurt und Schlagsahne. Braunen Zucker drüber – fertig!

ARTISCHOCKEN MIT KNOBLAUCHSAUCE

Für 6 Portionen brauchst du: ARTISCHOCKEN 1 Zitrone • 6 Artischocken • Salz
KNOBLAUCHSAUCE 8 Knoblauchzehen • 1 EL Butter • 200 g Schmand • 200 g frische Sahne •
3 EL frisch gehackte Kräuter (z. B. Rosmarin, Estragon, Thymian) • Salz, Pfeffer

1. Reichlich Wasser mit Salz und dem ausgepressten Saft der Zitrone zum Kochen bringen. Artischocken in kaltem Wasser waschen. Stiel direkt am Ansatz abbrechen. Die kleinen Blätter rund um den Stielansatz abzupfen. Die stacheligen Blütenspitzen mit einer Küchenschere abschneiden.

2. Die Artischocken im sprudelnden Wasser aufkochen und zugedeckt bei schwacher Hitze in etwa 30 Minuten weich kochen. Sie sind gar, wenn man ein Blatt leicht abzupfen kann.

3. Während die Artischocken garen, die Sauce zubereiten. Dazu den Knoblauch abziehen und sehr fein hacken. In einem kleinen Topf bei geringer Hitze die Butter schmelzen lassen. Den Knoblauch darin glasig anschwitzen, dann Schmand und Sahne dazugeben. Mit Salz und Pfeffer würzen, die Sauce erwärmen, aber nicht kochen, und die Kräuter unterrühren. Vom Herd nehmen.

4. Zum Essen Blatt für Blatt der Artischocke rundherum mit der Hand abzupfen, das fleischige untere Ende in die Sauce tunken und mit den Zähnen abstreifen. Wenn du alle fleischigen Blätter gegessen hast, wird es noch cooler: Vor dir liegt ein rundes Ding mit zarten Blättern drauf, das wie ein spitzes Hütchen aussieht. Die Artischocke wirkt ganz zart, ist aber spitz und zäh – schließlich gehören Artischocken zur Familie der Disteln. Das Hütchen kannst du nun mit den Fingern abzupfen. Darunter liegen aber noch silbrige Fäden, die auch weg müssen. Weißt du, wie eine Distel blüht? Genau, silbrige Fäden, die wie Pusteblumen vom Wind verweht werden. So etwas Ähnliches hast du auf dem Teller. Deshalb schneidest du die Fäden flach mit dem Messer ab und kratzt alles, was noch stachelig ist, mit der Messerspitze weg. Jetzt liegt endlich das edelste Stückchen der Artischocke vor dir: der Artischockenboden. Den schneidest du in mundgerechte Stücke, die du ebenfalls in Sauce tunken und essen kannst.

5. Zum Artischockenessen solltest du ein paar Extrateller auf den Tisch stellen, damit man die harten Blattreste ablegen kann. Gut sind auch kleine Schälchen mit kaltem Wasser und Zitronenscheiben drin, um sich zum Schluss die Finger zu reinigen.

Dreimal Kürbis

MITTE MAI BIS OKTOBER

Im Herbst wimmelt es von Kürbis: Jeder kocht plötzlich Kürbissuppe. In den Obstkörben liegen komische Dinger, die keiner essen mag. Im Blumenstrauß zu Omas Geburtstag sind sie schon wieder. Aber es gibt auch Kürbisse für dich!

HOKKAIDO

Roter Hokkaido ist der aus der Suppe. Keine Angst, du kannst auch was anderes damit machen. Er ist nur so praktisch, weil du ihn nicht schälen musst. Die Schale bleibt peppig rot und schmeckt echt fein.

JACK O'LANTERN

Das ist der Halloween-Kürbis, mit dem du Gesichter schnitzen kannst.

SPAGHETTIKÜRBIS

Bei dem bleibt die Schale hart und du kannst daraus essen. Was denn? Na, lass dich überraschen. Spaghettikürbis ist was für coole Köche, die ein bisschen angeben wollen (schau auf Seite 194).

?! Kürbis ist genau richtig, wenn du zwar säen und beobachten möchtest, aber nicht allzu viel Zeit für Gartenarbeit hast. Denn kümmern musst du dich nur so lange, bis die Pflanzen etwa so groß wie deine beiden Hände sind. Dann wachsen sie von alleine, bis du Ende September ernten kannst.

WARUM GIBT ES EIGENTLICH ZU HALLOWEEN KÜRBIS?

Na ja, weil er dann reif ist. Aber es gibt noch eine gruselige Geschichte dazu:

Jack, ein irischer Trunkenbold, wollte nicht sterben. Als er am Abend vor Allerheiligen in seiner Stammkneipe sein letztes Stündlein nahen fühlte und nur der Teufel auftauchte, um seine Säufer-Seele zu holen, wollte er schon gar nicht ins Jenseits. Deshalb ließ er sich rasch was einfallen (er war nämlich cleverer als der Teufel). Er erklärte dem Teufel, dass er dringend ein Sixpencestück brauche, um noch sein Bier zu bezahlen. Der Teufel könne sich doch gewiss in das Geldstück verwandeln … . Sobald das Bier bezahlt sei, solle Satan wieder seine richtige Gestalt annehmen und er, Jack, würde ihm folgen. Der Teufel glaubte ihm, doch als er zur Münze wurde, steckte Jack ihn buchstäblich in die Tasche und zwar zu einem silbernen Kreuz, das Satans Macht bannte. Erst nach dem Versprechen, Jack ein weiteres Jahr auf Erden zu gewähren, ließ Jack ihn wieder frei.

Jacks zweiter Streich

Nach Jahresfrist kam Satan erneut. Jack bat ihn um einen letzten Gefallen: Er habe so große Lust auf einen Apfel, sei aber viel zu alt, um auf den Baum zu gelangen. Der gutmütige Teufel kletterte von Jacks Schultern in den Apfelbaum und wollte die Frucht eben pflücken, als er die Falle entdeckte: Jack hatte ein Kreuz in den Stamm geschnitzt, und der Teufel saß schon wieder fest. Mit noch mal zehn Jahren Leben war Jack nicht zufrieden. Erst durch das Versprechen, ihn nie mehr zu belästigen, ließ er Satan wieder herunter vom Baum.

Jack mit der Lampe

Trotzdem hatte Jack einen Denkfehler gemacht: Er hatte ja nur den dummen Teufel, aber nicht den Tod ausgetrickst. So stirbt er eines schönen Tages. An der Pforte zum Paradies wird er abgewiesen – ein so guter Mensch ist er ja nicht gewesen. Nun versucht er es weiter unten, doch Satan ist teuflisch gekränkt und rächt sich für die vergangenen Demütigungen, indem er Jack bis zum Jüngsten Gericht auf Wanderschaft schickt. Dann könne man ja sehen, was man mit ihm anfange. Gutmütig aber, wie dieser Teufel ist, wirft er der ruhelosen Seele ein Stückchen Kohle aus dem Höllenfeuer zu, damit sie ihm auf seinem langen Weg leuchte. Da schnitzt Jack sich einen Kürbis als Lampe zurecht und beginnt als "Jack O'Lantern" seine unendliche Wanderung. Und jedes Jahr zu Halloween glotzt ihn der Kürbis als seine eigene hässliche Fratze an.

Kürbis mag den ganzen Tag Sonne auf dem Beet.

Düngen musst du nicht.

Falls es nicht regnet, musst du so lange alle 2–3 Tage gießen, bis die Pflanzen außer den beiden runden Keimblättchen noch vier andere gezackte Blätter haben. Dann sind die Wurzeln lang genug, dass die Feuchtigkeit in der Erde ausreicht.

Hokkaido kannst du ab Ende August, Spaghettikürbis ab Mitte September, Jack O'Lantern ab etwa Ende September ernten.

Teufelshähnchen mit gebackenem Kürbis (Seite 192), Spaghetti vom Kürbis (Seite 194).

KÜRBIS ZIEHEN

Du brauchst: 1 Beet (2 m mal 2 m) • 1 Paar Gartenhandschuhe • 1 Krümmer • 6 Holzstöckchen • etwa 1 Joghurtbecher (150 g) gekörnten Rinderdung • 1 alten Esslöffel • 1 Handgabel • je 2 Samen roter Hokkaido, Spaghettikürbis und Jack O'Lantern • 1 mittelgroße Gießkanne • 1 Gartenschere

1. Du brauchst eine Stelle im Garten, wo Kürbis sich gemütlich ausbreiten kann. Kürbispflanzen brauchen nämlich Platz. Wo sie ihn finden, ist ihnen ziemlich egal, denn sie wachsen in die Breite und in die Höhe. Für die drei Kürbispflanzen musst du zum Anbauen ein Beet von etwa 2 m mal 2 m rechnen. Doch weil keine Pflanze am Beetrand mit dem Wachsen aufhört, breiten sich die Kürbisse vermutlich auch ein bisschen in der Wiese aus – sprich mit deinen Eltern, ob das stört. Denn dort, wo die Kürbisse wachsen, kann man ein paar Wochen das Gras nicht mähen.

2. Die Erde im Beet soll schön locker und krümelig sein. Das geht mit dem Krümmer am besten (schau nach auf Seite 33). Ziehe den Krümmer Reihe für Reihe durch die Erde: einmal längs und dann einmal quer.

3. Stecke dort, wo die Samen hinkommen, ein Stöckchen in die Erde. Um jedes Stöckchen streust du 1 EL Dünger und rührst ihn mit der Gabel gut in die Erde. Nun steckst du die Samen so tief in die Erde wie dein Zeigefinger reicht. Gieße sie so, dass die Erde drumrum ein bisschen schlammig wirkt. Fertig!

4. Kürbis ist reif und haltbar, wenn sich der Stiel zwischen Frucht und Ranke gelb oder braun färbt. Schneide den Kürbis so mit einer Gartenschere ab, dass ein etwa daumenlanges Stück Stiel an der Frucht bleibt. Dann ist der Kürbis rundherum „zu" und hält sich länger. Falls der Stiel beim Ernten abbricht, wird das Fruchtfleisch meist verletzt. Das schadet nicht; du isst diesen Kürbis einfach zuerst.

Kürbisse aufheben

Bei Zimmertemperatur, das heißt bei etwa 20 °C. Dann halten sie sich monatelang. Du musst nur immer wieder den Stiel zum Testen kräftig zusammendrücken: Wenn das nicht geht, weil er hart ist, ist alles okay. Wenn er aber weich ist, musst du diesen Kürbis rasch verbrauchen. Sonst fault er. Manchmal bilden sich auf der Kürbisschale dunkle Punkte, die sich weich anfühlen. Diese Kürbisse sind nicht mehr gut, und du musst sie auf den Kompost werfen.

ACHTUNG ÄRGER !

KÜRBIS AUF DEM KOMPOST ??

Nacktschnecken lieben außer Salat auch Kürbis: Zuerst wollen sie die kleinen Pflänzchen fressen und wenn ihnen das nicht gelingt, machen sie sich über die Blüten und schließlich über die Früchte her, sobald diese etwa so groß sind wie eine Murmel. Schau nach auf Seite 71, was du dagegen tun kannst.

Außerdem kriegen dein Kürbis und du bestimmt Ärger mit Mehltau. Das ist ein Pilz, der viele Pflanzen befällt und sie buchstäblich grau aussehen lässt. Über Kürbis macht er sich etwa Ende August her. Da sieht zwar nicht schön aus, weil die Blätter eben grau und hässlich werden. Den Früchten schadet das aber nicht. Sobald du alles geerntet hast, säuberst du das Beet: Reiße die Pflanzen mit den Wurzeln aus, sammle alle Blätter und Ranken ein und wirf sie in die Mülltonne. Auf den Kompost darfst du nichts werfen, was von Mehltau befallen ist.

Vielleicht hast du schon gehört, dass man Kürbis auf den Kompost pflanzen soll. Das stimmt nicht: Die Pflanzen kriegen dann zwar einen Haufen Blätter, aber keine Kürbisse. Du kannst sie aber neben den Kompost pflanzen. Sie werden dann mit dem Wasser, das bei Regen aus dem Komposthaufen fließt so gut gefüttert, dass du sie nicht mehr düngen musst: Deine Pflanzen bilden natürlich auch Blätter und dazu noch viele Kürbisse. Sobald lange Ranken gewachsen sind, legst du sie auf den Kompost (falls die Pflanzen es nicht schon von selbst machen).

Dadurch kriegt der Komposthaufen genügend Schatten; die Würmer darin fühlen sich pudelwohl und werden immer mehr. Das ist wichtig: Je mehr Würmer und andere Lebewesen im Kompost arbeiten und fressen, desto schneller ist er „reif". Das heißt, aus dem Kompost ist fruchtbare Erde geworden, die du für deine Beete und Töpfe verwenden kannst. Und das heißt auch, dass deine Eltern keinen Dünger und keine Pflanzerde mehr kaufen müssen (oder du dein Taschengeld sparst).

TEUFELSHÄHNCHEN
MIT GEBACKENEM KÜRBIS

Für 2 Portionen brauchst du:
2 EL Rotweinessig • 1 EL Apfelgelee • 1 EL körniger Senf •
1 EL getrocknetes Pizza- oder Steakgewürz • 2 Messerspitze Chiliflocken • 2 EL Olivenöl • 2 Hähnchenkeulen • 1 Hokkaido-Kürbis
(ca. 500 g) • 2 Tomaten • 2 EL Joghurt • Salz

1. Den Backofen auf 200 °C Ober-/Unterhitze (Umluft eignet sich nicht) vorheizen. Für die Glasur den Essig mit Apfelgelee, Senf, Arrabbiata-Gewürz und Öl in einem kleinen Schüsselchen verrühren.

2. Die Hähnchenkeulen kalt abspülen und trocken tupfen. Auf beiden Seiten salzen und in zwei ofenfeste Portionsformen legen. Den Kürbis waschen. Lass dir beim Zerteilen des Kürbis helfen, denn die Schale ist ganz schön hart und du kannst leicht mit dem Messer abrutschen. Den Kürbis erst halbieren, die Kerne entfernen und dann in Schnitze schneiden. Die Kürbisschnitze ungeschält neben das Fleisch legen. Die Tomaten waschen, halbieren und mit den Schnittflächen nach unten neben den Kürbis legen.

3. Zuerst Tomaten und Kürbis salzen, dann alles mit der Glasur bestreichen. Die Formen mit dem Rost in den heißen Backofen (mittlere Schiene) schieben. Alles etwa 50 Minuten garen, bis das Hähnchen knusprig und der Kürbis weich ist. Herausnehmen, die Formen auf Holzbretter oder hitzefeste Untersetzer stellen. Den Joghurt auf den Kürbis geben und das Essen in den Formen servieren.

Spaghetti vom Kürbis

Für 3 Portionen brauchst du: 1 Spaghettikürbis • 4 EL Öl • 2 EL Butter • 1 kg superreife Tomaten (oder 1 große Dose Tomaten) • 1 Zwiebel • 1 Knoblauchzehe • 2 EL Olivenöl • 2 Stängel Oregano • 1 Prise Zucker • 100 g Schmand • 1 EL frische Basilikumblättchen • 5–6 EL frisch geriebenen Parmesan • Salz, Pfeffer

1. Zuerst heizt du den Backofen auf 200 °C Ober-/Unterhitze vor. Den Kürbis auf die Arbeitsfläche legen und beim Halbieren unbedingt helfen lassen: Mit einem scharfen Messer der Länge nach durchschneiden. Die Kerne liegen wie in Watte eingepackt – alles mit einem Löffel herauskratzen und wegwerfen. Die Kürbishälften mit den Schnittflächen nach oben nebeneinander in die Fettpfanne des Backofens legen, mit Salz und Pfeffer bestreuen. In jede Kürbishälfte 2 EL Öl und 1 EL Butter geben und den Kürbis nun im heißen Backofen etwa 40 Minuten backen, bis das Kürbisfleisch weich ist.

2. Inzwischen machst du die Tomatensauce: Die Tomaten schälen – wie das geht, steht auf Seite 96. Wenn du keine eigenen, superreifen Tomaten hast, nimm 1 große Dose Tomaten. Zwiebel und Knoblauch mit einem kleinen Messer schälen, halbieren und auf dem Schneidbrett in kleine Würfel schneiden. Den Oregano waschen, trocken tupfen und grob zerschneiden.

3. Eine große Pfanne auf dem Herd bei höchster Temperatur heiß werden lassen. Temperatur zurückschalten, das Öl in die Pfanne geben. Zwiebel, Knoblauch und Oregano darin anschwitzen. Die Hitze erhöhen, die Tomaten in die Pfanne geben und erhitzen, bis sie blubbern. Umrühren, Deckel drauf und etwa 15 Minuten garen.

4. Die fertige Sauce mit Salz, Pfeffer und etwa ¼ TL Zucker abschmecken – je säuerlicher die Tomaten sind, desto mehr Zucker vertragen sie. Den Schmand unter die heiße Sauce rühren. Die Basilikumblättchen klein schneiden und ebenfalls in die Sauce rühren.

5. Den Kürbis aus dem Ofen holen und das Kürbisfleisch mit einer Gabel aus den Schalen kratzen – es löst sich in langen Streifen, die wie Nudeln aussehen. Diese „Nudeln" auf vorgewärmten Pastatellern verteilen, etwas Sauce daraufgeben und mit Parmesan bestreut servieren.

TIPP

Vom Kürbis, der eine Nudelpackung werden wollte

Spaghettikürbis ist das merkwürdigste Gemüse aus der großen Kürbisfamilie: Beim Reifen trennt sich das Fruchtfleisch in Fasern, die sich beim Backen in Fäden verwandelt, die wie Spaghetti aussehen. Du kannst sie genauso um die Gabel wickeln, mit Tomatensauce anrichten (siehe Rezept) oder einfach mit Butter und Käse mischen.

TIPP

Praktisch! Die Schale bleibt beim Backen hart – du brauchst die „Spaghetti" also nicht extra in Teller zu füllen, sondern kannst sie direkt aus den Kürbishälften essen.

MÄRZ BIS AUGUST

NUDELGEMÜSE

TOMATEN

Es gibt eine ganze Menge Gemüse, das zu Nudeln schmeckt. Aber zum Ausprobieren fängst du am besten mit Gemüse in Töpfen an: also Tomaten, Zwiebeln, Kräuter und Knoblauch, dazu noch ein Ufo ähnliches Ding: den Patisson.

Von Tomaten gibt es sehr viele verschiedene Sorten, die nicht so fade schmecken wie die Einheitstomaten aus dem Supermarkt, sondern richtig nach Tomate. Das wirst du merken, wenn du deine erste, superreife, frisch gepflückte Tomate in Scheiben geschnitten und gekostet hast – am besten auf einem Stückchen Butterbrot. Für jetzt und gleich musst du dir nur überlegen, ob du eine dicke Tomate willst oder eine Eiertomate. Okay? Dann besorge dir im Gartencenter entweder eine große Fleischtomatenpflanze oder eine lange Roma-Tomate – die Leute dort wissen Bescheid. Natürlich kannst du auch beide nehmen.
Aber vielleicht isst du ja lieber süße Tomaten als säuerliche. Oder weiche und saftige anstatt der harten Scheibchen, die im Döner schlummern. Dann nützen dir Pflanzen aus dem Gartencenter nichts; du musst sie selbst aus Samen wachsen lassen. Die schmecken sowieso am besten. Informiere dich doch mal im Internet: Einfach das Suchwort „Tomatensorten" eingeben. Im Anhang ab Seite 287 findest du auch Adressen, wo du Tomatensamen bestellen kannst. Die Auswahl bei Spezialgärtnereien und Biohöfen ist nämlich viel größer als im Gartencenter.

> **?!** Thymian kannst du winterfest machen und jedes Jahr wieder ernten: Den Topf Anfang November an einen geschützten Platz auf der Terrasse stellen und mit Wintervlies vom Gartencenter umwickeln. Zusätzlich Vlies über die Pflanze ziehen, aber so, dass du gießen kannst. Topfpflanzen brauchen auch im Winter etwa einmal in der Woche Wasser, sonst können sie die Nährstoffe aus der Erde nicht aufnehmen und vertrocknen (was du übers Gießen wissen musst, steht auf Seite 217).

KNOBLAUCH

Magst du Knoblauch? Er sprießt genau wie Zwiebeln als Grün, knofelt dann nicht so stark wie die Zehen und gibt deiner Tomatensauce das typisch italienische Ferien-Feeling – falls du angeben willst. Zum Pflanzen holst du dir eine Knoblauchknolle aus dem Supermarkt.

ZWIEBELN

Für Nudeln brauchst du unbedingt auch Zwiebeln, denn eine Nudelsauce ohne Zwiebel schmeckt langweilig. Nimm Steckzwiebeln, die im Topf zwar keine dicken Knollen bilden, dafür aber schnell wachsen. Außerdem sind sie keine scharfen Schnief-und-Tränen-Zwiebeln: Man erntet das Grün, das milde schmeckt wie dicke Schnittlauchröhren. Wenn du nur einige grüne Röhrchen abschneidest, wächst es immer wieder nach. Kleine Steckzwiebeln bekommst du im Frühling in Gartencentern und Supermärkten. Am Netz mit den Zwiebeln hängt ein Etikett mit der Sorte. Darum musst du dich nicht kümmern – nimm einfach die preiswerten, egal ob gelb oder blau.

KRÄUTER

Und was gehört noch in eine anständige Tomatensauce? Na klar: Kräuter! Du kannst junge Basilikum- und Thymianpflänzchen von Frühling bis Sommer im Topf kaufen.

PATISSON

Immer nur Tomatensauce zu Nudeln ist öde, deshalb baust du noch was echt Schräges an: Patissons sind eigentlich Kürbisse, sehen aber aus wie Ufos. Sie sind gelb wie Zitronen und schmecken trotzdem wie grüne Zucchini. Die Samen kaufst du im Gartencenter.

MÄRZ UND APRIL

TOMATEN

Tomaten wachsen in großen Töpfen sehr gut, du kannst Pflänzchen oder Samen kaufen. Mitte März beginnst du mit dem Säen (sie müssen in einem warmen Raum keimen) und nach dem 15. Mai pflanzt du die Tomaten in Töpfe und stellst sie ins Freie.

Du brauchst: Platz auf der Terrasse (etwa 2 m mal 1 m) • 1 Paar Gartenhandschuhe • flache Steine oder Tonscherbe von einem kaputten Blumentopf • 2 hohe Töpfe (Durchmesser ca. 35 cm) • 1 Handschaufel • etwa 30 l Bio-Universalerde ohne Torf • 2 Tomatenpflänzchen oder 4 Samen • 2 Pflanzstäbe oder Bambusstangen • Bast oder Sisal-Bindegarn • 1 mittelgroße Gießkanne • 1 Flasche Bio-Tomatendünger (1 l, reicht aber jahrelang) • 1 Gartenschere • 1 Erntekorb

Tomaten mögen viel Sonne und vertragen Sommerhitze gut. Nur zu viel Regen mögen sie gar nicht. Kannst du den Topf auf der Terrasse so stellen, dass die Tomate nicht jeden Regenguss abkriegt?

Die Tomate braucht zweimal Dünger. Das erste Mal etwa vier Wochen, nachdem du sie eingepflanzt hast. Dann noch einmal Mitte Juli. Den Dünger gibst du direkt ins Gießwasser. Für die Menge richtest du dich nach der Anleitung auf der Packung.

Tomaten musst du täglich ein bisschen gießen, sodass die Erde immer schön feucht, aber nicht nass ist.

Du kannst ab Mitte Juli ernten, falls das Wetter kühl ist erst Anfang August.

Tomatenketchup (Seite 96), Tomatensauce (Seite 98), Brokkolikuchen (Seite 164), sommerlicher Gemüsetopf (Seite 172), Spaghetti vom Kürbis (Seite 194) und schau auch im Register ab Seite 272, wo noch überall Tomaten drin sind.

1 Wenn du keine Möglichkeit hast, deine Tomatenpflanzen regengeschützt aufzustellen brauchst du eine Freilandsorte, die du aus Samen ziehst – das geht kinderleicht und ist die erste Übung für schlaue Gärtner. Schau nach ab Seite 16: da findest du die genaue Anleitung dafür. Was eine Freilandsorte ist? Eine Tomate, die du draußen anpflanzen kannst, weil sie Regen verträgt. Wie du sie findest? Das wird in der Beschreibung der Tomatensorte eigens erwähnt: im Katalog oder auf der Website. Leider ist die Auswahl bei Freilandsorten nicht so groß.

2 Also, wenn die Pflänzchen so weit sind oder du deine Pflanzen im Gartencenter gekauft hast, geht es ans Einpflanzen. Du legst den Stein oder die Scherbe über das Loch im Blumentopf (warum? schau nach auf Seite 167). Dann schaufelst du den Topf etwa zur Hälfte voll mit Erde. Die Tomatenpflanze so auf die Erde setzen, dass die Wurzeln gestreckt sind – am besten macht man das zu zweit: Einer hält die Tomate, der andere schaufelt weiter Erde in den Topf. Sobald die Wurzeln bedeckt sind, legst du beide Hände etwa dort an den Stängel, wo die Wurzeln beginnen und drückst die Pflanze fest in die Erde.

Tomatensorten, die toll schmecken sind zum Beispiel die „Paprikaförmige", die geschmort, gekocht und roh aufs Butterbrot gleich gut schmeckt, oder „Quadro" die super für Sauce ist.

3. Wenn im Topf noch so viel Erde Platz hat, dass du damit die untersten Blättchen der Tomate – die Keimblättchen rechts und links am Stiel – bedecken kannst, ist das ideal. Die Pflanze hat dann genügend Halt und braucht erst in ein paar Wochen den Pflanzstab oder die Bambusstange als Stütze. Sonst steckst du Stab oder Stange gleich in die Erde und bindest daran die Tomate mit Bast oder Gartengarn.

?! Die Tomatenpflanze muss gepflegt werden!

Die Triebe der Tomate wachsen ständig nach. Du musst sie regelmäßig so anbinden, dass sie Halt an Stange oder Stab haben. Die neuen Triebe, die in den Blattachseln wachsen, schneidest du regelmäßig ab (oder du knipst sie mit den Fingern ab). Eine Tomate will grundsätzlich buschig wachsen, sie will haufenweise Blüten und Blätter bilden. Doch das kostet so viel Energie, dass sie zu wenig Früchte trägt. Deshalb entfernt man diese Triebe. Sobald sich kleine grüne Früchte zeigen, schneidest du die Blätter davor ab, damit die Früchte genügend Sonne kriegen und möglichst schnell reif und rot werden.

AB MITTE MAI

KRÄUTER

Basilikum wächst im Topf am besten; im Beet fressen es die Schnecken, wenn du nicht genau aufpasst.

Du brauchst: 1 mittelhohen Topf (Durchmesser 24 cm) für 1 Basilikumpflanze • 1 mittelhohen Topf (Durchmesser 24 cm) für 1 Thymianpflanze • flache Steine oder Tonscherben von einem kaputten Blumentopf • 1 Paar Gartenhandschuhe • 1 Handschaufel • etwa 25 l Bio-Universalerde ohne Torf • je 1 Basilikum- und Thymianpflanze • 1 mittelgroße Gießkanne • 1 Gartenschere • 1 Erntekorb

 Thymian und Basilikum mögen Sonne von morgens bis abends.

 Sie brauchen auch keinen zusätzlichen Dünger – die Gartenerde ist bereits gedüngt.

 Du musst sie regelmäßig gießen, an heißen Sommertagen sogar täglich.

 Die Kräuter kannst du den ganzen Sommer über ernten. Wenn die Nächte im Herbst sehr kühl werden, geht Basilikum ein – es hält sich auch im warmen Zimmer nicht über den Winter.

 Es gibt viele Rezepte für Kräuter, schau im Register ab Seite 272.

1 Basilikum und Thymian pflanzt du jeweils in einen Topf. Das geht genauso wie bei der Tomate. Aber halt: Vielleicht musst du erst Wurzeln und Erde lockern – schau nach auf Seite 67. Wenn die Wurzeln Luft haben, füllst du die Töpfe zur Hälfte mit Erde. Pflanzen rein, Erde drumherum, andrücken und gießen. Fertig.

2 Im Lauf der Wochen wird Thymian ziemlich buschig und füllt den Topf ganz aus. Basilikum kriegt hellere Blätter, die sehr aromatisch schmecken.

?! Du hast noch Erde übrig? Hebe sie gut auf, denn manchmal muss man die Töpfe wieder auffüllen, wenn die Pflanze sehr viele Nährstoffe braucht. Oder wenn es stark geregnet hat und die Erde aus dem Topf geschwemmt worden ist.

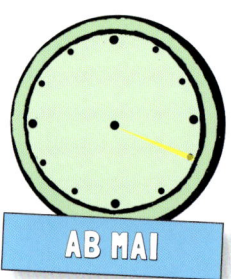

AB MAI

PATISSON

Du brauchst: 1 mittelhohen Topf (Durchmesser 28 cm) • flache Steine oder Tonscherben von einem kaputten Blumentopf • 1 Paar Gartenhandschuhe • 1 Handschaufel • etwa 10 l Bio-Universalerde ohne Torf • 3 Patissonsamen • 1 mittelgroße Gießkanne • 1 Gartenschere • 1 Erntekorb

 Der Patisson mag Sonne nur von morgens bis etwa drei Uhr nachmittags – dann wird es ihm zu heiß. Daher ist der beste Platz auf der Terrasse oder dem Balkon eine Südost-Ecke. Wenn du nur Süden und/oder Westen bieten kannst, spannst du etwa ab drei Uhr den Sonnenschirm für sie auf.

 Du brauchst keinen Dünger, die Gartenerde ist bereits gedüngt.

 Du musst die Patissons regelmäßig gießen: an heißen Sommertagen sogar täglich.

 Du erntest ab Anfang Juli.

 Ufo-Nudeln mit Thymian (Seite 202) oder Gemüsetaler (Seite 204) schmecken super.

AB MITTE JUNI

ZWIEBELN & KNOBLAUCH

Du brauchst: 1 flache Schale (Durchmesser 30 cm) • flache Steine oder Tonscherben von einem kaputten Blumentopf • 1 Paar Gartenhandschuhe • 1 Handschaufel • etwa 4 l Bio-Universalerde ohne Torf • 5–6 Steckzwiebeln • 1 Knoblauchknolle • 1 mittelgroße Gießkanne • 1 Gartenschere • 1 Erntekorb

1 Die Patissons musst du definitiv aus Samen ziehen, denn Pflanzen sind kaum zu kriegen. Fülle den Topf ganz mit Gemüseerde und stecke 3 Samen etwa so weit hinein, wie dein Daumen reicht. Klar, du kannst auch nur einen Samen stecken, aber mit drei bist du auf der sicheren Seite.

2 Sobald sich die Keimblättchen zeigen, hat die Saat funktioniert. Sollten alle drei Pflanzen aufgehen, kannst du zwei in kleine Töpfchen mit Erde umsetzen und verschenken. Oder du gibst den beiden Pflänzchen ebenfalls größere Töpfe (Umtopfen nennt man das – sieh nach auf Seite 67) und wirst in ein paar Wochen ordentlich Patissons ernten.

3 Nach der ersten Ernte musst du der Pflanze zwei bis drei Wochen Zeit lassen, bis sie wieder blüht und Früchte bildet. Inzwischen kannst du alle Blüten mit den langen Stielen aufessen: Schau nach auf Seite 226!

 Zwiebeln und Knoblauch stehen auf der Terrasse oder dem Balkon am liebsten im Südosten. Wenn du nur Süden und/oder Westen bieten kannst, spannst du etwa ab drei Uhr den Sonnenschirm für sie auf.

 Du brauchst keinen zusätzlichen Dünger, die Gartenerde ist bereits gedüngt.

 Du musst regelmäßig gießen: an heißen Sommertagen sogar täglich.

 Du kannst ab Anfang Juli ernten.

 In viele Gerichte kommen Zwiebeln und Knoblauch, schau im Register ab Seite 272, z. B. auch in den Tomatenketchup (Seite 96).

1 Fülle die Schale mit Erde. Stecke die Zwiebeln mit der Wurzel nach unten so in die Erde, dass du die Spitze gerade eben noch sehen kannst. Natürlich muss die Erde locker sein!

2 Vom Knoblauch ziehst du die äußere Schale ab und teilst die Knolle in die einzelnen Segmente auf – das sind die Knoblauchzehen. Die steckst du nun genau wie die Zwiebeln in die Schale – ruhig ganz dicht.

UFO-NUDELN MIT THYMIAN

Für 6 Portionen brauchst du: 3–4 kleine Patissons • 1 kleine Zwiebel • 1 Handvoll Wild- oder Cocktailtomaten • 2 Stängel Thymian • 1 EL Olivenöl • 100 g Ricotta • 200 g Spaghetti • Salz, Pfeffer

1. Die Patissons waschen und in Stücke schneiden – egal wie groß. Je größer sie sind, desto länger musst du sie braten. Die Zwiebel schälen und würfeln, die Tomaten und den Thymian waschen.

2. Das Öl in einer Pfanne erhitzen, Zwiebel, Thymian, Patissons und Tomaten darin bei starker Hitze anbraten, bis die Patissons leicht gebräunt und die Tomaten schrumpelig sind. Dabei ständig umrühren. Jetzt stellst du die Hitze ab und lässt das Gemüse zugedeckt auf der Kochplatte stehen. Schneide den Ricotta in kleine Stücke und lege sie auf das Gemüse in der Pfanne. Deckel wieder auf die Pfanne.

3. Die Spaghetti in reichlich Salzwasser bissfest kochen. Achtung: Bevor du sie auf ein Sieb über der Spüle abgießt, gibst du eine Schöpfkelle Kochwasser zum Gemüse und rührst gut um – durch das Kochwasser löst sich der Ricotta auf, die Sauce wird sämig. Spaghetti abgießen, mit dem Gemüse mischen und alles mit Salz und Pfeffer abschmecken.

GEMÜSETALER

Für 6 Portionen brauchst du:

TEIG 500 g Weizenmehl (Type 550) •
1 Päckchen Trockenhefe • 1 TL Zucker •
300 g lauwarme Buttermilch • 1 Ei (Größe L) • Salz

BELAG 2 Fleischtomaten • 2 kleine Patissons •
1 kleine Zwiebel • 2 EL Olivenöl • 1 Eigelb •
2 TL Thymianblättchen
3 Handvoll Cocktailtomaten •
200 g Reibekäse • Pfeffer

1 Für den Teig Mehl mit Hefe, Zucker und 1 Prise Salz mischen. Buttermilch und Ei zugeben, alles zu einem glatten Teig verkneten und zugedeckt etwa 30 Minuten gehen lassen.

2 Die Fleischtomaten und die Patissons waschen und in kleine Stücke schneiden. Die Zwiebel schälen und fein zerkleinern. Alles im heißen Öl bei starker Hitze unter Rühren schmoren, bis die Flüssigkeit, die sich bildet, wieder verdampft ist. Abgekühlt mit Eigelb, Thymian, 2 EL Käse, Salz und Pfeffer mischen.

3 Den Teig auf einer bemehlten Oberfläche durchkneten und in 12 Stücke teilen. Jeweils mit dem Handballen flach drücken und auf ein Backblech mit Backpapier legen. Das geschmorte Gemüse darauf verteilen, mit den Cocktailtomaten belegen, mit dem restlichen Käse bestreuen und noch 15 Minuten ruhen lassen.

4 Den Backofen auf 220 °C Ober-/Unterhitze (oder 220 °C Umluft) vorheizen. Die Taler im heißen Backofen auf die mittlere Schiene schieben und etwa 15 Minuten backen. Frisch aus dem Ofen servieren.

EIN WINTERBEET

Du kannst sogar noch Gemüse aus dem Garten holen, wenn Schnee liegt. Oder Salat ernten, wenn andere Leute im Frühling erst anfangen zu buddeln und zu säen. Allerdings brauchst du dafür ein kleines Beet, denn Gemüse im Topf übersteht den Winter nicht – weder auf dem Balkon noch auf der Terrasse.

SEPTEMBER BIS MAI

FELDSALAT

Feldsalat kennst du sicher: es sind die kleinen dunkelgrünen Blattrosetten, die es im Winter statt Kopfsalat gibt. Feldsalat schmeckt würzig nach Nüssen und wird einfach in die Erde gesät. Er verträgt Minus-Temperaturen, sät sich jeden Sommer wieder von selbst aus, und du kannst ihn ab Spätherbst bis Anfang März ernten. Pule die Rosetten ruhig unterm Schnee vor; selbst wenn sie gefroren sind, tauen sie in der Küche rasch auf und sind nicht verdorben. Es gibt Sorten mit großen und mit kleinen Blättern. Die kleinen schmecken aromatischer als die großen. Aber du brauchst länger zum Putzen und Waschen.

GRÜNKOHL

Grünkohl: hast du vielleicht im Winter schon mal auf dem Wochenmarkt gesehen. Es ist ein dicker Strunk mit krausen Blättern und erinnert an einen dunkelgrünen Blumenstrauß, meist mit Schnee überzuckert. Denn Grünkohl wird immer nur geerntet und verkauft, wenn es richtig frostig ist. Erst dann schmeckt er genau wie Rosenkohl angenehm süß.

ROSENKOHL

Rosenkohl kennst du sicher auch: in der Packung aus der Tiefkühltruhe. Aber frisch? Frisch gibt es ihn nur im Winter zu kaufen, weil Rosenkohl erst richtig durchfrieren muss, bevor er gut schmeckt. Denn durch den Frost verändert sich die Zusammensetzung der Kohlenhydrate: Ein Teil der Stärke wird Zucker, und der Rosenkohl schmeckt süß und nicht mehr streng.
Was du auch machen kannst: Warte einen schönen, frostkalten Wintertag ab. Mummle dich warm ein, denn du wirst etwa eine halbe Stunde Zeit draußen sein. Schneide diesmal nicht den ganzen Strunk vom Rosenkohl ab, sondern pflücke nur die Röschen. Der Strunk bleibt bis zum Frühjahr stehen. Dann bilden sich nämlich neue Röschen: sie wachsen nicht so groß wie die Winterröschen, sind aber schön zart und würzig.

KOPFSALAT

Manche Sorten haben zu Beginn des Winters schon kleine Köpfe – vorausgesetzt der Frost kommt nicht zu früh. Die kannst du natürlich ernten. Aber lass auch ein paar Pflanzen im Beet, denn sobald es im März warm wird, treiben sie aus und du kannst im April wunderbar zarten Kopfsalat essen.

SPINAT

Die Wintersorten sät man im Herbst und lässt sie einfach in Ruhe. Und im April gibt's frischen Spinat.

ZWIEBELN

Wintersteckzwiebeln kommen im Herbst in die Erde, ruhen sich im Winter aus und treiben im Frühling saftige grüne Röhren. Du kannst das Zwiebelgrün gleich in den Salat schnippeln. Oder du lässt die Zwiebeln weiterwachsen und erntest die Knollen im Herbst.

?!

Warum kannst du im Winter keine Tomaten säen?

Weil es zu lang dunkel ist: Pflanzen reagieren auf die Länge der Nächte. Sie richten sich in erster Linie nach der Kreisbahn der Erde um die Sonne, nicht nach der Temperatur: Kalt kann es auch mal im Sommer sein, aber kurze Tage gibt es nur im Winter. Viele Pflanzen nutzen die Nachtlänge als Zeitsignal für ihre Entwicklung. Mit diesem Signal regeln sie das Wachstum. Es sagt ihnen, wann es Zeit zum Blühen ist und wann die Blätter fallen. Ändern können das nur Wissenschaftler, indem sie die Wellenlänge des Lichts künstlich verändern: Dazu gibt es Studien in der Agrarforschung.

WINTERGEMÜSE

Du brauchst: 1 Beet (etwa 1 m mal 1 m) • 1 Mundschutz • 1 Paar Gartenhandschuhe • 1 Beutel gekörnten Rinderdung (12,5 kg; reicht für viele Töpfe und Beete!) • 1 Krümmer • 2 Rosenkohlpflänzchen • 1 Handgabel • 2 Grünkohlpflänzchen • 1 Pflanzholz • 1 Samentütchen Winterspinat • 1 Samentütchen Kopfsalat für den Winteranbau (z.B.) „Winterbutterkopf" • 1 Netz Wintersteckzwiebeln • 1 Samentütchen Feldsalat • 1 mittelgroße Gießkanne • 1 Gartenschere • 1 Erntekorb

1 Das Beet musst du Anfang September vorbereiten: Die Erde soll ein wenig gedüngt, schön locker und krümelig sein. Binde dir den Mundschutz um, ziehe die Gartenhandschuhe an und streue zwei Handschaufeln voll Rinderdung auf die ganze Fläche. Nimm den Krümmer (Seite 33) und ziehe ihn Reihe für Reihe durch die Erde: einmal längs und dann einmal quer. Das lockert den Boden und vermischt die Erde mit dem Rinderdung.

2 Setze das erste Rosenkohlpflänzchen etwa eine Handlänge vom Beetrand entfernt in die Erde: mit der Handgabel ein Loch buddeln, das etwa einen Fingerbreit tiefer sein soll als die Wurzen lang sind. Das Pflänzchen ins Loch setzen, mit einer Hand festhalten und die Erde mit der anderen um die Würzelchen schieben. Nun die Erde um das Pflänzchen mit beiden Händen fest andrücken. Das zweite Rosenkohlpflänzchen setzt du etwa zwei Handbreit vom ersten entfernt. Dann – jeweils zwei Handbreit auseinander – kommen die beiden Grünkohlpflänzchen in die Erde.

3 Jetzt ist auf einer Seite des Beetes eine ganze Reihe voll. Etwa zwei Handbreit neben die Kohlpflänzchen säst du den Spinat: Mache mit dem Pflanzholz eine Rinne von einer Seite des Beetes zur anderen. In die Rinne legst du die Spinatsamen. Lass dazwischen immer etwa zwei Fingerbreit Abstand.

4 Erledigt? Dann nimmst du wieder den Krümmer, denn du bist ja sicher im Beet rumgetappt – anders geht das nicht beim Arbeiten. Klar, man kann ein Brett ins Beet legen und sich darauf stellen, damit man nicht in die Erde tritt. Aber das ist recht umständlich: Brett suchen, zum Beet schleppen, wieder aufräumen. Denn das Brett solltest du nicht im Beet lassen, weil sich darunter Schnecken verkriechen. Und deine Pflänzchen fressen, kaum dass du den Rücken gedreht hast. Deshalb lockerst du noch mal die Erde und zwar da, wo du weiterarbeitest.

5 Nimm Salatsamen aus dem Tütchen und zwar so viele, wie du zwischen Daumen und Zeigefinger halten kannst. Die streust du auf die Erde. Krümele etwas Erde darüber und klopfe alles mit der Handfläche fest.

6 Die Zwiebeln kannst du entweder ordentlich in einer Reihe stecken. Oder du verteilst sie im Beet. Nimm nur sechs Stück und stecke sie mit den Wurzeln nach unten so in die Erde, dass nur noch die Spitze rausguckt. Die anderen Zwiebeln hebst du fürs Frühjahr auf – an einem dunklen trocknen Ort. Wieso aufheben – es sind doch Wintersteckzwiebeln? Richtig. Deshalb kann man sie trotzdem noch im Frühjahr stecken; grüne Röhren kriegen sie auf alle Fälle, vermutlich auch richtige Knollen.

7 Jetzt ist der Feldsalat dran: Er kommt in die andere Ecke vom Beet, damit du leicht ernten kannst. Streue die Samen – die Menge von einem Teelöffel – auf die Erde. Aber nicht zu dicht beieinander, sonst wachsen die Pflänzchen nicht richtig. Du kannst in einer Reihe säen, im Kreis, im Viereck – wie du willst. Erde drüber krümeln, festklopfen und fertig.

8 So, jetzt bist du fast fertig, du musst nur noch gießen. Stecke den Brausekopf auf die Gießkanne, damit die Samen nicht wieder weggeschwemmt werden. Für das ganze Beet brauchst du zwei Gießkannen: eine für die Kohlpflanzen, die zweite für Zwiebeln und Samen. Nun musst du bis Mitte Oktober täglich etwa eine Gießkanne voll gießen.

UND DANN?

Eigentlich musst du nur noch den Salat vereinzeln – so nennt es der Fachmann, wenn man die jungen Pflänzchen weiter auseinandersetzt, damit sie sich gut entwickeln und im Frühjahr schöne, dicke Salatköpfe kriegen. Also: Du wartest, bis die Salatpflänzchen etwa fingerlange Blätter haben. Überall wo sie so dicht wachsen, dass die Blätter sich berühren, nimmst du ein Pflänzchen mit dem Pflanzholz aus der Erde und setzt es dorthin, wo Platz ist (wie du mit dem Pflanzholz arbeitest, ist auf Seite 66 genau beschrieben). Du kannst natürlich auch die radikale Methode anwenden und einfach so viele Pflänzchen auf den Kompost werfen, bis die anderen genügend Platz haben. Aber ist das nicht schade um den guten Salat?
Und obwohl dann bald der Winter kommt, musst du nicht abdecken – nicht mal den Salat. Allerdings überstehen nicht alle Pflanzen die kalte Jahreszeit, egal, ob man sie mit Wintervlies abdeckt oder nicht. Deshalb kannst du dir diese Arbeit sparen.

Alle Pflanzen im Winterbeet mögen den ganzen Tag Sonne.

Bevor es losgeht, kriegt das ganze Beet eine Portion Rinderdung – danach musst du nicht mehr düngen.

Im September und vielleicht noch den halben Oktober musst du täglich eine Gießkanne voll über deine Pflanzen verteilen.
Danach sind die Pflanzen groß genug und die Erde bleibt feucht, dann kannst du dich faul zurücklegen.

Den Feldsalat kannst du ernten, sobald die Pflänzchen eine feste Rosette bilden – vermutlich schon Ende Oktober. Den Rosenkohl nach den ersten Frosttagen, wenn die Röschen die Größe zwischen Haselnuss und Walnuss haben. Grünkohl auch nach den ersten Frosttagen. Alles andere ist im Frühling so weit. Sobald der Spinat seine Blattrosette und der Salat seinen Kopf hat, ist Erntezeit.

Grünkohlboller (Seite 211) und Rosenkohl mit Ei (Seite 210) schmecken im Winter. Im Frühling kannst du Rahmspinat (Seite 163) kochen.

ROSENKOHL MIT EI

Für 6 Portionen brauchst du: 1 Strunk Rosenkohl (oder etwa 200 g aus der Tiefkühltruhe) • 2 Eier • 2 EL Butter • 3 EL Semmelbrösel • 1 Prise geriebene Muskatnuss • 1 EL zerkleinerte Petersilie • Salz, Pfeffer

1 Die Rosenkohlröschen vom Strunk brechen, welke äußere Blätter entfernen. Die Röschen waschen und in wenig kochendem Salzwasser einmal aufkochen. Zugedeckt bei mittlerer Hitze in 5–10 Minuten gerade eben weich kochen. Die Eier in einem kleinen Topf mit sprudelnd kochendem Wasser 8 Minuten hart kochen.

2 Inzwischen die Butter zerlaufen lassen und die Semmelbrösel darin unter häufigem Umrühren goldbraun rösten. Mit Muskat und Pfeffer würzen, die Petersilie untermischen.

3 Die Eier abgießen, kalt abschrecken, schälen und achteln. Den Rosenkohl in tiefen Tellern anrichten. Die Semmelbrösel und die Eier darüber verteilen. Dazu schmecken Salzkartoffeln oder helles Brot.

GRÜNKOHLBOLLER AUS DEM OFEN

Für 4 Portionen brauchst du: 2 Strünke Grünkohl • 1 Handvoll Petersilie • 125 g Sahne • Cayennepfeffer • geriebene Muskatnuss • 125 g Mozzarella • 2 EL geriebenen Emmentaler • 2 EL Vollkornsemmelbrösel • Salz, Pfeffer

1 Welke Grünkohlblätter entfernen, die anderen vom Strunk schneiden und waschen. Die Blätter in sprudelnd kochendem Wasser etwa 3 Minuten blanchieren, bis sie weich sind. Mit einem Schaumlöffel herausnehmen, abtropfen und etwas abkühlen lassen. Den Backofen auf 200 °C Ober-/Unterhitze (oder 180 °C Umluft) vorheizen.

2 Grünkohlblätter zu kleinen Bällchen formen und nebeneinander in eine Gratinform legen. Mit Salz und Pfeffer würzen. Petersilie waschen, trocken tupfen und fein zerkleinern. Mit Sahne, Salz, Cayennepfeffer und Muskatnuss mischen und über den Grünkohl gießen. Den Mozzarella in kleine Würfel schneiden. Auf dem Grünkohl verteilen, Emmentaler und Semmelbrösel mischen und darüberstreuen.

3 Die Boller in den heißen Backofen (mittlere Schiene) schieben und etwa 20 Minuten backen, bis der Käse leicht gebräunt ist.

4 Sie schmecken mit Pellkartoffeln oder frisch gekochten Hörnchennudeln, die man abgießt und mit etwas Butter in tiefe Teller gibt. Den Grünkohl daraufsetzen.

GEMÜSEDSCHUNGEL

MAI BIS AUGUST

Vergiss mal alles, was du an ordentlichen Beeten bis jetzt vielleicht gesehen hast. Pflanzen mögen nämlich Unordnung. Und du vielleicht auch. Drum machen wir ein unordentliches Beet, pflanzen, wo Platz ist und ernten, was reif ist. Genau: Lass es wachsen!

ERBSEN

Magst du Erbsen probieren? Sie schmecken süß, und du kannst sie gleich roh vom Beet naschen. Toll sind sie auch in Butter gedünstet oder in der Suppe mit Nudeln. Am besten baust du ein paar Zuckererbsen an, da kannst du zuerst die Hülsen essen. Wenn ein paar Hülsen zu groß geworden sind, kannst du die Erbsen rauspulen und essen. Du musst also nicht aufpassen, wann der richtige Erntezeitpunkt erreicht ist.

KARTOFFELN

Kartoffeln selbst anbauen ist ganz leicht. Und Kartoffeln ausbuddeln ist einfach toll. Und Kartoffeln vom eigenen Beet schmecken einfach spitze. Nun musst du dich erst mal entscheiden: Willst du ganz rasch ernten? Oder kannst du länger warten, bis die Mantsch-Kartoffeln fürs Püree reif sind?

Also: Ungeduldige Kartoffelesser nehmen eine frühe Sorte, wie „Rode Erstling" oder „Christa", die Anfang bis Mitte Juli reif zum Ausbuddeln und Essen ist. Damit kannst du Pellkartoffeln und gefüllte Kartoffelschalen machen. Wenn du länger warten willst (oder zweimal buddeln und essen willst) nimmst du (auch) eine Sorte, die Mitte August reif ist: „Agria" oder „Linzer Delikatess". Vier Kartoffeln reichen – mehr gehen nicht aufs Gemüse-Dschungel-Beet. Sicher hast du sie vorkeimen lassen wie auf Seite 39 beschrieben. Wenn nicht, musst du einfach zwei Wochen länger auf die Ernte warten. Auf Seite 223 findest du noch mehr Tipps für Kartoffelanbauer.

Von einer Kartoffelpflanze kriegst du zwei Leute satt, die nur Kartoffeln essen wollen oder vier Leute, die auch noch was dazu essen mögen. Große Knollen mit leuchtend roter Schale bekommst du mit der Sorte „Rode Erstling"; wenn du immer wieder mal gießt, trägt die Pflanze besonders gut. „Christa" ist pflegeleicht: Du musst nicht gießen. Ziemlich viele Knollen und unterschiedlich große Knollen bekommst du mit der Sorte „Linzer Delikatess". Die Sorte „Agria" liefert dir ebenfalls reiche Ernte mit mittelgroßen Knollen.

KOHLRABI

Kohlrabi kennst du vielleicht nur in Scheibchen gedünstet als Gemüse. Dabei kann man Salat, Suppe und sogar eine tolle Nudelsauce damit machen. Kaufe am besten Pflänzchen, denn bei Kohlrabis spielt die Sorte keine große Rolle. Auch ob du grüne oder blaue Knollen nimmst, ist für den Geschmack ziemlich egal. Wichtig ist nur, wo du anbaust. Im Beet kriegen Kohlrabi schöne, dicke Knollen (im Topf nur Blätter, aber das soll dich hier nicht kümmern – dazu gibt es ein anderes Projekt). Und wichtig ist auch, dass du rechtzeitig erntest, damit die Knollen schön zart sind: Mach mal eine Faust: Etwa so groß sind zarte erntereife Knollen. Sie schmecken dann auch frisch vom Beet: einfach schälen – so dünn wie möglich – raspeln und mit Zitronensaft und ein bisschen Salz mischen. Und dazu Butterbrot! Leckerschmecker!!

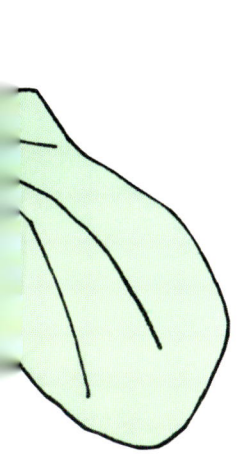

ZUCCHINI

Wie Zucchini schmecken, weißt du sicher: nach gar nichts. Stimmt, aber nur die aus dem Supermarkt, weil die so lange reisen und dann warten müssen, bis sie gekauft werden. In dieser Zeit haben sie alle Lust verloren, uns auf dem Teller Freude zu machen.

Deine vom Beet tun das sehr wohl und sehr gern: Wenn du sie jung abschneidest – höchstens 15 cm lang – sind sie gebraten oder gegrillt ein tolles Gemüse, das du unbedingt probieren solltest. Zucchini brauchen etwa 2 m Platz. Kann also sein, dass sich die Pflanze auch in der Wiese breit (oder besser: lang) macht. Besprich das vorsichtshalber mit deinen Eltern. Vielleicht übernimmst du an dieser Stelle das Rasenmähen? Es schadet übrigens nicht, wenn du versehentlich mal einen Trieb abmähst, die Pflanze bildet einfach woanders einen neuen.

ZWIEBELN

Gelbe oder blaue Zwiebeln kannst du direkt in die Erde säen – das ist besonders preiswert weil du im Herbst eine ganze Menge Knollen erntest und im Winter genügend Zwiebeln hast. („Oh je, die Zwiebeln sind alle! Schatz, kannst du mal rasch rüber zu Frau Dingsbums gehen und eine holen", ruft Mami mitten unterm Gulaschkochen. Was machen schlaue Gärtner in diesem Fall? Sie greifen in den üppig gefüllten Zwiebelkorb und lassen Frau Dingsbums von nebenan weiter fernsehen.)

Schneller geht es mit Steckzwiebeln, die du einfach in die Erde steckst. Sie sind auch ein praktischer „Zaun" für Samen im Beet: Die Samen in die Erde geben und drumrum Zwiebeln stecken. Das Zwiebelgrün wächst rascher als die meisten Samen und markiert die Stelle, an der du gesät hast.

DILL

Das ist ein richtiges Fünf-Sterne-deluxe-Kraut. Erster Stern: Dill schmeckt wunderbar im Salat oder in Joghurt mit Gurke zu Grillkartoffeln. Zweiter Stern: Er passt genau auf dein Dschungelbeet, weil er so hoch wächst und – ja eben Dschungel macht. Dritter Stern: Man kann auch die Blüten essen. Das tun auch die Raupen von Schmetterlingen: Vor allem der seltene „Schwalbenschwanz" braucht Dill oder Fenchel zum Futtern. Und du weißt ja – wir brauchen Tiere, damit die Pflanzen wachsen. Vierter Stern: Dill ist sehr praktisch. Einmal gesät, vermehrt er sich jedes Jahr von selbst. Du brauchst dich also nicht darum zu kümmern. Höchstens mal ein paar Pflanzen rausrupfen, wenn der Dschungel zu dicht wird. Fünfter Stern: Dill kannst du gut einfrieren. Im Winter hast du Dill im Salat und im Gurkenjoghurt zu gebackenen Kartoffeln, der fast so gut schmeckt wie frisch vom Beet.

RICHTIG GIESSEN

EINPFLANZEN, SÄEN, GIESSEN

DÜNGEN BEIM GIESSEN

Alles was frisch in die Erde kommt, egal ob Samen oder Pflanzen, muss gegossen werden. Auch wenn die Erde ohnehin feucht ist, weil es gerade geregnet hat. Für Samen ist Gießen wichtig, weil sie das Signal kriegen: „Jetzt kannst du keimen". Für Pflänzchen ist es wichtig, weil das Gießwasser die zarten Würzelchen gleichmäßig in der Erde verteilt. Sie können sich strecken und wichtige Stoffe aus dem Boden aufnehmen.

Fülle die Gießkanne, lass den Brausekopf weg und gib erst den kleinen Pflänzchen Wasser: Etwa so viel, dass die Erde für ein paar Sekunden aufgeschwemmt ist, bis das Wasser wieder versickert. Dann setzt du den Brausekopf auf die Kanne und besprengst die Samen in der Erde. Nun musst du jeden Tag ein wenig gießen: Die Erde rundum die Pflanzen und über den Samen soll feucht, aber nicht nass sein.

Sobald die Pflanzen auf dem Beet größere Blätter bekommen haben, wachsen sie auch gut – bei Bohnen und Salat kannst du das regelrecht sehen. Jetzt musst du nur selten gießen. Sparsam gießen regt die Pflanzen nämlich dazu an, längere Wurzeln zu bilden. Damit können sie die Feuchtigkeit auch weiter unten aus der Erde holen. Viele Wurzeln, die sich tief nach unten ausbreiten, durchlüften das Beet und machen die Erde locker. Das mögen die Bodenlebewesen besonders gern.

Tomaten, Gurken, Zucchini und noch ein paar andere Pflanzen, die viele Mineralstoffe brauchen, mögen es, beim Gießen gedüngt zu werden. Man nennt sie Starkzehrer (schau nach auf Seite 60). Für diese Pflanzen füllst du die Gießkanne mit Wasser und gibst halb so viel Dünger dazu, wie auf der Packung steht. Gieße die Pflanzen mit etwa der Hälfte des Düngerwassers. Den Rest lässt du in der Kanne und gießt am nächsten Tag noch einmal, bis die Kanne leer ist.

Dünger im Gießwasser macht Sinn, weil die Pflanze diese Stoffe ja nur aufnehmen kann, wenn sie in Wasser gelöst sind (schau nach auf Seite 59). So versorgst du aber nur Starkzehrer und die auch nur wie oben beschrieben. Sonst bilden sich mehr Blätter als Früchte. Oder die Pflanze verkümmert, weil sie zu viel aufgenommen hat.

Alles Wichtige, was du sonst noch zum Düngen wissen musst, steht auf Seite 60. Wenn etwas bei den einzelnen Projekten wichtig ist, steht das direkt dabei.

FAUSTREGEL FÜRS RICHTIGE GIESSEN

Wenn es eine Woche lang nicht regnet, gehst du morgens kontrollieren. Nur Pflanzen, die am Morgen ihre Blätter hängen lassen, brauchen Wasser. Alle anderen finden noch genug Feuchtigkeit in der Erde. Pflanzen im Topf dagegen musst du regelmäßig gießen.

Du brauchst für das Dschungelbeet: 1 Beet (2 m mal 2 m) • 1 Grabgabel zum Anlegen und Pflegen des Beetes und zum Ernten der Kartoffeln • 1 Paar Gartenhandschuhe zum Anlegen und Pflegen des Beetes und zum Ernten von Kartoffeln und Zucchini • 2 mittelgroße Gießkannen

ERBSEN

Du brauchst: 1 Tütchen Zuckererbsen aus dem Gartencenter • 8 Zweige (20 cm hoch) • 1 Gartenschere • 1 Erntekorb

1 Erbsen anbauen ist kinderleicht. Suche dir ein Stelle an der Nordseite des Beetes aus. Das ist wichtig, weil Erbsen etwa 1 m hoch wachsen und niedrigeren Pflanzen die Sonne wegnehmen. Im Norden können sie das aber nicht, weil ihr Schatten nicht auf die Pflanzen fällt – probier das mittags bei Sonnenschein mal mit der Gießkanne aus. Gut, nun steigst du ins Beet: Etwa eine Schrittlänge vom Rand aus säst du acht Erbsen. Und zwar so: In einer Reihe mit etwa einer Handlänge Abstand kommen je zwei Erbsen nebeneinander in die Erde. Wie tief? So weit dein Daumen reicht. Und wieder Erde drüber.

2 Erbsen bilden lange Ranken und brauchen was zum Festhalten, sonst fallen sie um. Sobald die Pflänzchen etwa fingerhoch aus der Erde lugen, steckst du neben jedes einen etwa 20 cm hohen Zweig in die Erde: Zum Beispiel von einer Haselnuss, einer Weide oder irgendeinem Strauch, der im Garten wächst. Je verzweigter der Zweig, desto lieber umranken ihn die Erbsen.

3 Fang bei Erbsen gleich mit der Ernte an, sobald du die ersten Hülsen siehst. Die Pflanzen mögen das nämlich: Wenn du regelmäßig pflückst, kriegen sie ständig neue Blüten und viel mehr Hülsen.

?! Erbsen wachsen schneller, wenn du sie vor dem Säen zwei Tage in kaltes Wasser legst. Hast du vergessen? Schadet nicht, es dauert einfach länger, bis du die ersten Keimblättchen siehst.

- Alle Pflanzen in deinem Dschungelbeet vertragen den ganzen Tag Sonne.
- Erbsen brauchen keinen Dünger.
- Du musst gießen, wenn es fünf Tage nicht regnet.
- Mitte Juni die zarten, schlanken Hülsen, ab Ende Juni auch die Erbsen in dicken prallen Hülsen.
- Rittergemüsesuppe (Seite 254) und Grießklößchensuppe mit Erbsen (Seite 123).

Kohlrabi, Zwiebeln und Dill

Du brauchst: 2 Kohlrabipflänzchen • 1 Handgabel oder 1 Pflanzholz • 1 Samentütchen Zwiebeln oder 1 Netz Steckzwiebeln, beides gibt es im Gartencenter (Steckzwiebeln allerdings nur im Frühling und Herbst) • 1 Samentütchen Dill • 1 Erntekorb für Kohlrabi und Zwiebeln

1 Die Kohlrabipflänzchen brauchen kaum Platz, und du kannst sie an irgendeine Stelle ins Beet setzen: Mit der Handgabel oder einem Pflanzholz (schau nach auf Seite 32) ein Loch in die Erde machen, das etwa einen Fingerbreit tiefer sein soll, als die Wurzen lang sind. Das Pflänzchen ins Loch setzen, mit einer Hand festhalten und die Erde mit der anderen Hand um die Würzelchen schieben. Dann loslassen und die Erde rechts und links vom Pflänzchen mit beiden Händen festdrücken.

2 Die Zwiebeln steckst du auch einfach dort in die Erde, wo Platz ist. Halte nur Abstand zu den Kartoffeln, denn die musst du pflegen – wie, steht direkt bei den Kartoffeln auf den nächsten Seiten.

3 Zum Schluss streust du ein paar Dillsamen in die Erde – möglichst weit weg von den Kartoffeln. Denn Dill wächst hoch und bildet dicke Stängel. Direkt neben den Kartoffeln ist das nicht so günstig, weil du die Kartoffelpflanzen dann nicht richtig pflegen kannst.

4 Zum Einfrieren für die dilllose Zeit im Winter lässt du den Dill erst blühen. Dann wirft er Samen, die bis zum Herbst zu Pflänzchen herangewachsen sind. Mitte Oktober, bevor es richtig kalt wird, pflückst du die Triebe ab und stopfst sie – wirklich richtig reinstopfen! – in ein Schraubglas. Ab in den Tiefkühler damit. Wenn du Dill brauchst, gehst du mit einer Gabel ins Glas und bröselst die Blättchen über das Essen.

- Alle Pflanzen in deinem Dschungelbeet vertragen den ganzen Tag Sonne.
- Die Pflanzen brauchen keinen Dünger.
- Wenn es eine Woche lang nicht geregnet hat, musst du Kohlrabi und Zwiebeln ein bisschen gießen.
- Dill und grüne Zwiebelröhren kannst du ab Juni ernten, Zwiebelknollen ab August. Kohlrabi sind im Juli reif.
- Den Brokkolikuchen von Seite 164 kannst du auch mit Kohlrabi machen.

Kartoffeln und Zucchini

Du brauchst: 4 Kartoffelknollen (optimalerweise mit kleinen Keimen) • 1 Handgabel oder 1 Handschaufel • 2 Samen Zucchini oder 1 Zucchinipflanze • 1 Flasche Bio-Dünger für Gemüse und Kräuter (800 ml, reicht mindestens 3 Jahre) für die Zucchini • 1 Bügeljäter für die Pflege der Kartoffeln • 1 Grabgabel zum Ernten der Kartoffeln • 1 Gartenschere zum Ernten von Zucchini • 1 Schubkarre für Kartoffeln und große Zucchini • 1 Erntekorb für kleine Zucchini

1 Hast du die Knollen vorgekeimt wie auf Seite 39 beschrieben? Dann trage sie mit dem Karton zum Beet. Pass auf, dass die Keime nicht abbrechen. Rechts und links neben der Erbsenreihe machst du jeweils eine flache Grube. Halte dabei zu den Erbsen etwa eine Schrittlänge Abstand. In jede Grube legst du eine Kartoffel mit den Trieben nach oben. Schaufle nun die Erde ringsherum so auf die Kartoffeln, dass ein Hügel von etwa 20 cm Höhe entsteht. Jetzt hast du noch zwei Kartoffeln übrig.

2 Aber erst säst oder pflanzt du die Zucchini. Dafür steckst du die beiden Samen handbreit nebeneinander in die Erde – etwa eine knappe Schrittlänge weg von den Kartoffeln und etwa eine Daumenlänge tief in den Boden. Ein bisschen Erde drüber und fertig.

3 Wenn du eine Zucchinipflanze hast, buddelst du ein Loch, das etwa so tief ist wie die Wurzeln der Pflanze lang. Nun die Zucchinipflanze so auf die Erde setzen, dass die Wurzeln gestreckt sind – am besten macht man das zu zweit: Einer hält die Zucchini, der andere schaufelt das Loch mit Erde zu. Sobald die Wurzeln bedeckt sind, nimmst du die Pflanze etwa an der Stelle, wo die Wurzeln beginnen und drückst sie fest in die Erde.

- Alle Pflanzen in deinem Dschungelbeet vertragen den ganzen Tag Sonne.
- Zucchini mögen Dünger im Gießwasser (Seite 217), Kartoffeln brauchen keinen Extradünger.
- Kartoffeln und Zucchini musst du nicht gießen.
- Zucchini kannst du ab Ende Juni ernten, Kartoffeln je nach Sorte (siehe Seite 229) von Anfang Juli bis Mitte Oktober.
- Kartoffeln kannst du im Ofen backen und mit Dips essen (Seite 232 bis 235), mit Zucchini machst du Hotdogs (Seite 225).

4 Nun wird mit Dünger gegossen, egal ob du Samen gesteckt oder eine Pflanze gesetzt hast. Schau auf Seite 217, wie das geht. Warum zwei Zucchinisamen, aber nur eine Pflanze? Weil nicht jeder Samen aufgeht.

5 Je kleiner die Früchte sind, desto besser schmecken sie; du kannst also schon 10 bis 20 cm lange Zucchini abschneiden.

6 Jetzt sind die beiden anderen Kartoffeln dran, die im Abstand von einer Schrittlänge neben die Zucchini kommen und zwar auf die Westseite des Beetes. Zucchini wachsen nämlich am liebsten Richtung Osten oder Süden. Deshalb haben die Kartoffeln im Westen genügend Platz.

?! Stecke einen Marker in die Erde, wo du die Frühkartoffeln gepflanzt hast, denn die kannst du zuerst ernten. Wenn du auch späte Kartoffeln gepflanzt hast, musst du mindestens warten, bis das Kraut ganz abgestorben ist und wie trockene Zweige auf dem Beet liegt. Besser gibst du noch zwei Wochen zu und erntest Anfang Oktober. Denn je länger späte Kartoffeln in der Erde bleiben, desto dicker wird die Schale und desto länger halten sie sich auch.

DIE KARTOFFELN VERSORGEN

Damit du möglichst viele Kartoffeln von einer Pflanze ernten kannst, musst du dich etwa alle zwei Wochen um sie kümmern.

HAUFEN MACHEN

Das Wichtigste: Die Knollen sollst du erst sehen können, wenn du sie erntest. Vorher müssen sie unsichtbar sein. Das heißt, ganz von Erde bedeckt. Denn Kartoffeln, die während des Wachstums aus dem Boden spitzen, werden grün und verderben. Deshalb muss man sie regelmäßig „anhäufeln", wie der Fachmann sagt. Das geht so: Sobald sich die ersten Kartoffelblättchen im Beet zeigen, nimmst du den Bügeljäter und schiebst so viel Erde um die Blättchen, dass sie schön warm eingepackt sind. Das ist auch deswegen gut, weil Mitte Mai und Anfang Juni die Nächte noch mal richtig kalt werden können. Das Erdeschieben wiederholst du, sobald das Kartoffelkraut höher wächst: Die Stängel sollen immer bis zu einem Drittel ihrer Höhe mit Erde bedeckt sein. Im Lauf der Wochen wird der Kartoffelhügel immer höher und die Knollen (die du natürlich noch nicht siehst!) immer mehr. Denn Kartoffelpflanzen wollen sich geradezu in der Erde suhlen, damit sie viele Knollen bilden können.

JÄTEN GEHT GANZ NEBENBEI

Mit deinem Bügeljäter rückst du auch den Pflanzen zu nahe, die den Kartoffeln zu nahe kommen. Vor allem Gänsefuß, Vogelmiere, Disteln, Hahnenfuß und Hirtentäschel mögen Kartoffelbeete sehr gerne, weil da so viele Mineralstoffe zu holen sind. Damit die Mineralstoffe aber in die Kartoffeln wandern (und später in deinen Bauch), musst du die anderen Pflanzen immer wieder entfernen. Der Bügeljäter kappt diese Pflanzen knapp über den Wurzeln, sodass sie zunächst nicht weiter wachsen. Wenn du regelmäßig „bügeljätest", wachsen sie gar nicht mehr weiter und deine Kartoffeln werden groß und schön.

KARTOFFELKÄFER

Wenn du Kartoffeln zum ersten Mal anbaust, kommen vermutlich noch keine Kartoffelkäfer. Falls doch, schlag nach auf Seite 68.

BRAUN GEWORDEN

Sobald die Kartoffelpflanzen etwa Mitte Juli groß und erwachsen sind, welken sie auch schon. Ursache ist ein Pilz, den du nicht sehen kannst, weil er so winzig ist. Er zeigt sich nur durch braune Flecken an den Blättern der Kartoffeln, die sich immer weiter ausbreiten, bis das saftige Grün schließlich zum unansehnlichen Braun geworden ist. Lass dich davon nicht beirren und schiebe weiter Erde auf die Kartoffeln. Je höher der Hügel, desto langsamer kommt der Pilz nämlich voran. Denn er wandert von den Blättern allmählich in die Erde und befällt leider auch die Knollen: Sie sind dann weich und riechen ziemlich eklig. Doch die meisten Knollen bleiben heil, wenn du immer fleißig gehäufelt hast.

ZUCCHINI-HOTDOGS

Für 4 Hotdogs brauchst du: 4 kleine, junge Zucchini (ungefähr so dick wie ein Frankfurter Würstchen) • 2 EL Öl • 1 Handvoll gemischte Kräuter (Petersilie, Zitronenmelisse, Borretsch, Rucola oder was du sonst im Minibeet angepflanzt hast) • 150 g Frischkäse • 4 längliche Weizenbrötchen • 4 Scheiben gekochten Schinken • 4 dünne Scheiben Gouda • je 2 EL Remouladensauce und Tomatenketchup (aus dem Glas oder selbst gemacht; schau nach auf Seite 232)

1 Den Backofen auf 200 °C Ober-/Unterhitze (oder 180 °C Umluft) vorheizen. Zucchini waschen und abtrocknen. Stiel- und Blütenansatz entfernen. In einer Pfanne das Öl erhitzen und die Zucchini darin bei mittlerer Hitze rundherum goldbraun anbraten.

2 Die Kräuter waschen und trocken tupfen. Blätter von harten Stielen zupfen. Auf einem Arbeitsbrett ganz fein schneiden. Die Kräuter mit dem Frischkäse mischen. Die Brötchen längs aufschneiden und die unteren Brötchenhälften damit bestreichen.

3 Die Zucchini zuerst in die Schinkenscheiben, dann in die Käsescheiben wickeln und drauflegen. Mit den oberen Brötchenhälften abdecken.

4 Jeden Zucchini-Hotdog locker in Alufolie packen; dabei die Folie oben nicht ganz schließen. Hotdog-Päckchen auf dem Rost in den heißen Backofen auf die mittlere Schiene schieben und etwa 10 Minuten backen, bis der Käse geschmolzen ist. Heiß aus dem Ofen mit Remouladensauce und Ketchup servieren.

Dazu schmeckt Tomatensalat!

Knusprige Zucchiniblüten mit Gurkendip

Für 4 Portionen brauchst du: GURKENDIP 400 g türkischer oder griechischer Joghurt (10 % Fett) • 1 Knoblauchzehe (wenn du magst) • 1 kleine Gurke • 4–5 Pfefferminzblättchen • Salz, Pfeffer **ZUCCHINIBLÜTEN** 8 große Zucchiniblüten • 1 Ei • 100 g Mehl • ½ TL Salz • 125 ml Milch • Öl zum Frittieren

1 Den Joghurt in eine Schüssel geben. Knoblauch schälen und durch die Knoblauchpresse in den Joghurt drücken. Die Joghurtmischung mit dem Schneebesen aufschlagen. Die Gurke waschen und in den Joghurt raspeln. Die Pfefferminze waschen, trocken tupfen, die Blättchen fein zerkleinern und ebenfalls zugeben. Alles unterrühren und mit Salz und Pfeffer abschmecken. Den Dip zugedeckt in den Kühlschrank stellen, bis die Zucchiniblüten fertig sind.

2 Die Zucchiniblüten waschen und innen und außen sehr gut trocken tupfen. Im Innern der Blüte sitzt wie eine kleine gelbe Quaste die Narbe mit den Staubgefäßen. Die zwickst du mit einer Pinzette oder Schere ab.

3 Das Ei am Schüsselrand anschlagen und in zwei Hälften teilen. Nun Eigelb und Eiweiß trennen (schau auf Seite 146 wie das genau geht). Das Eiweiß mit einem Teelöffel kaltem Wasser in einer Schüssel mit dem Rührgerät kräftig aufschlagen, sodass es weiß und steif wird. Das Eigelb in einer Schüssel mit Mehl, Salz und Milch glatt rühren. Den Eischnee untermischen.

4 In eine Pfanne mit hohem Rand etwa 3 cm hoch Öl einfüllen. Das Öl erhitzen. Die Zucchiniblüten nacheinander in den Teig tauchen und im heißen Öl etwa 2 Minuten frittieren, bis sie eine zartbraune Kruste haben. Auf Küchenpapier kurz abtropfen lassen. Heiß mit dem kalten Dip servieren.

TIPP
Schau dir die Zucchinipflanze genau an: Sie trägt zwei verschiedene Blüten. Die großen mit kurzem Stiel sind weibliche Blüten. Daran entwickelt sich die Zucchinifrucht. Du kannst zum Backen und Essen aber auch die kleineren männlichen Blüten mit langem Stiel nehmen. Am besten schmecken sie, so lange sie noch nicht ganz geöffnet sind.

KARTOFFELSÄCKE

Die Vorstufe zu Pommes sind Kartoffeln. Und die wachsen auf dem Acker. Aber nicht alle. Ein paar wachsen nämlich in Säcken. Bei dir auf dem Balkon oder der Terrasse.

APRIL BIS AUGUST

Du brauchst: Platz auf Balkon oder Terrasse (etwa 2 m²) • 5 Kartoffeln • 5 Jutesäcke oder 5 Pflanzsäcke (à 40 l Inhalt) oder 5 hohe Töpfe (Durchmesser ca. 35 cm) • etwa 200 l Bio-Universalerde ohne Torf • 1 Handschaufel • 1 Paar Gartenhandschuhe • 1 mittelgroße Gießkanne • 1 Erntekorb

> **?!** Pflanzsäcke aus **Plastik** sind stabil, **Jutesäcke** preiswert. Beide eignen sich gut für Frühkartoffeln, die du schon im Juli ernten kannst. Spätere Sorten fühlen sich in dunklen Pflanzsäcken nicht so wohl, weil sich die Säcke in der Sommerhitze ordentlich aufheizen. Helle Pflanzsäcke und weiße Reissäcke sind auch für späte Kartoffeln okay, kosten aber mehr und sind schwieriger zu bekommen.

1 Kartoffeln zum Selbstpflanzen bekommst du ab April im Gartencenter. Wenn du nicht die üblichen Sorten möchtest, sondern welche, die keiner von deinen Freunden kennt, kannst du dich im Internet informieren: einfach das Suchwort „Pflanzkartoffeln" eingeben. Da findest du zum Beispiel blaue Kartoffeln oder Sorten, die seit mehr als hundert Jahren angebaut werden. Im Anhang auf Seite 287 stehen auch Adressen.

2 Bei Jutesäcken krempelst du den oberen Rand um, bis ein stabiler Wulst entstanden ist – wie bei deinem Sweatshirt, wenn du jetzt gleich mit den Händen im Beutel mit der Gemüseerde buddelst. Plastikpflanzsäcke kannst du gleich so verwenden.

3 Für jede Kartoffel füllst du einen Sack zu etwa einem Drittel mit Erde. Eine Mulde in die Erde machen, in jeden Sack eine Kartoffel legen und etwa drei Finger hoch mit Erde bedecken. Vorsicht, wenn die Kartoffel schon Keime hat (schau nach auf Seite 74): Sie sollen nicht abbrechen. Jetzt ein wenig gießen – die mittelgroße Gießkanne reicht für alle Säcke.

Frühkartoffeln können sonnig stehen, denn bis die große Sommerhitze kommt, sind sie schon reif zum Ernten. Deshalb eignen sich Ost-, Süd- und Westbalkon.

Du musst die Kartoffeln nicht düngen, im Gegenteil: Mit zu viel Dünger kriegst du nicht mehr Knollen – es bilden sich mehr Blätter. Und die Knollen können eklig schmecken.

In Säcken oder Töpfen müssen Kartoffeln jeden Tag gegossen werden. In den drei ersten Wochen reicht eine Gießkanne Wasser. Danach brauchen die Kartoffeln zwei Kannen.

Mitte Juli kannst du die meisten Frühkartoffeln ernten, obwohl die Blätter noch grün und saftig sind. Manche Sorten sind auch schon früher reif – vor allem, wenn du vorgekeimte Knollen gepflanzt hast. Wenn die Knollen so groß ist wie deine Faust sind, ist Erntezeit.

Ofenkartoffeln mit grüner Sauce und Dips zu Grillkartoffeln (Seite 232 bis 235). Quark mit Fensterbankgemüse (Seite 116) schmeckt zu Kartoffeln auch.

4 Du brauchst nun mindestens eine Woche Geduld, bis die ersten Kartoffelblättchen aus der Erde spitzen. Und noch mal eine Woche Geduld, bis du was tun kannst. Sobald das Grün etwa 10 cm hoch ist, schaufelst du so viel Erde aus dem Beutel in den Sack rund um die Pflanze, dass die Stängel nicht mehr zu sehen sind. Das wiederholst du so lange, bis die Säcke voll sind.

5 Weil eine Kartoffel nur gut wächst, wenn sie anfangs eine Handbreit unter der Erde liegt, kommt die Erde erst nach und nach dazu. Doch die Knollen dürfen auch nicht aus der Erde lugen, sonst werden sie grün und verderben. Deshalb füllst du den Sack so langsam mit Erde auf, wie die Pflanze wächst. Auf dem Beet macht man dafür einen Erdhügel (schau nach auf Seite 223).

So viele Kartoffeln!

Im Sack bildet eine Pflanzkartoffel sechs bis zehn Knollen, die unterschiedlich groß wachsen. Es hat übrigens keinen Sinn, gleich zwei oder drei Kartoffeln in einen Sack zu pflanzen – die Ernte wird dadurch nicht größer, aber die Knollen bleiben kleiner. Am besten gedeihen sie in einem Kartoffelsack aus Jute, den es preiswert zu kaufen gibt. Nachteil: Wenn die Kartoffeln reif sind, ist es der Sack manchmal auch – häufiger benützte Säcke werden brüchig und können bei der Ernte reißen. Deshalb die Knollen vorsichtig herausholen, damit die Erde nicht auf der Terrasse landet.

FÜNF KARTOFFELN KAUFEN?

Geht kaum anders, wenn du zum ersten Mal anbaust. Hier ein paar Vorschläge:

1 Du kaufst im Frühjahr Pflanzkartoffeln, die ab 1 kg angeboten werden. Fünf Kartoffeln behältst du selbst, den Rest verschenkst du an einen anderen Kartoffelbauern. Für den Anbau im zweiten Jahr legst du aus deiner eigenen Ernte fünf Kartoffeln bis zum Frühjahr zurück.

2 Du kaufst im Herbst Speisekartoffeln bei einem Online-Versand oder beim Biobauern. Fünf Kartoffeln legst du für den Anbau zurück, den Rest isst du auf – dann kannst du dich gleich auf deine eigene Ernte freuen.

3 Deine Eltern kaufen beim Biobauern auf dem Wochenmarkt oder im Hofladen ein? Dann geh zu ihm und bitte ihn um deine fünf Kartoffeln.

4 Auf Wochenmärkten findest du im Herbst meist einen Stand mit Kartoffeln. Kaufe ein Kilo und frage nach, ob sich die Kartoffeln auch als Pflanzkartoffeln fürs Frühjahr eignen.

5 Immer mehr, vor allem ältere Leute, bauen selbst ein paar Kartoffeln im Garten an. Frag mal deine Freunde, ob Oma und Opa ... du wirst vielleicht staunen.

Wie gesagt: Für den zweiten Anbau im nächsten Jahr brauchst du keine Kartoffeln mehr zu kaufen, sondern nimmst Knollen aus der eigenen Ernte. Wenn du aber jetzt unter die Kartoffelbauern gegangen bist und neue Sorten ausprobieren willst ... ja, dann fang wieder an bei Punkt eins der Vorschläge.

Hast du von einer Sorte erfahren, die du unbedingt probieren möchtest, aber nicht bei den Pflanzkartoffeln findest? Dann schau im Internet unter dem Stichwort „Speisekartoffeln" nach. Dort findest du auch Kartoffelsorten, die in der Landwirtschaft nicht angebaut und deshalb nicht als „Pflanzkartoffeln" verkauft werden. Als Speisekartoffeln werden sie aber verkauft – auch für den Anbau in deinem Garten.

UND KARTOFFELN AUS DEM SUPERMARKT?

Die kannst Du leider nicht einpflanzen, weil diese Kartoffeln zum Verkaufen sehr oft mit einem Mittel behandelt werden, das die Keimung hemmt. Was das heißt? Es verhindert, dass aus den „Augen" der Kartoffeln neue Triebe wachsen. An diesen Trieben hängen dann nach einigen Wochen die jungen Kartoffeln – das wirst du sehen, wenn du deine Kartoffeln vom Beet erntest.

Die sogenannten „Keimhemmer" sind für uns nicht schädlich, wenn man Kartoffeln vor der Zubereitung gründlich wäscht. Aber solche Kartoffeln kann man eben nicht zum Anbauen nehmen.

231

REMOULADENSAUCE

Für 6 Portionen brauchst du: 2 Eigelb (ganz, ganz frisch!) • 1 EL Zitronensaft • 1 TL scharfen Senf • 200 ml neutrales Öl (z. B. Rapsöl, Sonnenblumenöl oder Distelöl) • 100 g Joghurt (1,5 % Fett) • 1 kleine Zwiebel • 1–2 mittelgroße Gewürzgurken • 1–2 EL Kapern • Salz, Pfeffer

1. Das Eigelb mit dem Zitronensaft, Senf, Salz und Pfeffer mit dem elektrischen Handrührgerät verrühren. Das Öl zuerst tropfenweise, dann in dünnem Strahl zugießen und rühren, bis eine dicke Mayonnaise entstanden ist. Den Joghurt unterrühren. Die Zwiebel schälen, die Gewürzgurken abtropfen lassen. Beides sehr klein würfeln. Mit den Kapern unter die Mayonnaise mischen.

TIPP

Die Remouladensauce und alle Varianten kannst du nur mit frischem Eigelb zubereiten, wenn du sie gleich servieren willst. Sonst nimmst du zwei gekochte Eier, halbierst sie, löst die Eigelbe heraus und rührst die Mayonnaise damit an.

SCHNITTLAUCH-TOMATEN-DIP

Für 6 Portionen brauchst du: 200 g Crème fraîche • 200 g Joghurt (1,5 % Fett) • 1 Bund Schnittlauch (etwa so dick wie dein Zeigefinger) • 2 reife längliche Tomaten • 1 Messerspitze Zucker • Salz, Pfeffer

1. Die Crème fraîche mit dem Joghurt verrühren. Den Schnittlauch und die Tomaten waschen und trocken tupfen. Schnittlauch in feine Röllchen schneiden, Tomaten in kleine Würfel schneiden. Beides unter die Creme rühren. Den Dip mit Salz, Pfeffer und Zucker würzen.

TIPP

Die Dips passen zu Gemüsesticks, zu Grill- oder Ofenkartoffeln und zu den Zucchini-Hotdogs.

GURKENJOGHURT MIT DILL

Für 6 Portionen brauchst du: 2 Handvoll Dillblättchen und möglichst auch einige Blüten • 1 mittelgroße Gurke • 400 g türkischen oder griechischen Joghurt (10 % Fett) • 1 Messerspitze Zucker • Salz, Pfeffer

1. Den Dill waschen und trocken tupfen. Die Gurke ebenfalls waschen oder schälen, anschließend grob raspeln. Mit Joghurt und Dill – und den Dillblüten, wenn du welche gepflückt hast – mischen. Mit Salz, Pfeffer und Zucker würzen.

BASILIKUMCREME

Für 6 Portionen brauchst du: 2 EL Pinienkerne • 4 Handvoll Basilikumblättchen • 300 g Doppelrahmfrischkäse • 2 EL saure Sahne • Salz, Pfeffer

1. Die Pinienkerne in einer Pfanne ohne Fett bei mittlerer Hitze rösten, bis sie leicht gebräunt sind. Achtung: Die Pinienkerne verbrennen leicht. Deshalb immer umrühren und auf die Hitze achten, eventuell reduzieren. Die Kerne aus der Pfanne auf einen Teller geben, sonst könnten sie in der heißen Pfanne zu dunkel werden.

2. Das Basilikum waschen, trocken tupfen und fein zerkleinern – das geht am besten auf einem großen Brett mit dem Wiegemesser. Den Frischkäse mit der sauren Sahne verrühren, bis die Creme geschmeidig ist. Pinienkerne und Basilikum untermischen und mit Salz und Pfeffer würzen.

233

OFENKARTOFFELN mit grüner Sauce

Für 6 Portionen brauchst du: 5–6 Salbeizweige • 12 mittelgroße Kartoffeln • 3 EL Olivenöl • 1 Ei • 2 Handvoll gemischte Kräuter • 100 g Schmand • 200 g Joghurt • Salz, Pfeffer

1 Den Backofen auf 220 °C Ober-/Unterhitze (oder 200 °C Umluft) vorheizen. Den Salbei waschen, trocken tupfen und die Blätter abzupfen. Unzerkleinert auf einem mit Backpapier ausgelegten Backblech verteilen.

2 Die Kartoffeln waschen und dabei gründlich bürsten, damit alle Erdreste entfernt werden. Der Länge nach halbieren und mit den Schnittflächen nach unten auf den Salbei legen. Mit Salz und Pfeffer würzen, mit dem Olivenöl beträufeln und in den heißen Backofen auf die mittlere Schiene schieben. In etwa 30 Minuten weich backen.

3 Das Ei in kochendes Wasser geben und in 8 Minuten hart kochen. Aus dem Wasser nehmen, abschrecken, etwas abkühlen lassen und pellen. Kräuter waschen, trocken tupfen, fein zerkleinern und in eine Schüssel geben. Das Ei fein hacken und zu den Kräutern geben. Schmand und Joghurt zufügen, umrühren und mit Salz und Pfeffer würzen. Die grüne Kräutersauce zu den heißen Kartoffeln servieren.

TIPP

Gebackener Salbei schmeckt einfach toll würzig. Nimm mal eines der mitgebackenen Blättchen zwischen die Zähne und kaue darauf herum.
Was merkst du? Bestimmt, dass du mehr Spucke im Mund hast. Das machen bestimmte ätherische Öle im Salbei: Sie regen den Speichelfluss an; dein Körper geht davon aus, dass es was Gutes zu essen gibt.
Magst du das starke Aroma? Dann kannst du Salbeitee trinken, wenn du erkältet bist. Salbei enthält nämlich auch ätherische Öle, die Halsentzündung heilen und gegen Bakterien und Viren wirken. Früher, als es noch keine Zahnpasta gab, hat man sich Zähne und Zahnfleisch mit Salbeiblättern abgerieben. Weil Salbei so gesund ist, trägt er seinen Namen: Botaniker und Ärzte nennen ihn „Salvia" vom lateinischen Wort „salvare" für „heilen".

KRÄUTERMALKASTEN

Sicher hast du es schon gesehen: Kräuter blühen wie Blumen und zwar ziemlich bunt und üppig. Leg dir doch selbst einen Kräutermalkasten auf der Terrasse oder dem Balkon an.

ANFANG MAI BIS OKTOBER

Du brauchst: 8 rechteckige Blumentöpfe (18 cm lang, 18 cm breit und 23 cm hoch) • 20 l Kräutererde • 1 Samentütchen Borretsch • 1 Samentütchen rote Kapuzinerkresse • 1 Samentütchen glatte oder krause Petersilie • 1 Sprühflasche • je 1 Pflanze Oregano, Lavendel und Salbei • 1 mittelgroße Gießkanne • Pflasterfarben oder bunte Folien in den Farben hellblau, gelb, rot, weiß, lila, grün, dunkelrosa, dunkelblau • 1 Samentütchen Senf • 1 Samentütchen Koriander • 1 Samentütchen Kerbel

1. Nimm drei Blumentöpfe und fülle sie mit Erde. In den ersten Topf legst du 3 Samen vom Borretsch. In den zweiten Topf legst du 2 Samen von roter Kapuzinerkresse. In den dritten Topf gibst du so viele Petersiliensamen, wie du zwischen Daumen und Zeigefinger halten kannst.

2. Drücke alle Samen so in die Erde, dass sie davon bedeckt sind. Dann füllst du die Sprühflasche mit Wasser und besprengst die Samen. Stelle die Töpfchen an ein sonniges Fenster. Du brauchst nun etwa vier Wochen Geduld, bis die Samen aufgegangen und Pflänzchen daraus gewachsen sind.

3. Gleich, nachdem du gesät hast, geht die Arbeit schon weiter: Besorge dir die Pflänzchen von Organo, Lavendel und Salbei im Gartencenter oder bei einem Kräutergärtner. Die Töpfchen, in denen du die Kräuter gekauft hast, werden den Pflanzen rasch zu klein. Deshalb topfst du sie jetzt gleich um (schau auf Seite 67). Fülle vier Blumentöpfe zur Hälfte mit Erde. Nimm zuerst den Oregano aus seinem Topf und vergiss nicht, Erde und Wurzeln zu lockern. Setze den Oregano auf die Erde, verteile Erde aus dem Beutel um die Pflanze und drücke sie mit beiden Händen fest in den Topf. Sicher ist der Topf noch nicht ganz voll? Okay, gib noch Erde zu, bis etwa fingerbreit unter den Rand des Topfes. Genauso pflanzt du jetzt Lavendel und Salbei in zwei weitere Töpfe.

4. Gießen nicht vergessen – das kannst du mit der Gießkanne machen, weil die Kräuterpflänzchen fest in der Erde sitzen. Samen dagegen könnten mit einem tüchtigen Guss aus der Kanne wieder aus der Erde geschwemmt werden. Stelle die Töpfe mit den Kräutern auf die Terrasse oder den Balkon, damit sie sich gleich gemütlich in der frischen Luft einrichten können.

 Alle Pflanzen mögen Sonne bis nachmittags. Ideal ist die Süd-Ost-Ecke der Terrasse oder ein Süd-Ost-Balkon. Wenn du nur einen total sonnigen Platz hast, spannst du im Sommer ab drei Uhr nachmittags den Sonnenschirm auf.

 Düngen ist nicht notwendig, denn Kräutererde enthält genügend Nährstoffe.

 Borretsch, Kapuzinerkresse, Senf, Petersilie, Koriander und Kerbel musst du jeden Tag ein bisschen gießen. Die anderen Pflanzen brauchen nur alle drei Tage Wasser.

 Ernten kannst du den ganzen Sommer über. Pflücke nur die Blätter nicht ratzekahl ab, dann treiben die Pflanzen immer nach.

 Tomaten mit Kräuterquark und Salat (Seite 242), Ofenkartoffeln mit grüner Sauce (Seite 234) und Apfelkompott mit Salbei (Seite 243).

5 Die anderen Samen kommen später dran, weil die sehr schnell keimen. Weiter geht es deshalb mit dem Malkasten. Hole dir deinen Malkasten und markiere die Farben auf der Terrasse oder dem Balkon: Auf jede Farbe stellst du später die Pflanze, die in dieser Farbe blüht. Lege die Folien wie im Malkasten aus. Oder bemale die Platten mit Pflasterfarbe (sprich aber bitte zuerst mit deinen Eltern).

6 Stelle alle Pflanzen auf und neben das grüne Feld. Jetzt wird es spannend wie beim Adventskalender. Wann blüht das erste Kraut? In welcher Farbe? Was bleibt grün?

7 Wieder brauchst du ein paar Tage Geduld. Vergiss nicht, zu gießen: die Samen täglich mit der Sprühflasche, die Pflanzen alle zwei Tage mit der Gießkanne. Sobald eine Pflanze blüht, kannst du sie vom grünen Feld auf ihre Farbe stellen.

8 Mitte Mai sähst du den Rest der Pflanzen: Fülle die beiden restlichen Töpfe mit Erde. In den ersten streust du 1 TL voll Senfsamen. In den zweiten kommen 4 Koriandersamen und so viele Kerbelsamen wie du zwischen Daumen und Zeigefinger halten kannst. Krümele etwas Erde über die Samen und drücke sie fest, aber nicht zu doll! Nun mit der Sprühflasche gießen und nach draußen stellen.

BIORHYTHMUS DER KRÄUTER

Kräuter pflückst du am besten am Vormittag, wenn der Tau gerade eben von der Sonne oder einem lauen Lüftchen abgetrocknet worden ist. Denn in der Morgendämmerung beginnen die Pflanzen, die ätherischen Öle freizusetzen – als Abwehr gegen Störenfriede.

Tagsüber kommen ja Insekten zu den Kräutern; manche sind erwünscht, weil sie die Pollen aus den Blüten transportieren und für die Vermehrung sorgen. Aber viele andere gehen den Pflanzen schwer auf die Nerven: Weil sie an den Blättern saugen oder Eier darauf legen, aus denen die Insektenlarven schlüpfen und die Blätter anknabbern.

Aber für uns sind die ätherischen Öle genau das tolle Aroma, das wir an Kräutern so mögen. Im Laufe des Tages machen die Pflanzen zwar weiter mit der Ölproduktion. Doch je wärmer es wird, desto mehr verdunstet, und nachmittags sind die Kräuterblätter nicht mehr so aromatisch wie am Morgen.

?!

Und wie geht es weiter?
Im Sommer ist dein Malkasten sicher schön bunt. Schreibe dir auf, in welcher Farbe die Pflanzen blühen. Eine bleibt grün – welche?

Wenn Borretsch, Koriander, Senf und Kerbel im Herbst verblüht sind, bilden sich allmählich Samen. Pflücke die welken Blüten ab und lege sie auf kleinen Tellern in die Sonne. Sobald die Blüten vertrocknet sind, kannst du die Samen herauspulen. Lasse sie noch liegen, bis sie ganz trocken sind. Gib sie in kleine Schraubgläser und beschrifte die Gläser. Im nächsten Jahr musst du keine Samen mehr kaufen.

Ab in den Garten
Salbei, Oregano und Lavendel kannst du in ein Blumenbeet im Garten pflanzen. Die Pflanzen werden dann noch größer und blühen viel üppiger. Hast du selbst ein Beet? Okay, dann setze die Kräuter spätestens Mitte Oktober in die Erde – wie man das macht, steht auf Seite 67. Jetzt musst du so kräftig gießen, dass die Erde um die Pflanzen richtig schlammig wirkt. Bevor der erste Frost kommt (schau dir den Wetterbericht im Internet an), deckst den Boden um die Pflanzen mit einer dicken Schicht Laub ab und legst noch zwei oder drei Fichtenzweige über das Laub, damit es nicht weggepustet wird. Im Frühling musst du nur die Zweige entfernen: Das Laub ist Dünger und kann liegen bleiben.

MEDIZIN AUS DEM GARTEN

PFLANZEN STATT PILLEN

Na klar ist Gemüse gesund – das hörst du ja ständig. Aber so einfach ist das nicht: Viele Kräuter, Gemüse, Früchte und Blumen können wie Medizin wirken. Sicher hast du schon Kamillentee getrunken, wenn du dir den Magen verdorben hast. Vielleicht gibt Deine Mutter dir Arnikakügelchen, wenn du dir wehgetan hast? Arnika ist eine Blume. Oder sie streicht Ringelblumensalbe auf den dicken Knöchel, den du dir beim Fußballspielen verrenkt hast. Auch Ringelblume ist eine Blume zum Heilen. Sieh sie dir an: Auf Seite 140 blühen sie im Beet, das Annika, Julius, Tommy und Anna angelegt haben. Thymian steckt in vielen Hustensäften, weil das Kraut gegen Bronchitis hilft. Löwenzahn heißt in Frankreich „pissenlit". Kannst du rausfinden, warum? Nimm das Wort auseinander und schau in deinem Französischlexikon nach.
Oder natürlich im Internet.

KÖCHE ALS ÄRZTE

Vor allem Kräuter, doch auch Gemüse und Obst waren jahrtausendelang so kostbar, dass man sie eingehend erforscht und dokumentiert hat. Diese „Produktinfos" dienten selbstverständlich nicht dem qualitätsbewussten Einkauf fürs nächste Weihnachtsessen, sondern wurden von Ärzten, Apothekern und Köchen als Lehrbücher genutzt. Eines dieser Bücher erschien 1474 und gilt als das erste gedruckte Kochbuch.
Denke jetzt aber nicht an ein modernes Kochbuch mit lauter Rezepten. Der Autor, Battista Platina (eigentlich hieß er Bartolomeo Sacchi), wurde 1421 bei Cremona geboren und starb 1481 in Rom. Er war kein Koch, sondern Gelehrter und Bibliothekar. Er stellt in seinem Buch alle Lebensmittel vor, die man zum Kochen braucht und geht ausführlich auf ihre Wirkung ein: „Mäßig genommen, reinigt es den Bauch und vertreibt die Galle", schreibt er zum Beispiel über Kresse. Das heißt, Kresse ist gut für die Verdauung. Stimmt: Brunnenkressesaft als Verdauungshilfe kannst du kaufen. Platina schreibt natürlich auch viele Rezepte zum Nachkochen auf: Gebackene Holunderblüten zum Beispiel (der Tipp dazu steht auf Seite 146) oder Kräutertorte, die so ähnlich klingt wie der Brokkolikuchen auf Seite 164. Dazwischen findet man immer wieder Pflanzenmedizin: „Nimm Knoblauch und Fenchel ... zerreibe sie mit frischem Agrest, seihe es durch." Agrest ist unreifer Traubensaft, den man damals wie Essig verwendet hat. Dieser Saft, so Platina, hilft gegen Blähungen.
Tja, ein fürstlicher Küchenchef der Renaissance war eben auch für das Wohlbefinden seines Arbeitgebers verantwortlich. Genau wie einst der chinesische Arzt, der nur bezahlt wurde, solange es seinem Patienten gut ging. Denn wenn der Mensch krank wurde, hatte der Arzt einen Fehler gemacht.

SO VIELES STECKT IN NUR EINER PFLANZE

FORSCHEN STATT FUTTERN

Die Heilwirkung von Pflanzen wird immer weiter erforscht. Doch so brandneu die Forschungen sind, es steckt viel Tradition dahinter: In den Kulturen der Alten und der Neuen Welt waren Pflanzen ein Fundament von gesunder Ernährung und von Heilkunde – einfach, weil es zum Heilen eben nur Pflanzen gegeben hat.

Deshalb sprechen die Naturwissenschaftler und Ärzte vergangener Zeiten nur von der medizinischen Wirkung. Dass Obst, Gemüse und Kräuter auch so gut schmecken, wird meistens überhaupt nicht erwähnt. Hippokrates (etwa 460–370 vor Christus), einer der berühmtesten Ärzte aller Zeiten, nahm etwa 200 Heilpflanzen in seine Schriften auf. Der römische Naturwissenschaftler Plinius, der im Jahr 79 nach Christus beim Ausbruch des Vesuvs ums Leben kam, beschrieb in seinem mehrbändigen Werk „Naturkunde" alle Heilwirkungen von Gemüse, Obst, Wild- und Gartenkräutern, die damals bekannt waren. Die Bücher von Plinius sind toll zum Schmökern, du kannst zum Beispiel dort auch nachlesen, wie du Wein oder Oliven anbaust.

Kannst du dir vorstellen, wie spannend Kräutermedizin ist? Wenn wir begreifen, was in der Natur abläuft, können wir uns auch helfen lassen. Teamwork nennt man das. Nichts anderes macht der schlaue Gärtner!

ERDIGE APOTHEKE

Ohne Proteine, Kohlenhydrate und Fett geht bei den Pflanzen schon mal gar nichts. Deswegen heißen die drei auch Primärstoffe. Und bei uns geht ohne die drei auch nix, weil wir davon leben.

Kohlenhydrate kriegen wir nur von Pflanzen (zum Beispiel Kartoffeln, Reis und Getreide). Fett kriegen wir auch aus Pflanzen – denn alle Pflanzenöle sind, wie der Name es sagt, aus Pflanzen gewonnen (denk an Oliven-, Raps- oder Sonnenblumenöl).

Dazu kommen die Sekundärstoffe. Pflanzen brauchen sie, um sich zu verteidigen. Zum Beispiel bittere Stoffe, die du in Endiviensalat schmecken kannst. Tiere mögen das nicht und lassen die Pflanze deshalb in Ruhe. Uns helfen diese Stoffe auch bei der Verdauung, weil sie die Gallenblase dazu anregen, sich zusammenzuziehen und Gallenflüssigkeit abzugeben.

Sekundärstoffe braucht die Pflanze auch, um sich zu vermehren: Gelbe Blüten (Flavonoide) locken Insekten zur Bestäubung an. Rote Kirschen (Anthozyane) sind bei Vögel außerordentlich beliebt, und da sie die Kerne nicht gleich ausspucken wie wir, tragen sie zur Verbreitung bei.

Was du wie frische Luft in Pfefferminze schmeckst, ist Menthol, ein ätherisches Öl (schau dir den Kasten über Salbei auf Seite 235 an). Es gehört zu den Terpenen, die auch als Aromastoffe in Lebensmittel gepackt werden: In Pfefferminzschokolade zum Beispiel, sind keine Pfefferminzblätter, sondern nur das Aroma von Menthol. Eine ganz fiese Gruppe dieser Terpene (die Steroide) tun so, als seien sie Hormone und stören damit die Entwicklung bestimmter Insekten. Auch beliebt: Sitzt eine Raupe auf dem Mais, sendet die Pflanze Alarmsignale aus. Wenn der Mais Glück hat, hat die Raupe Pech. Denn durch Signale kommen hungrige Räuber in Insektenform und verspeisen die Raupe.

TOMATEN MIT KRÄUTERQUARK UND SALAT

Für 4 Portionen brauchst du: 200 g Sahnequark (40 % Fett) • 2–3 EL Crème fraîche • 1 Kopfsalat • 3 EL zerkleinerte Kräuter (die du gerne magst, in den Quark passt jedes Kraut) • 4 große Tomaten • 1 Prise Zucker • 1 TL Olivenöl • Salz, Pfeffer

1 Quark und Crème fraîche in einer Schüssel verrühren. Den Salat putzen, waschen und in der Salatschleuder trocken schleudern. Mit den schönen äußeren Blättern vier Portionsteller oder eine große Platte auslegen. Die helleren, inneren Blätter in mundgerechte Stücke zupfen und auf die grünen Blätter legen. Die Salatherzchen und die Kräuter zur Quarkmischung geben.

2 Die Tomaten waschen, abtrocknen und jeweils einen „Deckel" abschneiden. Das Fruchtfleisch mit einem Löffel herausholen, fein zerkleinern und ebenfalls zum Quark geben. Alles mischen, mit Salz, Pfeffer, Zucker und Öl kräftig würzen. Die Tomaten auf den Salat setzen, mit der Quarkmischung füllen und die „Deckel" wieder aufsetzen.

TIPP

Du kannst die Tomaten einfach so essen oder Brot oder Pellkartoffeln dazu servieren. Wenn du beim Essen die Tomaten aufschneidest, läuft etwas Quark heraus. Durch den Saft der Tomaten ist daraus ein Dressing für die Salatblätter geworden.

APFELKOMPOTT MIT SALBEI

Für 6 Portionen brauchst du: 4 große oder 6 kleine Äpfel • 4–5 Salbeistängel • 1 EL Butter • Schale von 1 Bio-Zitrone • 125 ml Apfelsaft • 50 g Zucker • 2–3 EL Korinthen (wenn du magst) • 1 TL Olivenöl • Salz, Pfeffer

1. Die Äpfel vierteln, schälen, vom Kerngehäuse befreien und in kleine Stücke schneiden. Den Salbei waschen, trocken tupfen und die Blätter abzupfen.

2. Die Butter in einem Topf erhitzen, Äpfel und Salbei darin unter Rühren kurz schmoren. Von der Zitrone einen Streifen Schale abschneiden (ohne das Weiße). Den Apfelsaft und die Zitronenschale zu den Äpfeln geben, aufkochen und etwa 10 Minuten gerade eben weich garen. Den Zucker (und wer mag auch die Korinthen) untermischen. Lauwarm servieren.

TIPP Du kannst das Kompott als Dessert mit Eis essen oder zu Pfannkuchen. Außerdem schmeckt es zu Kartoffelgratin oder Kartoffelpüree mit Bratwürsten.

Garten in der Ritterburg

MAI BIS OKTOBER

Haben die alten Ritter Schnitzel mit Bratkartoffeln gegessen? Neee. Aber warum nicht? Weil sie keine Kartoffeln hatten. Die gab es nämlich im Mittelalter bei uns noch nicht. Genau wie grüne Bohnen, Paprikaschoten und Tomaten, Mais und Kürbis kamen sie erst aus dem neu entdeckten Amerika nach Europa.

PASTINAKEN

Pastinaken waren früher, als die Menschen noch keine Kartoffeln kannten, außerordentlich beliebt. Kannst du dir vorstellen, dass viele Jahrhunderte hindurch etwa 95 Prozent der Menschen beim Essen nur eines wollten: satt werden? Was auf den Teller kam, war ihnen vollkommen egal – möglichst viel sollte es sein. Denn diese Menschen haben den lieben langen Tag und ihr ganzes Leben lang geschuftet – so kennen wir das heute überhaupt nicht mehr.

Pastinaken waren da genau richtig: Sie machen nämlich schön satt. Es sind dicke Wurzeln, die viel größer wachsen als Möhren. Wenn du eine aufschneidest, merkst du, dass sie auch nicht so knackig ist, sondern eher weich. Deshalb braucht sie nur etwa halb so lang zum Garen. Höchst praktisch in Zeiten, als Brennmaterial noch knapp war, und man es sich zusammensuchen musste. Pastinaken schmecken toll, wenn du sie wie Bratkartoffeln oder wie Kartoffelpüree zubereitest.

MANGOLD

Schon wieder so ein Gemüse, das ordentlich was auf den Teller bringt. Früher wurde der Mangold viel häufiger angebaut als sein Verwandter, der Spinat. Einfach, weil an einer Mangoldpflanze viel mehr Gemüse dran ist als an einem Spinatpflänzchen: Ein ausgewachsener Mangoldstiel samt Blatt ist bis zu 60 cm lang. Und eine kräftige Pflanze ist dort, wo sie aus der Erde wächst, so dick, dass du es nicht schaffst, sie mit beiden Händen zu umfassen. Außerdem wächst Mangold den ganzen Sommer über bis weit in den Herbst, ist also ständig reif zum Ernten. Spinat kann da mit seinen handgroßen Rosetten und der kurzen Erntezeit überhaupt nicht mithalten. Mangold sieht auch im Gemüsestern toll aus (schau nach auf Seite 264), weil er so bunt ist: Je nach Sorte hat er weiße, gelbe oder knallrote Stiele und natürlich grüne Blätter.

DICKE BOHNEN

Die dicken Bohnen machen ebenfalls satt. Und es sind schöne Pflanzen mit blaugrünen Blättern und Blüten. Die Blüten sehen wie kleine Schmetterlinge aus, auf ihren „Flügelchen" sitzt oft ein schwarzer Fleck. Doch schön oder nicht, dicke Bohnen galten schon im Mittelalter als Essen für arme Leute. Und als Futter fürs Vieh. Wenn man die Kerne nämlich in Hülsen lässt, bis sie hellgelb, dick und hart sind, bringen sie zwar eine ordentliche Menge in den Topf. Aber ein reines Essvergnügen sind sie dann nicht mehr. Und ziemlich schwer verdaulich obendrein.

Deshalb: Wenn du es mit Dicken Bohnen versuchen willst, pflücke die Hülsen, wenn sie etwa so lang sind wie dein Mittelfinger. Dann sind die Kerne noch grün und zart und schmecken total gut.

MÖHREN

Möhren oder Karotten, egal was du sagst, du kennst sie natürlich seit deinem Babybrei, oder? Im Mittelalter sind sie genau wie Pastinaken angebaut worden. Allerdings weiß man nicht genau, ob die Möhren zum Essen oder wie Sellerie als Medizin verwendet worden sind. Aber du liegst nicht falsch, wenn du ein paar Möhrensamen ins Ritterbeet streust.

KOHL

Magst du Kohl? Egal ob Weißkohl, Rotkohl oder Blumenkohl – alles passt in den Garten der Ritterburg. Nur Rosenkohl und Brokkoli sind erst lange nach der Ritterzeit gezüchtet worden: Brokkoli hat man zwar in Italien gegessen, aber weiter nördlich war er unbekannt. Rosenkohl taucht erst seit Ende des 18. Jahrhunderts in Belgien auf.

SELLERIE

Den Sellerie mochten die Ritter nicht so gern essen; warum, weiß keiner. In den Rittergarten gehört er trotzdem, denn damals war Sellerie Medizin: Wenn man Kraut, Stiel oder Wurzel gut kaut, hilft das bei schlechter Verdauung und Magenschmerzen. Außerdem wirkt Sellerie „wassertreibend" wie es in einem Buch über Kräutermedizin heißt. Was das bedeutet? Man kann besser pinkeln.

ZICHORIE

Nie gehört? Aber Zichoriensalat ist ein richtiger Knaller – man kann ihn nämlich essen und auch noch in die Vase stellen. Allerdings nicht gleichzeitig. Nun mal der Reihe nach: Zichoriensalat ist ein Salat für Herbst und Winter. Seine Blätter sind viel kräftiger als zarter Kopfsalat. Deshalb kann man ihn länger aufheben. Die Wurzeln haben die Menschen ausgegraben, geraspelt, getrocknet und dann gemahlen. Daraus hat man Kaffee gekocht. Du kannst Zichorienkaffee heute auch noch trinken – frag im Reformhaus oder Naturkostladen nach. Er schmeckt gut mit Milch und Zucker.

Und was war mit der Vase? Richtig: Wenn du einen Zichoriensalat mit dem lustigen Namen „Zuckerhut" auf dem Ritterbeet wachsen lässt und nicht abschneidest, kriegt er im nächsten Jahr lange Stängel mit hübschen blauen Blütensternchen – gut für Bienen und Hummeln. Und für dich, wenn du den Salat gerne isst. Aus den Blüten werden ja Samen, die auf die Erde fallen. Daraus wachsen wieder Pflanzen – Zuckerhut vermehrt sich ganz von selbst.

ERBSEN

Die kleinen grünen Dinger essen die Menschen schon seit fast 10 000 Jahren. Echt, da ist keine Null zu viel dran! Die ältesten Funde stammen aus Griechenland – es waren wilde Erbsen. Daraus sind unsere kultivierten Erben geworden, und die essen die Menschen seit etwa 7 000 Jahren. Für dein Ritterbeet brauchst du die Samen von Markerbsen. Da nimmt man nur die Kerne in den Hülsen. Zarte, süße Zuckererbsen (schau nach auf Seite 215) gab es im Mittelalter noch nicht; sie sind erst im 19. Jahrhundert gezüchtet worden.

?! Einen Zichoriensalat kennst du bestimmt: den Endiviensalat. Vielleicht auch noch einen anderen, der recht blässlich wirkt und eigentlich nur nach bitterem Wasser schmeckt: Chicorée. Den haben die Ritter noch gar nicht gekannt, weil es Chicorée erst seit etwa 140 Jahren gibt.

RITTERGARTEN

Jetzt kennst du alles, was in den Rittergarten kommt und kannst loslegen.

Du brauchst: 1 Beet (etwa 1 m mal 1 m) • eventuell 1 Mundschutz • 1 Paar Gartenhandschuhe • 1 Handschaufel • 1 Beutel gekörnten Rinderdung (12,5 kg; reicht für viele Töpfe und Beete!) • 1 Krümmer • 1 Samentüte dicke Bohnen oder 1 Samentütchen Markerbsen • eventuell einige Zweige (20 cm lang) • 2 Mangoldpflänzchen oder 1 Samentütchen Mangold • 1 Handgabel • 1 Samentütchen Zichoriensalat „Zuckerhut" • 3 Joghurtbecher Sand • 1 Samentütchen Möhren oder 1 Samentütchen Pastinaken • 3 Pflanzen Rotkohl, Weißkohl und/oder Blumenkohl • 1 mittelgroße Gießkanne • 1 Gartenschere • 1 Erntekorb

MAI BIS OKTOBER

1. Das Beet musst du Anfang Mai vorbereiten: Die Erde braucht etwas Dünger, soll schön locker und krümelig sein. Binde dir den Mundschutz um, ziehe die Gartenhandschuhe an und streue zwei Handschaufeln voll Rinderdung auf die ganze Fläche. Statt Mundschutz: Atme den Rinderdung einfach nicht ein, wenn du ihn auf die Erde streust. Nimm den Krümmer (Bild und Beschreibung Seite 33) und ziehe ihn Reihe für Reihe durch die Erde: einmal längs und dann einmal quer. Das lockert den Boden und vermischt gleichzeitig die Erde mit dem Rinderdung.

2. Früher waren Beete immer sehr ordentlich. Das Gemüse wuchs in Reih und Glied, weil man dann mehr anbauen kann. Und weil die Menschen möglichst viel für die Vorratskammer brauchten. Versuche es auch mal so ordentlich: Ziehe mit der Handschaufel von einer Ecke des Beetes zur anderen eine Rille: Etwa zwei Fingerbreit tief und eine Handbreit vom Beetrand entfernt. In die Rille legst du im Abstand von einer Handlänge Dicke-Bohnen-Kerne und zwar immer zwei zusammen – dicke Bohnen mögen nicht solo liegen.

3. Willst du lieber Erbsen anbauen? Schau nach auf Seite 215 beim Gemüsedschungel. Markerbsen für den Rittergarten steckst du genauso wie Zuckererbsen in die Erde. Auch sie brauchen Zweige zum Ranken.

Das Ritterbeet verträgt den ganzen Tag Sonne.

Du brauchst etwas Rinderdung, wenn du das Beet anlegst. Danach nichts mehr.

Du musst täglich zwei Gießkannen voll gießen, bis die Pflanzen im Beet kräftig sind und die Erde bedecken. Danach reicht dann eine Gießkanne pro Tag. Aber halte dich an die Gießerfaustregel. Hast du die vergessen? Dann schau nach auf Seite 217.

Möhren kannst du ab Anfang Juli ernten, dicke Bohnen und Erbsen Mitte Juli. Kohl ist Anfang August reif – zwar noch klein, aber gut. Für Pastinaken und Zuckerhut brauchst du Geduld: Pastinaken sind Mitte September, Zuckerhut erst Ende Oktober reif zum Essen.

Rittergemüsesuppe mit Goldwürfeln (Seite 254), oder du machst Stampfkartoffeln mit Pastinaken – lecker!

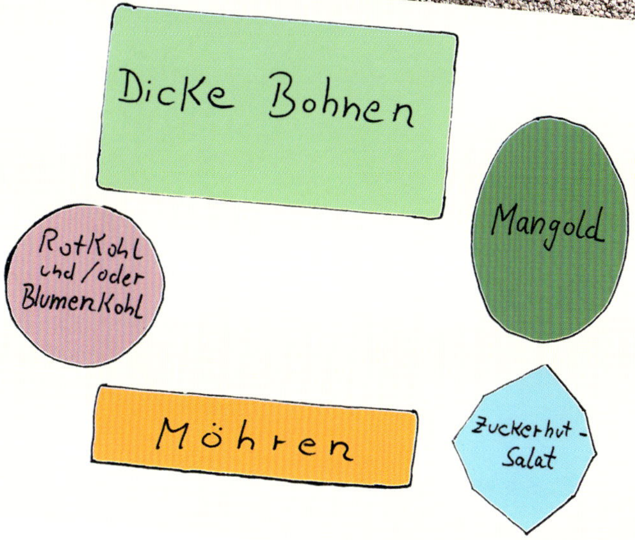

- Dicke Bohnen
- Rotkohl und/oder Blumenkohl
- Mangold
- Möhren
- Zuckerhut-Salat

4 An einer Seite des Beetes, eine Handlänge von den Bohnen entfernt, machst du eine Reihe Mangold: Für jedes Pflänzchen mit der Handgabel ein Loch in die Erde buddeln, das etwa einen Fingerbreit tiefer sein soll, als die Wurzen lang sind. Das Pflänzchen ins Loch setzen, mit einer Hand festhalten und die Erde mit der anderen um die Würzelchen schieben. Nun die Erde rechts und links vom Pflänzchen mit beiden Händen fest andrücken. Der Abstand zwischen den Pflanzen sollte etwa eine Handlänge sein. Hast du Samen gekauft? Dann vier oder fünf Samen in einer Reihe auf die Erde legen und mit dem Zeigefinger eindrücken.

5 Noch eine Handlänge vom Mangold entfernt, streust du Zuckerhutsamen. Mit der Handfläche festklopfen, etwas Erde darüber krümeln. Jetzt bist du sicher an der Seite des Beetes angelangt, die den Bohnen gegenüber liegt. Gut. Hier streust du zuerst etwas Sand gleichmäßig in einer Reihe auf die Erde und mischst ihn mit der Handgabel darunter. Streue die Möhrensamen möglichst dünn auf den Sandstreifen und klopfe sie gut fest. Falls du lieber Pastinaken ausprobieren willst, mischst du den ganzen Sand ins Beet und zwar möglichst tief – die Wurzeln werden ja ziemlich lang. Stecke nun im Abstand von jeweils vier Fingerbreit einen Pastinakensamen in die Erde: etwa so tief wie dein Daumen reicht.

6 Noch besser: Möhrensamen mit Sand mischen und dann erst säen. Warum das besser ist, steht auf Seite 134.

7 Jetzt hast du noch ein bisschen Platz auf dem Beet für die Kohlpflanzen: gegenüber von Mangold und Zuckerhut, zwischen Dicken Bohnen und Möhren – stimmt's? Dann pflanze den Kohl genauso wie den Mangold. Abstand ebenfalls eine gute Handlänge.

8 Stecke den Brausekopf auf die Gießkanne, damit die Samen nicht wieder weggeschwemmt werden. Für das ganze Beet brauchst du zwei Gießkannen.

?! Kohl musst du mit einem feinmaschigen Netz abdecken, sonst fressen ihn die Raupen der Kohlweißlinge. Schau nach auf Seite 161 (Blubb-Spinat und Kollegen): Was dort über Brokkoli steht, gilt auch für den Kohl im Ritterbeet.

DIE RITTERZEIT

Die Ritterzeit war im Mittelalter und das war grob gerechnet die Zeit zwischen 400 und 1400 nach Christus. Viele Historiker sagen, das Mittelalter beginne mit der Völkerwanderung und sei mit der Entdeckung Amerikas 1492 zu Ende.

WAS IST EINE BURG?

Eine Anlage mit Wohnhaus, Ställen, Vorratsräumen, Wehrturm. Meist auch mit Kapelle und Gefängnisräumen – dem gruseligen Burgverlies. Geschützt wurde die Anlage durch Erdwälle, Holzpalisaden und später auch Steinmauern. Typisch für eine Burg ist ihre Lage: Auf einem Hügel, am Steilhang oder richtig auf Felsen, im Wasser oder von einem künstlich angelegten Wassergraben umgeben. Burgen wurden vom Burgherren, seiner Familie, seinem Gefolge und den Dienstboten bewohnt. Bei Gefahr suchten auch die Leute, die draußen in Dörfern lebten, in der Burg Schutz.

MAL EBEN ESSEN HOLEN

Kannst du dir die Frau vom Ritter im Supermarkt vorstellen? Sicher – im Film! Aber stell dir mal vor, wie es im Mittelalter wirklich war: Da gingen die Frauen nicht „einkaufen", weil sie was kochen wollten. Übrigens haben damals fast nur Frauen gekocht. Getreide und Fett holten sie aus der Vorratskammer, die Eier aus dem Hühnerstall, die Milch aus einem großen Fass und das Gemüse aus dem Garten. Am Sonntag oder zu Festtagen gab es auch mal ein Stück Fleisch oder eine Wurst. Doch die meisten Menschen haben viel weniger Lebensmittel gegessen als wir heute; sogar Brot kam nicht jeden Tag auf den Tisch. Vielleicht kennst du ja das Märchen vom Schlaraffenland? Solche Geschichten sind in Zeiten entstanden, als gut und reichlich essen für die meisten Menschen nur ein schöner Traum war – das ganze Leben lang.

WO LAG DER BURGGARTEN?

Der eine bei der Küche, nämlich der „wurzgarte" für Gemüse und Kräuter. In größeren Burgen war die Küche übrigens nicht im Haus wie heute, sondern in einem eigenen Gebäude untergebracht, das in einiger Entfernung vom Wohnhaus stand. Denn Kochen war damals buchstäblich brandgefährlich, weil ja über offenen Feuerstellen gebrutzelt wurde. Dann gab es auch den Obstgarten, meist nahe beim Wohnhaus. Obstbäume hatten eine ganz praktische Funktion: Viele Jahrhunderte war Obst für die meisten Menschen die einzige Süßigkeit. Was für uns heute selbstverständlich ist – Zucker im Kakao und Honigbrot zum Frühstück, ein Schokoriegel oder eine Marzipanpraline, Kuchen und Kekse – kannten die meisten Leute nur vom Hörensagen. Und kaufen konnten sie sich solche Leckerbissen schon gar nicht.
Der Obstgarten und der Rosengarten waren auch Orte, an die man sich zurückzog, wenn man Entspannung brauchte, nachdenken oder mit Freunden in Ruhe reden wollte.

HÄHNCHENPFANNE
MIT DICKEN BOHNEN

Für 4 Portionen brauchst du: 500 g dicke Bohnen in den Hülsen • 4 Frühlingszwiebeln • 2 Hähnchenbrustfilets (ohne Haut) • 1 Knoblauchzehe • 3 Stängel Petersilie • 3 EL Öl • 125 ml Hühnerbrühe • 1–2 EL Zitronensaft • Salz

1. Die Bohnen hast du vermutlich von deinem Ritterbeet geholt. Sonst kriegst du sie im Bioladen. Oder in der Tiefkühltruhe des Supermarktes. Zuerst die Bohnen aus den Hülsen pulen. Dann die Frühlingszwiebeln putzen und waschen. Das Grüne in etwa fingerbreite Stücke schneiden und auf einem Teller beiseitestellen. Die weißen Teile in ganz feine Ringe schneiden.

2. Das Fleisch erst in fingerbreite Scheiben, dann in Würfel schneiden. Den Knoblauch schälen, die Petersilie waschen und trocken tupfen und beides fein zerkleinern.

3. Das Öl in einer großen Pfanne erhitzen. Die Fleischwürfel und die grünen Teile der Frühlingszwiebeln darin in zwei bis drei Portionen bei starker Hitze rundherum kräftig braun anbraten und jeweils wieder herausnehmen.

4. Dann die Bohnen, die weißen Teile der Zwiebeln und den Knoblauch in der Pfanne kräftig anbraten. Die Hühnerbrühe dazugießen, aufkochen und die Bohnen zugedeckt in 5–10 Minuten garen.

5. Sind die Bohnen gar, kommt das Fleisch wieder dazu. Unter Rühren warm werden lassen. Alles mit Salz und Zitronensaft würzen und mit der Petersilie bestreut anrichten. Und die Preisfrage: Was gibt es dazu? Nein, keine Kartoffeln, weil die zur Ritterzeit noch ganz unbekannt waren. Nimm einfach Brot!

TIPP

Dicke Bohnen heißen auch Puffbohnen, Pferdebohnen oder Saubohnen – je nachdem, wo du wohnst. Bis vor etwa 60 Jahren gehörten die dicken Bohnen zu den wichtigen Lebensmitteln, weil sie viel Eiweiß enthalten, aber deutlich billiger waren als Fleisch, das sich manche Leute eben nur selten leisten konnten. Heute werden die Bohnen fast nur noch als Viehfutter verwendet – immer mehr große Felder werden damit bebaut. Doch während wir nur die Samen in den Hülsen essen, füttert man Tiere mit den ganzen Pflanzen.

RITTERGEMÜSESUPPE
MIT GOLDWÜRFELN

Für 4 Portionen brauchst du: GOLDWÜRFEL 2 Eier • 125 ml Milch • 3–4 Scheiben helles Landbrot • geriebene Muskatnuss, Salz, Pfeffer **SUPPE** 1 Zwiebel • 1 Sellerieknolle • 1 Pastinake • 200 g Blumenkohl • 2 große Möhren • 2 mittelgroße Blätter Mangold • 2 Handvoll Erbsen • 2 EL Butter • 1 ½ l Fleischbrühe • 2 EL Öl zum Braten • 1 EL gehackte Petersilie • geriebene Muskatnuss, Salz, Pfeffer

1 Für die Würfel Eier mit Milch, Salz, Pfeffer und Muskatnuss in einer Schüssel verquirlen. Das Brot mit der Rinde in Würfel schneiden und unter die Eier mischen. Zugedeckt ziehen lassen, bis du mit dem Gemüse fertig bist.

2 Für die Suppe Zwiebel, Sellerie und Pastinake schälen. Blumenkohl und Möhren waschen. Falls an den Möhren viel Erde dran ist, nimmst du eine Bürste. Die Mangoldblätter gründlich ansehen, denn in den Falten sitzen manchmal kleine Schnecken. Dann wird der Mangold gewaschen und zum Abtropfen auf ein Sieb gelegt. Die Erbsen aus den Hülsen pulen.

3 Jetzt wird alles zerkleinert: Die Zwiebel würfeln, den Blumenkohl in mundgerechte Stücke schneiden, (egal, ob Röschen oder Stiel). Die Pastinaken und die Möhren fein würfeln. Vom Mangold schneidest du die Blätter ab. Die Stiele schneidest du quer in möglichst dünne Scheibchen. Die Blätter rollst du auf und schneidest die Rollen fein auf. Die Erbsen kannst du ganz lassen.

4 Die Butter in einem großen Topf zerlassen. Zwiebelwürfel hineingeben und bei geringer Hitze dünsten, bis sie glasig sind. Die Hitze erhöhen und das restliche zerkleinerte Gemüse dazugeben. Umrühren, bis es kräftig dampft, dann die Brühe zugießen und noch mal umrühren. Die Suppe einmal aufkochen und zugedeckt bei mittlerer Hitze etwa 10 Minuten kochen. Dann ist das Gemüse noch schön bissfest. Wenn du es lieber weich magst, gib noch 5 bis 10 Minuten Kochzeit zu.

5 Während die Suppe kocht, kannst du die Goldwürfel braten: Das Öl in einer großen beschichteten Pfanne erhitzen. Die eingeweichten Brotwürfel mit dem Pfannenwender vorsichtig in die Pfanne schieben, damit das Öl nicht spritzt. Bei mittlerer Hitze etwa 3 Minuten braten, dann mit dem Pfannenwender immer wieder umdrehen und weiter braten, bis die Brotwürfel goldbraun sind.

6 Die Suppe in tiefe Teller geben, die Brotwürfel darübergeben, mit der Petersilie garnieren und servieren.

TIPP

Dazu schmeckt auch geriebener Parmesan, aber das ist geschummelt, weil es zur Ritterzeit bei uns noch keinen Parmesan gab.

255

MAIS ZUM RELAXEN

Ein Maislabyrinth passt natürlich in keinen Garten, aber ein kleines Wäldchen kriegst du schon hin. Es ist groß genug zum Verstecken und liefert dir alle Maiskolben fürs Grillfest.

EIN COOLER MAISWALD

MAI BIS AUGUST

Du brauchst: 1 Gartenbeet (etwa 3 m mal 3 m) • 35 Innenkartons von Klopapierrollen • 20 l Anzucht- und Kräutererde • 1 Samentütchen Zuckermais (es reicht für 40–50 Pflanzen) • 1 Paar Gartenhandschuhe • 1 Handschaufel • etwa 3 Handschaufeln voll Gemüsedünger • 1 Krümmer • 1 Handgabel

1 Für einen dichten Wald mit Sitzplatz in der Mitte brauchst du etwa dreißig Maispflanzen. Schon im April ziehst du die Maispflänzchen vor: mit Anzucht- und Kräutererde in den Kartons von Klopapierrollen (schau nach auf Seite 20). Sie gehen zwar auch auf, wenn du die Samen Anfang Mai direkt ins Beet steckst, aber mit der Vorzucht bist du auf der sicheren Seite. Du säst vorsichtshalber ein paar mehr, denn nicht alle gehen auf.

2 Das Beet musst du Anfang Mai vorbereiten: Die Erde soll schön locker und krümelig sein. Streue mit der Handschaufel auf die ganze Fläche Gemüsedünger und zwar so dünn, wie du Muffins mit Puderzucker besieben würdest. Nimm den Krümmer (Bild und Beschreibung Seite 33) und ziehe ihn Reihe für Reihe durch die Erde: einmal längs und dann einmal quer. Das lockert den Boden und vermischt gleichzeitig die Erde mit dem Dünger. Jetzt lässt du alles ruhen, bis du Mitte Mai die Pflänzchen einsetzen kannst.

> **?!**
>
> **Süß und saftig: Zuckermais**
>
> Du kannst die Samen, also die getrockneten Körner von Zuckermais und Getreidemais leicht unterscheiden: Zuckermais wird beim Trocknen schrumpelig, Getreidemaiskörner bleiben prall und glatt. Zuckermais wird früher reif als der Mais für Mehl und hat zartere Körner. Der natürliche Zucker darin wandelt sich nur langsam in Stärke um, sodass die Körner lange wunderbar süß schmecken.

3 Wenn du lieber Samen steckst, machst du das Anfang Mai: Richte dich nach dem Pflanzschema (Seite 258) und lasse zwischen jedem Samenkorn mindestens 60 cm Abstand. Die Maiskörner so tief in die Erde stecken, wie dein Zeigefinger reicht. Gießen und fertig.

4 Den Wald kannst du rund oder im Viereck pflanzen – ganz wie es dir gefällt. Damit er auch dicht wird, musst du zwei Vierecke oder Kreise gegeneinander versetzt pflanzen – schau dir das Schema an.

Der Maiswald mag den ganzen Tag Sonne.

Du brauchst nicht zu düngen!

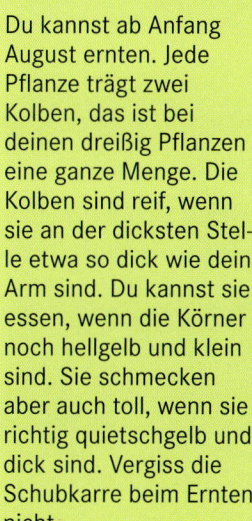

Egal ob du Samen oder Pflänzchen gesetzt hast: Du musst jeden Tag ein bisschen gießen, bis die Pflanzen etwa 50 cm hoch sind. Du brauchst gar nicht zu gießen, wenn es einmal pro Woche regnet. Sobald der Mais höher als 50 cm ist, richtest du dich nach der Gießfaustregel: Gießen nur, wenn die Pflanzen auch morgens die Blätter hängen lassen – was sie in einem normalen Sommer mit Regen und Sonne nicht tun.

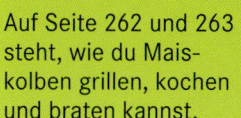

Du kannst ab Anfang August ernten. Jede Pflanze trägt zwei Kolben, das ist bei deinen dreißig Pflanzen eine ganze Menge. Die Kolben sind reif, wenn sie an der dicksten Stelle etwa so dick wie dein Arm sind. Du kannst sie essen, wenn die Körner noch hellgelb und klein sind. Sie schmecken aber auch toll, wenn sie richtig quietschgelb und dick sind. Vergiss die Schubkarre beim Ernten nicht.

Auf Seite 262 und 263 steht, wie du Maiskolben grillen, kochen und braten kannst.

?! Du kannst mitten im Wald einen bequemen Liegeplatz für dich bauen, dann hast du deine Ruhe! Hol dir zum Beispiel Mamis Liegestuhl, ein Bänkchen vom Flohmarkt, Opas Campinghocker… Egal, hauptsache gemütlich. Nur grillen darfst du dort nicht. Denn du weißt ja: Im Wald niemals Feuer machen!

Bänkchen oder so

5 Auch der Abstand zwischen den Pflanzen im zweiten Kreis oder Viereck sollte 60 cm betragen. Du kannst vier Pflanzen weiter auseinander setzen – als Eingang zu deinem Wald. Nötig ist das aber nicht, Maispflanzen nehmen es nicht übel, wenn du dich eng an ihnen vorbei drängelst um zur Lichtung in der Mitte zu kommen.

6 Mais wird genau wie jede andere Pflanze in die Erde gesetzt: Mit der Handgabel ein Loch in die Erde buddeln, das etwa einen Fingerbreit tiefer sein soll als die Wurzen lang sind. Das Pflänzchen ins Loch setzen, mit einer Hand festhalten und die Erde mit der anderen um die Würzelchen schieben. Dann loslassen und die Erde rechts und links vom Pflänzchen mit beiden Händen fest andrücken. Nun jede Pflanze gießen, bis die Erde drumherum etwas schlammig wirkt.

?! Was du mit der Ernte aus deinem Maiswald noch machen kannst? Na, verkaufen! Wenn alles glatt läuft, hast du nämlich einen ganzen Haufen Zuckermaiskolben und die gelten als Edelgemüse. Also: Auf geht's zum Markttag! Wie der aussieht, steht auf Seite 88.

Das Maisversteck

Du kannst auch ein richtiges Maisversteck ausprobieren: Mit ein bisschen Gartenglück ranken nämlich Gurken, Bohnen und Kürbis an den Maispflanzen empor.

Du brauchst zusätzlich zum Maiswald: 3 Samen einer kleinen Kürbissorte (zum Beispiel „Sweet Dumpling" oder Zierkürbismischung) • 5 Samen von Stangenbohnen (zum Beispiel Forellenbohne) • 1 Gurkenpflanze • etwas Kompost oder Gemüsedünger

1. Du kannst den Wald mit Rankenpflanzen wie Kürbis, Bohnen und Gurken dichter machen. Die Kürbissamen kommen erst in die Erde, wenn die Maispflanzen schon 10 cm hoch sind. Suche dir drei kräftige Maispflanzen aus und stecke die Kürbissamen etwa 10 cm daneben in die lockere Erde. Mit den Bohnensamen machst du es genauso. Am besten steckst du den Kürbis auf der einen Seite und die Bohnen auf der gegenüberliegenden Seite des Maiswaldes, damit sie sich nicht ins Gehege kommen.

2. Willst du es noch mit einer Gurke versuchen? Gut. Dann musst du warten, bis der Mais etwa 50 cm hoch ist: Eine Gurke will wärmere Erde als Mais, Kürbis und Bohnen. Außerdem wächst sie ziemlich schnell und braucht Halt für ihre Ranken. Und da sollten die Maispflanzen schon so kräftig sein, dass die Gurke sie nicht umwirft.

3. Grabe ungefähr in der Mitte zwischen zwei Maispflanzen ein etwa 20 cm tiefes Loch. Hast du Kompost? Prima, dann fülle das Loch etwa zur Hälfte damit. Wenn du keinen Kompost hast, streue eine gute Handschaufelspitze Gemüsedünger in das Loch, fülle mit Erde auf und mische das Ganze mit der Handgabel. Nun pflanzt du die Gurke und zwar genauso wie den Mais. Gießen nicht vergessen! Die Gurkenpflanze musst du übrigens jeden Tag ein bisschen gießen, damit sie schöne saftige Gurken kriegt.

4. So, nun kannst du nichts mehr tun. Nur hoffen, dass es mit dem Versteck klappt. Was leider nicht immer der Fall ist. Aber wenn du es hinkriegst, kannst du echt stolz sein und dir fünf Gärtnerpunkte gutschreiben.

Auch das Maisversteck mag den ganzen Tag Sonne.

Das hast du ja schon für den Maiswald gemacht deswegen musst du für das Versteck nicht mehr düngen.

Gießen musst du genau wie beim Maiswald.

Bohnen sind ab Mitte Juli reif. Forellenbohnen schmecken schon toll als zarte Hülsen. Wenn sie große Boller bilden und die Hülse von grün zu gesprenkelt wechselt, pulst du die Kerne aus den Hülsen und kannst die dicken Bohnen essen. Kürbis kannst du Anfang August ernten. Gurken reifen ständig nach. Du musst nur pflücken und essen.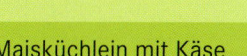

Maisküchlein mit Käse findest du auf Seite 263.

URALTER MAIS

Inzwischen ist Mais nach Weizen und Reis die wichtigste Getreidepflanze, weil er in tropischen und gemäßigten Zonen, auf Meereshöhe und im Gebirge bis 3 300 m Höhe wächst. Mais ist auch die mächtigste Getreideart: Mit seinen 2½ m Höhe, den dicken Kolben, die bis zu 1000 Körner tragen, übertrifft er an Biomasse jede Ähre. Deshalb wird immer mehr Mais für Biosprit angebaut.

Mais bauen die Menschen seit vielen tausend Jahren an: Vor etwa 7 000 Jahren standen Maispflanzen vermutlich schon auf kultivierten Feldern in Mexiko; die ältesten Funde von Maiskolben stammen aus einer Höhle im Tehuacan-Tal. Im Laufe der Jahrtausende wanderte die Pflanze auf dem gesamten amerikanischen Kontinent nach Chile im Süden und Kanada im hohen Norden.

Kolumbus entdeckte Maisfelder bei seiner Landung auf San Salvador; von seiner zweiten Reise brachte er Körner mit nach Spanien. 1525 wurden Getreidemaisfelder in Südspanien angelegt. Der Maisanbau breitete sich bald im gesamten Mittelmeerraum bis nach Kleinasien aus.

Allmählich ersetzte Mais in vielen Regionen der alten Welt andere Getreidearten: Er bringt den höchsten Ertrag, ist bei den Vögeln nicht so begehrt wie Getreide in Ähren, kann über einen langen Zeitraum geerntet werden und lässt sich gut lagern.

VON BLAUEN KÖRNERN UND GELBEM MEHL

In Südamerika, in den ursprünglichen Maisländern bekommt man weiße, rote, violette, orangefarbene und blaue Körner. Allein in Peru gibt es mehr als 40 verschiedene Sorten und mindestens zehn verschiedene Wörter für die Pflanze.

Doch überall spielt das Mehl aus Mais eine viel größere Rolle als Zuckermaiskörner. Aus dem Mehl macht man Tortillas, die man in Mexiko wie bei uns Brötchen isst. Obwohl Tortillas wie Pfannkuchen aussehen, backt man sie nicht zu Hause, sondern holt sie in der Tortilleria. Genauso wie wir unser Brot beim Bäcker kaufen.

In Südeuropa wird oft mit Maismehl gekocht. Polenta zum Beispiel, ein Brei aus Maisgrieß, bereiten die Italiener auf verschiedene Arten zu: Frisch gekocht als Brei – ähnlich wie Kartoffelpüree – ist Polenta Beilage zu Fleisch. Toll schmeckt sie auch vermischt mit Pilzen. Wenn du den Polentabrei als Fladen auf ein Brett streichst und ihn abkühlen lässt, kannst du ihn aufschneiden und in der Pfanne wie Frikadellen braten. Ein ganz berühmtes Essen sind Gnocchi alla romana: Polentabrei-Scheiben werden mit Tomatensauce und Käse überbacken – ähnlich wie Lasagne nur ohne Fleischfüllung.

HOCHKULTUREN

Große Städte und damit Hochkulturen können nur mit ausgedehntem Getreideanbau entstehen. Denn kohlenhydratreiches Essen bildet unsere Lebensgrundlage, nicht Fleisch oder Fisch: Von der Jagd und vom Fischfang allein bekommt man große Gruppen von Menschen nicht satt.

So basierten auch die amerikanischen Hochkulturen der Mayas und Azteken auf dem Maisanbau. Die Siedlungszentren waren von Maisfeldern umgeben, die man gewöhnlich gemeinsam anlegte und pflegte. Die Bäume wurde mit Steinäxten gefällt und verbrannt, der Boden mit hölzernen Grabstöcken vorbereitet: In 10 bis 12 cm tiefe Löcher kamen Maiskörner, Bohnenkerne und Kürbissamen. Sobald der Maisstängel stabil genug war, diente er der Bohnenpflanze als Stütze, an der sie emporranken konnte. Kürbispflanzen hielten den Boden feucht.

Die nordamerikanischen Indianer hatten für unreifen Mais eine gute Konservierungsmethode: Frische Maiskolben mit weichen Körnern wurden in Asche geröstet, damit sie trockneten und sich über den Winter lagern ließen. Der Engländer John Smith – bekannt als Schützling und Freund der schönen Indianerin Pocahontas – erzählt auch, dass die Indianer den süßen Saft unreifer Maisstängel auslutschten.

GEBACKENE MAISKOLBEN

Für 6 Portionen brauchst du: 6 frische Maiskolben • 30 g Butter • 1 EL Olivenöl • 1 EL Honig

1. Die Hüllblätter und Fäden der Maiskolben entfernen, Kolben in reichlich sprudelnd kochendem Wasser einmal aufkochen und 5 Minuten garen. Den Backofen auf 220 °C Ober-/Unterhitze (oder 200 °C Umluft) vorheizen. Die Butter in einem ofenfesten Gefäß zum Schmelzen in den Backofen stellen, aber nicht bräunen.

2. Kolben abgießen, abtropfen lassen und in die Fettpfanne des Backofens legen. Flüssige Butter mit Öl und Honig verrühren, die Maiskolben damit bestreichen. Die Fettpfanne mit Alufolie bedecken. Mais in den heißen Ofen auf die mittlere Schiene schieben und etwa 15 Minuten backen.

GEKOCHTE MAISKOLBEN

Für 6 Portionen brauchst du: 6 frische Maiskolben • 2 EL Butter • Salz, Pfeffer

1. Blätter und Fäden der Maiskolben entfernen, Kolben in reichlich sprudelnd kochendem Wasser einmal aufkochen. Das Wasser nicht salzen, sonst bleiben die Maiskörner hart.

2. Den Mais zugedeckt 15–20 Minuten bei mittlerer bis schwacher Hitze garen. Aus dem Wasser nehmen, abtropfen lassen und heiß mit Butter, Salz und Pfeffer servieren.

MAISKOLBEN.VOM.GRILL

Für 6 Portionen brauchst du: 6 frische Maiskolben mit Blättern • 2 EL Olivenöl • 2 EL Butter • Salz, Pfeffer AUSSERDEM Küchengarn

1. Die Blätter der Maiskolben vorsichtig so nach unten ziehen, dass die Kolben freiliegen. Dabei die Blätter aber nicht ablösen. Fasern entfernen, und die Kolben mit dem Öl einpinseln. Die Blätter wieder über die Kolben ziehen und mit Küchengarn festbinden.

2. Mais über der heißen Holzkohlenglut etwa 20 Minuten grillen, bis die Blätter sehr dunkel sind. Während des Grillens zweimal wenden. Zum Servieren die Blätter wieder nach unten ziehen, die Maiskolben mit Butter bestreichen und mit Salz und Pfeffer würzen.

MAISKÜCHLEIN.MIT.KÄSE

Für 6 Portionen brauchst du: 3 Maiskolben • 2 Eier • 2 EL Milch • 1 kleine grüne Paprikaschote • 1 TL frisch abgezupfte Thymianblättchen • 100 g Mehl • 50 g geriebenen Emmentaler • Öl zum Braten • Salz, Pfeffer

1. Vom Maiskolben brauchst du nur die Körner. Dazu ein kleines Stückchen von der Spitze abschneiden und den Kolben mit dieser abgeflachten Spitze auf ein Schneidebrett stellen. Jetzt lassen sich die Körner gut vom Kolben schneiden.

2. Die Körner mit Eiern und Milch in eine hohe Schüssel geben und mit dem Pürierstab durchrühren, bis der Mais etwas zerkleinert, aber noch nicht komplett püriert ist. Die Papika halbieren, die weißen Trennwände und die Körner entfernen, dann die Paprika in kleine Würfel schneiden. Paprika, Thymian, Mehl, Käse, Salz und Pfeffer zu der Mais-Eier-Mischung geben und alles gut vermengen.

3. Öl in einer beschichteten Pfanne erhitzen. Pro Küchlein 2 EL Teig in die Pfanne geben und auf jeder Seite etwa 3 Minuten goldgelb backen. Heiß servieren.

BUNTER GEMÜSESTERN

Gemüse ist wunderschön bunt: Weil es blüht wie Blumen, weil es farbige Stängel oder bunte Blätter hat. Oder weil es einfach rot aus der Erde lugt – denk an Radieschen. Versuche mal dieses Projekt und stelle verschiedene Farben als Stern zusammen.

MAI BIS AUGUST

Du brauchst: 1 Blatt Papier • 1 Stift • 1 Gartenbeet von etwa 2 m Länge und 2 m Breite • 1 Handschaufel voll Gemüsedünger • 1 Krümmer • 1 Zollstock • 6 daumendicke Holzstäbchen, etwa 20 cm lang • etwa 4 m blaue Schnur • etwa 4 m rote Schnur • 1 Schere • 2 Samen Stielmangold mit roten Stielen • 1 Pflanze rotes Basilikum („Rotes Krauses" oder „Rubin") • 1 Handgabel • 1 Pflänzchen gelbe Paprikaschote • 2 Pflänzchen blauer Kohlrabi • 1 TL Radieschensamen • 2 Rondinisamen • 3 Radicchiosamen • 1 mittelgroße Gießkannen • 1 Gartenschere • 1 Erntekorb

Alle Pflanzen im Gemüsestern vertragen im Beet den ganzen Tag Sonne.

Düngen ist nicht notwendig, denn du hast die Erde ja zu Anfang mit dem Gemüsedünger vermischt.

1. Anfang Mai legst du den Stern an: Zeichne den Stern auf ein Blatt Papier, das du in den Garten mitnimmst. Er besteht aus zwei gleichschenkeligen Dreiecken von je 1 m Seitenlänge. Die Dreiecke ordnest du seitenverkehrt an: Das eine liegt „auf dem Kopf" über dem anderen.

2. Streue den Gemüsedünger mit der Handschaufel gleichmäßig auf das Beet. Nimm den Krümmer (Bild und Beschreibung Seite 33) und ziehe ihn Reihe für Reihe durch die Erde: einmal längs und dann einmal quer. Das lockert den Boden und vermischt gleichzeitig die Erde mit dem Dünger.

3. Jetzt kannst du den Stern „aufmalen". Das geht mit einem Helfer besser: Messe mit dem Zollstock 1 m auf dem Beet und stecke an beiden Enden ein Holzstöckchen in die Erde. Lege die blaue Schnur um beide Stöckchen. Nimm das eine Ende der Schnur, dein Helfer nimmt das andere Ende. Nun führt ihr die Schnur am dritten Punkt des Dreiecks zusammen (jeweils 1 m abmessen!) und steckt das dritte Stöckchen in die Erde.

4. Das geht so am einfachsten: Die Schnur jeweils ein paar Mal um zwei Stöckchen wickeln, jedes Ende zum dritten Stöckchen führen und daran festbinden.

Pflänzchen und Samen brauchen zwei Wochen lang täglich insgesamt eine kleine Gießkanne voll Wasser. Danach musst du nur die Gießfaustregel beachten (schau nach auf Seite 217).

Du kannst von Juni bis September ernten: zuerst die Radieschen, zuletzt den Radicchio. Wann genau, steht bei den einzelnen Pflanzen auf der nächsten Seite.

Radieschen und Paprika zu Butterbrot, Basilikum in Tomatensauce, Mangold in Gemüsesuppe (Seite 254), Kohlrabi als Gemüse, Radicchio als Salat. Rondini werden gefüllt und geschmort (Seite 268).

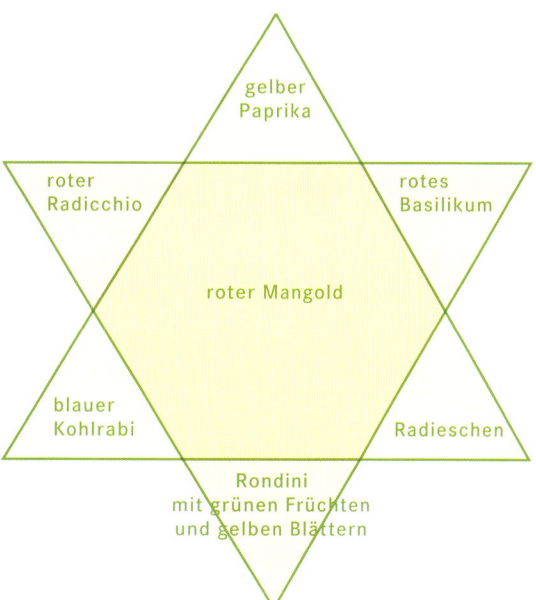

5 Die gespannten Schnüre sind etwa 1 m lang. Messe bei einer 50 cm bis zur Mitte ab. Von da aus misst du nach oben 30 cm ab. Dort steckst du das erste Stöckchen für die Spitze des zweiten Dreiecks ein. Lege die rote Schnur um das Stöckchen und messe rechts und links jeweils 1 m Schnur ab: Das sind die beiden „Schenkel" des zweiten Dreiecks. Die führst du mit deinem Helfer nun als Dreieck auseinander. An den Enden die beiden verbliebenen Stöckchen in die Erde stecken. Zum Schluss alle drei Stöckchen mit der roten Schnur verbinden: Fertig ist der Stern!

6 Der Mangold kommt in die Mitte, weil er am meisten Platz braucht: Die Samen knapp daumentief in die Erde stecken.

7 Das Basilikumpflänzchen in die rechte obere Sternspitze pflanzen: Mit der Handgabel ein Loch in die Erde buddeln, das etwa einen Fingerbreit tiefer sein soll als die Wurzen lang sind. Das Basilikum ins Loch setzen, mit einer Hand festhalten und die Erde mit der anderen um die Würzelchen schieben. Dann loslassen und die Erde rechts und links vom Pflänzchen mit beiden Händen fest andrücken.

8 Die Paprikaschote pflanzt du genauso in die Sternspitze daneben.

9 Die Kohlrabipflänzchen kommen in die gegenüber liegende Sternspitze. Lasse zwischen den Pflänzchen etwa 1 Handlänge Abstand.
In jede der restlichen Sternspitzen steckst du
- Rondinisamen
- Radieschensamen
- Radicchiosamen

Rondini und Radieschen kommen etwa daumentief in die Erde. Die Radicchiosamen streust du nur auf die Erde und patscht sie mit der Handfläche fest.

10 Zum Bepflanzen musst du natürlich in deinem Sternenbeet herumtappen. Das machst du jetzt noch mal zum Gießen: Die Pflänzchen gießen, bis die Erde drumherum ein bisschen schlammig wirkt. Die Samen brauchen weniger Wasser: Achte darauf, dass du sie mit dem Wasser nicht wieder aus der Erde schwemmst. Zum Schluss nimmst du den Krümmer und lockerst die Erde überall da, wo deine Fußspuren zu sehen sind.

11 Und später musst du regelmäßig jäten. Denn der bunte Gemüsestern wird nur bunt, bleibt Stern und wächst als Gemüse, wenn du regelmäßig alle anderen Pflanzen entfernst. Damit du die richtigen erwischt, lässt du erst wachsen, was du gesät hast. Keine Ahnung, wie das aussieht? Dann schau nach auf Seite 22 und 23: Hier findest du Bilder von Keimblättchen und jungen Pflanzen.

WAS IST UNKRAUT?

Das sind für den Gärtner Pflanzen, die an der falschen Stelle wachsen. Diese Pflanzen wachsen wild und sind meist widerstandsfähiger als kultiviertes Gemüse. Deshalb musst du sie ein bisschen im Zaum halten, damit sie das Gemüse nicht überwuchern.

Doch Unkraut ist nicht schädlich – im Gegenteil: Vogelmiere oder Gundermann bedecken den Boden so, dass die Erde nicht austrocknet. Brennnesseln, die dich im Beet ärgern, sind Nahrung für Schmetterlingsraupen. Löwenzahn ist Erste-Hilfe-Pflanze für matte Insekten (schau nach auf Seite 56). Spitzwegerich hilft uns gegen Bienenstich, und Schafgarbe nutzen Marienkäfer als Winterquartier.

Deshalb: Jäten ist wichtig, zu viel Jäten ist unnütz bis schädlich. Und Zeitverschwendung, denn Unkraut wirst du bestimmt nicht für immer los.

ERNTE NICHT VERPASSEN

Basilikum kannst du wie alle Kräuter ständig pflücken. Du darfst nur nicht zu viel auf einmal nehmen, weil die Pflanze ja Blätter braucht, um sich zu ernähren – schau nach, was auf Seite 62 bei Fotosynthese steht. Radieschen kannst du etwa vier Wochen ernten, nachdem du sie gesät hast. Sie sind reif, wenn sie schön rot aus der Erde lugen.

Kohlrabi brauchen etwa acht Wochen bis zur Ernte: Sie sollen ungefähr faustgroß sein und saftige Blätter haben – die schnippelst du auch klein und mischt sie in den Salat oder ins Gemüse.

Mitte Juli kommen die Rondini dran. Sie schmecken ganz jung als Gemüse, wenn sie etwa so groß wie ein Tennisball sind. Man kann sie dann noch wie Zucchini schneiden, weil die Schale weich ist. Lass ein paar auch größer werden, bis es hohl klingt, wenn du auf die Schale klopfst: Dann eignen sie sich zum Füllen – dazu gibt's ein Rezept auf Seite 268.

Mangold erntest du, wenn die Blätter etwa zweimal so lang wie deine Hand sind. Pflücke immer nur die äußeren Blätter, dann wächst die Pflanze von innen nach. Das macht sie, bis es im Herbst zum ersten Mal richtig kalt wird: Bei Frost werden die Blätter weich und matschig, bis die Pflanze im Frühling wieder neu austreibt. Wenn du Mangold blühen lässt, wirft er Samen, die im nächsten Jahr zu neuen Pflänzchen heranwachsen.

Paprikaschoten sind ab Ende Juli gelb und reif. Radicchio ist als Herbstsalat erst im September reif zum Ausbuddeln. Oder Abschneiden: Lass den Strunk in der Erde stehen und schneide wie bei anderem Salat nur die Blätter ab. Im Frühling treibt Radicchio dann wieder neu aus. Und wenn du ihn blühen lässt, gibt's wie bei Mangold neue Pflänzchen.

GEFÜLLTE RONDINI

Für 2 Portionen brauchst du: 4 EL Couscous • 2 reife Rondini • 1 kleine Zwiebel • 3 große Tomaten • 3 Stängel Bohnenkraut, Thymian oder Estragon • 3 EL Öl • 4 EL geriebenen Käse • 1 EL Tomatenmark • ½ TL Zucker • Salz, Pfeffer

1. Den Couscous in eine Schüssel geben. 125 ml Wasser zum Kochen bringen, darübergießen und quellen lassen, bis die anderen Zutaten vorbereitet sind.

2. Die Rondini mit einem scharfen Messer quer halbieren – lass dir dabei unbedingt von einem Erwachsenen helfen! Die Schale ist nämlich hart, und man kann leicht mit dem Messer abrutschen. Das weiche Innere und die Kerne mit einem Teelöffel herauskratzen. Das feste Fruchtfleisch ebenfalls mit dem Löffel oder einem kleinen Messer herausholen und in kleine Stücke schneiden.

3. Die Zwiebel schälen und würfeln. Die Haut von den Tomaten abziehen (eventuell musst du sie erst kreuzweise einschneiden und mit heißem Wasser übergießen, damit die Haut sich löst). Eine der Tomaten fein zerkleinern, die beiden anderen grob zerkleinern. Kräuterblätter abzupfen und grob hacken.

4. Das Öl in einer Pfanne, die so groß ist, dass die Rondinihälften nebeneinander Platz darin haben, erhitzen. Die Zwiebel und das zerkleinerte Rondinifleisch darin etwa 5 Minuten schmoren, bis die Rondinistücke schon etwas weich sind und dann zum Couscous in die Schüssel geben. Die fein gehackte Tomate, die Kräuter und den Käse dazugeben. Alles gut mischen und mit Salz und Pfeffer abschmecken. Die Rondinihälften mit der Mischung füllen.

5. Die grob gehackten Tomaten, Tomatenmark, Zucker und Salz in die Pfanne geben und bei schwacher Hitze etwa 5 Minuten schmoren, ab und zu umrühren. Die gefüllten Rondini zu den Tomaten in die Pfanne setzen und zugedeckt bei mittlerer Hitze knapp 15 Minuten schmoren.

TIPP

Rondini sind kugelrunde kleine Sommerkürbisse mit gelbem Fleisch. So lange sie ganz jung sind, kannst du sie ungeschält wie Zucchini braten. Aber Füllen ist witziger: Lass die Rondini an der Pflanze, bis sie hohl klingen, wenn du darauf klopfst. Dann bleiben die Schalen beim Schmoren hart und bilden stabile Schüsselchen. Wichtig: Gefüllte Rondini maximal 15 Minuten schmoren, sonst wird das Fleisch zu weich.

269

REGISTER

Hellblau markiert ist alles, wo etwas mehr über die Pflanze oder das was du tun kannst steht. **Violett** sind die Seitenzahlen, wo du Hinweise zum Kochen und Essen bekommst.

A

Abflussloch 36, 70, 150, 167
Ableger 24, 77
Ackerbaukultur 84
Ackerwinde 42, 50, 102
Adressen 287
Ägypten 80, 83
Aktenschränke 37
Alfalfa 26, 29, 113, 114, 115
Algen 45
Allzweckgitter 34, 178
alte Welt 84, 241, 260
Ameise 45, 69, 70
Ameisenlarven 53
Amerika 80, 81, 83, 84, 85, 148, 150, 181, 241, 244, 251, 260, 261, siehe auch Nord-, Süd- und Mittelamerika
Ampelbohnen 17, 166, 168, 171, 172
Ampelerdbeeren 148
Ampfer 42, 87
Amseln 53, 70
Anorganische Stoffe 44
Anthozyane 241
Antiaugenausstecher 31
Anzucht- und Kräutererde 20, 37, 114, 257
Anzuchtbox 67
Apfel 16, 49, 51, 57, 81, 85, 87, 141, 143
    Apfelkompott mit Salbei 243
    Apfelküchlein mit Zimtzucker 146
    Apfelsaft 117, 243
Aprikosen 94
April 25–29, 42, 207
    Checkliste 38
    Das Beet für gleich 40
    Das Beet für später 42
    Kartoffelsäcke 228
    Mais zum Relaxen 256
    Nudelgemüse 196
    Pflanzen aus Samen ziehen 18
    Säen oder einpflanzen 64

Arabien 81, 82, 83
Arnika 240
Aromastoffe 93, 241
Artischocke 18, 21, 24, 28, 39, 52, 68, 86, 87, 100, 173, 182, 183
    Artischocken mit Knoblauchsauce 186
    Wundergarten 180
Arzt 53, 240
asexuellen Vermehrung 77
Asia-Salat 24, 28, 37, 129, 130
Asien 80–83, 85, 260
Asseln 45, 47
Ätherische Öle 235, 238, 241
Aubergine 18, 24, 28, 30, 31, 36, 39, 83, 86, 87, 100, 166, 168, 169, 171, 172
    Auberginenblüte 143
    Auberginenmus 173
    Topfgemüse 166
Aufbewahren 75, 91, 92, 93, 100, 101
Augen 39, 76, 231
August 25–29
    Bauen mit Bohnen 174
    Bunter Gemüsestern 264
    Gemüsedschungel 214
    Kartoffelsäcke 228
    Mais zum Relaxen 256
    Minibeet 118
    Nudelgemüse 196
Aussaat 18, 19, 24–29, 64, 74, 78, 160, 134, 160
Aussaaterde 159, 161
Azteken 261

B

Babyfenchel 131
Baby-Leafs 131
Bachstelze 53
Bakterien 44–48, 51, 60, 92, 235

Balkon
  Balkonkastenbeet 108
  Bauen mit Bohnen 174
  Butterbrottöpfe 128
  Fensterbankgemüse 112
  Kaninchenfutter 132
  Kartoffelsäcke 228
  Kräutermalkasten 236
  Minibeet 118
  Nudelgemüse 196
  Ratz-fatz-fertig-Beet 124
  Süße Sachen pflanzen 148
  Topfgemüse 166
Balkongurke 124
Balkonkasten 108, 111, 113, 119
Balkonkastenbeet 108
Bambusstab 34, 158, 169, 170, 175, 176, 178, 198
Bartolomeo Sacchi 240
Basilikum 17, 36, 124, 125, 127, 136, 139, 194, 197, 200, 265–267
  Basilikumcreme 233
  Bunter Gemüsestern 264
  Nudelgemüse 196
  Ratz-fatz-fertig-Beet 124
Bast 31, 34, 124, 158, 169, 175, 178, 198
Battista Platina 240
Bauernregeln 78, 79
Bäume 16, 17, 42–44, 46, 48–55, 57, 63, 141, 251, 261
Beeren 24, 28, 37, 54, 60, 68, 77, 81, 85, 86, 88, 92, 94, 141, 148–151, 166, 180, 184, siehe auch unter den einzelnen Beerensorten
  Erdbeermarmelade mit Aprikosen 94
  Heidelbeermuffins 153
Beet 6, 10, 18, 21, 22, 28, 29, 30–35, 36–43, 44–51, 54, 57, 60, 63, 64, 67–71, 100–104, 109, 113, 130, 134, 217, 223, 239
Belgien 85, 246
Belichtungsmesser 112
Beschützerinstinkt 11
Bestäubung 52, 54, 55, 57, 87, 114, 143, 241
Bete, rote 26, 29, 131, 183
  Wundergarten 180
Biene 41, 54, 55, 56, 121, 247, 266
Bio-Dünger 198, 221
Biomasse 260
Biosprit 260
Blätter 16, 17, 22, 23, 35, 39, 40–43, 46–51, 59–63, 86, 87, 103, 109, 113, 114, 119, 131, 143, 151, 169, 177, 199, 223, 238, 241, 267

Blattgrün 62, 77, 169
Blattgrünkörnchen 62, siehe auch Chlorophyll
Blattläuse 52, 54
Blaue Bohne 64, 175, 178
Blaue Kartoffel 180, 183, 229
Blaue Kohlrabi 215, 265
Blaue Sankt Galler 182
Blaue Schweden 182
Blauer Mais 260
Blauhilde 175
Blindschleiche 46, 57
Blume 18, 39, 41, 86, 113, 140, 141, 143, 236, 237, 240, 241
Blumenampel 37, 148, 150, 168
Blumenkasten 18, 65, 108
  Balkonkastenbeet 108
Blumenkohl 18, 24, 28, 54, 80, 82, 86, 246, 248, 254
  Garten in der Ritterburg 244
Blumentopf 28–29
Blüten 48, 52, 55,76, 86, 87, 114, 132, 140–143 157, 180, 216, 227, 238–241, 247
  Blütenboden 86, 87
  Blütenstiel 86, 87
Boden, locker 134
Boden, schwer 41
Bodenlebewesen 33, 44, 45, 54, 217
Bodenwasser 109
Bohne 17, 26, 23, 24, 28, 34, 38, 49, 51, 52, 60, 64, 68, 74, 75, 81, 100, 143, 160, 166, 168, 171, 174–178, 245, 248–250, 259
  Ampelbohnen 172
  Bohnenkern 16, 17, 74, 75, 160
  Bohnenkraut 179, 268
  Bohnenmus mit Fensterbankkräutern 117
  Bohnensalat 179
  Dicke Bohnen 23, 24, 28, 52, 68, 81, 245, 248, 249, 250, 252
  Grüne Bohnen 24, 28, 64, 81, 85, 179
  Hähnchenpfanne mit dicken Bohnen 252
  Weiße Riesenbohnen 117
  Bauen mit Bohnen 174
  Blubb-Spinat und seine Kollegen 156
  Mais zum Relaxen 256
  Topfgemüse 166
Bohne, blau 64, 175, 178
Bonifatius 79
Borretsch 41, 126, 140, 236–239
  Kräutermalkasten 236
Boxen 19, 36, 51, 114, 129

Bratengabel 36
Brennnessel 35, 39, 43, 47–51, 77, 266
Brokkoli 18, 24, 28, 54, 86, 156, 161, 164, 246
    Blubb-Spinat und seine Kollegen 156
Brokkolikuchen mit Eierguss 164
Bronchitis 240
Brot 63, 93, 115, 118, 128, 176, 196, 198, 215, 265
    Landbrot 254
    Weißbrot 126
Brötchen 111
    Zucchini-Hotdogs 225
Bügeljäter 33, 102, 182, 223
Buletten, Möhrenbuletten mit Salat 136
Bunte Rattankugel 31
Bunter Gemüsestern 264
Burggarten 251
Buschbohnenkerne 160
Büschelwurzel 58
Butterbrot siehe Brot
Butterbrottöpfe 128
Buttermilch 204
    Buttermilchbecher 36

C

Chicorée 247
Chile 81, 83, 85, 260
Chiliflocken 192
Chlorophyll 51, 59, 62
Christa 215
Chutney 91, 92
Cocktailtomaten 202, 204
Couscous 268

D

Daikon-Rettich 82
Darm 44
Deutschland 58, 80, 81, 83, 85
Dezember
    Ein Winterbeet 206
Dicke Bohne 23, 24, 28, 52, 68, 81, 245, 248, 249, 250, 252
    Garten in der Ritterburg 244
    Hähnchenpfanne mit dicken Bohnen 252
  Dill 129, 136, 139, 141–143, 216, 219, 233
    Gemüsedschungel 214

    Gurkenjoghurt mit Dill 233
Dip
    Auberginenmus 173
    Basilikumcreme 233
    Gurkendip 226
    Gurkenjoghurt mit Dill 233
    Knoblauchsauce 186
    Remouladensauce 232
    Schnittlauch-Tomaten-Dip 232
    Tomatenketchup 96
Disteln 17, 35, 43, 102, 182, 223
Dompfaff 53
Dreieck 265, 266
Dreizack 33
Düngen 30, 32, 33, 39, 49, 60, 63, 103, 149, 191, 217
Dunkel 20, 75, 92, 100, 207
Dunkelkeimer 21, 24

E

Edaphon 45
Eichblatt 83
Eidechsen 57
Ei 54, 68, 71, 105, 111, 123, 127, 136, 139, 146, 161, 204, 210, 226, 232, 234, 254, 263
    Brokkolikuchen mit Eierguss 164
    Eierkarton 18–20, 36, 39, 159, 161
    Eierschalen 39, 49, 50
    Rosenkohl mit Ei 210
Eimer 32, 36, 37, 39, 47, 70
Einfrieren 100–101, 216, 219
Einkochen 91–93, 101
Einpflanzen 18, 19, 39, 64–65, 231
Eisheiligen 78
Eissalat 83, 136
Eiweiß 63, 93, 160, 241
Embryo 16, 87
Embryosack 87
Emmentaler 164, 211, 263
Endivie 241, 247
Energie 59–63
Entspannung 11
Enzyme 59, 93
Erbse 23, 24, 26, 28, 29, 31, 36, 38–40, 49, 51, 60, 65, 75, 81, 84, 100, 101, 118, 119–121, 123, 133, 180, 182,–184, 215, 218, 247, 248, 254
    Erbsenblätter 116

Erbse
   Garten in der Ritterburg 244
   Gemüsedschungel 214
   Grießklößchensuppe mit Erbsen 123
   Minibeet 118
   Wundergarten 180
Erdbeere 24, 28, 37, 60, 81, 85, 86, 92, 148, 149, 150
   Erdbeermarmelade mit Aprikosen 94
   Süße Sachen pflanzen 148
Erdbeerspinat 23, 24, 28, 65, 181–184
Erdbeertriebe 148, 149
Erdhäufchen 44, 230
Erdklumpen 33, 40, 102
Ernte 25, 27, 39, 49, 60, 63, 66, 67, 78, 79, 86, 87, 88, 93, 100–101, 134, 184, 215, 216, 223, 231, 267, siehe auch bei den einzelnen Projekten
Erntekorb 32
Ertrag 64, 260
Espressobeutel 36
Essig 83, 91–93, 240
Esslöffel 190
Estragon 268
Ethylen 93

F

Fadenwürmer 45
Fahrradreifen 37
Farben 79, 169, 236, 238, 264
Faulen 93, 141
Fäulniserreger 93
Faustregel 217
Februar
   Ein Winterbeet 206
Feinstrumpfhosen 36
Feldsalat 24, 28, 36, 60, 65, 100, 129, 207, 208
   Ein Winterbeet 206
Fenchel 18, 22, 24, 28, 37, 39, 60, 86, 100, 108, 111, 119, 131, 164, 216, 240
   Balkonkastenbeet 108
Fensterbankgemüse 112, 116
Fensterbankkräuter 117
Fett 63, 241, 251
Feuchtigkeit 50, 79, 102, 109, 168, 217
Feuerbohnen 175, 176
Flavonoide 241
Flechte 45, 71

Fleisch
   Fleischbrühe 123, 254
   Frikadellen mit Gemüse 111
   Hähnchenpfanne mit dicken Bohnen 252
   Teufelshähnchen mit gebackenem Kürbis 192
Fleischtomaten 204
Fleiß 11, 223
Fliegen 53, 54
Florfliege 54
Forellenbohnen 65, 175, 176, 259,
Fortpflanzung, vegetativ 77
Fotosynthese 17, 59, 61, 62, 109, 112, 169, 267
Freude 10, 11
Frikadellen mit Gemüse 111
Frischkäse 225, 233
Frost 18, 25, 27, 41, 46, 64, 78, 101, 102, 105, 149, 159, 160, 166, 171, 207, 267
Frostgare 102
Früchte 25, 31, 59, 61, 62, 80, 83, 84, 85, 87, 93, 140, 143, 150, 180, 181, 199, 217, 240, siehe auch unter den einzelnen Früchten, bzw. Obstsorten
   Fruchtgemüse 87
   Fruchtknoten 87
   Fruchtzucker 62, 63
Frühlingszwiebeln 116, 117, 136, 139, 172, 252
Frühkartoffel 24, 28, 100, 222, 229, siehe auch Kartoffeln
Fruktose 62

G

Gänsefuß 181, 223
Garten 28–29, 33, 44–45, 90, 102–103, im Garten kannst du alle Projekte machen
   Gartencenter 34, 46, 64, 70, 71
   Gartenerde 40, 151, siehe auch bei den einzelnen Projekten, was für Erde du brauchst
   Gartengarn 34
   Gartengeräte 30–34, 103
   Gartenhandschuhe 30, 34
   Gartenjahr 104, 105
   Gartenkräuter siehe Kräuter und bei den einzelnen Kräutern
   Gartenschere 31, 49, 67, 70
   Gartentagebuch 64, 104
Gärtnerpech 75
Gärungserreger 93
Gärungsprozesse 93
Gebackene Maiskolben 262

Geduld 11, 18, 65, 114, 215
Gefäßteil 59
Gefüllte Rondini 268
Gekochte Maiskolben 262
Gehirn 44
Gelierzucker 94, 95
Gemüse 44, 57, 60, 63, 66, 67, 71, 77, 82–85, 86, 87, 91, 93, 100–101, 104, 143, 183, 240, 241, 251, siehe auch unter den Namen der jeweiligen Gemüse und in den einzelnen Projekten
    Artischocken mit Knoblauchsauce 186
    Auberginenmus 173
    Bohnensalat 179
    Brokkolikuchen mit Einguss 164
    Fensterbankgemüse 116
    Frikadellen mit Gemüse 111
    Gebackene Maiskolben 262
    Gefüllte Rondini 268
    Gekochte Maiskolben 262
    Gemüseabfälle 47, 48, 50
    Gemüseabwechslung 104
    Gemüsebrühe 138, 144
    Gemüsedschungel 215
    Gemüseerde 40–42, 49
    Gemüsestern 264
    Gemüsetaler 204
    Grünkohlboller aus dem Ofen 211
    Knusprige Zucchiniblüten mit Gurkendip 226
    Maiskolben vom Grill 263
    Maisküchlein mit Käse 263
    Möhren mit Kartoffeln und Butter 138
    Möhrenbuletten mit Salat 136
    Möhren-Salat-Quark 139
    Nudeln mit Löwenzahnknospen 144
    Ofenkartoffeln mit grüner Sauce 234
    Quark mit Fensterbankgemüse 116
    Rahmspinat 162
    Rittergemüsesuppe mit Goldwürfeln 254
    Rosenkohl mit Ei 210
    Sommerlicher Gemüsetopf 172
    Spaghetti vom Kürbis 194
    Tomaten mit Kräuterquark und Salat 242
    UFO-Nudeln mit Thymian 202
    Zucchini-Hotdogs 225
Geräte 30–34, 103
Gerbstoffe 241
Geschält 113, 118
Geschwister 149

Gesprenkelte Pfannkuchen 127
Gewächshaus 18, 20, 64, 65
Gewicht 171
Gewitter 79
Gewürzgurke 225
Gießen 16, 18, 20, 39, 40, 59, 62, 70, 134, 149, 168, 197, 217
    Gießkanne 31, 39, 217
    Gießregel 217, 249, 257, 265
    Gießwasser 20, 37, 217
Gimpel 53
Gitterrost 124
Gläser 17, 74–77, 91–93, 108, 114, 132, 239
Glukose 62
Glykogen 63
Gouda 225
Grabgabel 33, 34, 41, 42, 46, 48, 50, 102, 218, 221
Gräser 40, 42, 51, 57, 71, 103
Grasnarbe 42
Griechenland 81, 83, 84, 247
Griechisch 45, 63, 109
Grießklößchensuppe mit Erbsen 123
Grundausstattung 30–34
Grüne Bohnen 24, 28, 64, 81, 85
    Bohnensalat 179
Grüne Sauce 234
Grünkohl 24, 28, 100, 206, 208
    Grünkohlboller aus dem Ofen 211
    Ein Winterbeet 206
Gurke 24, 28, 36, 38, 39, 60, 75, 83, 86, 100, 143, 217
    Gurkenjoghurt mit Dill 233
    Gurkensandwich 126
    Knusprige Zucchiniblüten mit Gurkendip 226
    Mais zum Relaxen 256
    Ratz-fatz-fertig-Beet 124
Möhrenernte 134

H

Hackfleisch 111
Hagebutten 141
Hagel 79
Hahnenfuß 42, 77 102, 223
Hähnchen
    Hähnchenbrustfilets 252
    Hähnchenkeulen 192
    Hähnchenpfanne mit dicken Bohnen 252
    Hühnerbrühe 252
    Teufelshähnchen mit gebackenem Kürbis 192

Haltbar 91, 93, 99, 190
Handgabel 30, 36, 42, 102, 103
Handschaufel 31, 36, 51
Hartmais 76
Häufeln 33, 223
Hauptnährstoffe 63
Hecken 57, 141
Heidelbeere 24, 28, 141, 148, 149, 150, 153
    Heidelbeermuffins 153
    Süße Sachen pflanzen 148
Himbeere 86, 141
Hippokrates 241
Hirtentäschel 53, 223
Hofladen 88, 100
Hokkaido 188, 192
Holland 81, 83
Holunder 141, 240
Hornisse 55
Hotdog, Zucchini- 225
Hülsen 75, 100, 119, 143, 160, 166, 184, 214, 245, 247, 259
Hülsenfrüchte 84, 184
Humus 44
Hut 35

I

Igel 46, 52, 57
Indianer 84, 151, 261
Indien 80–83
Insekten 45, 52–55, 57, 70, 238, 241, 266
Insektenschutznetz 161
Iran 82
Istanbul 83, 133
Italien 80–83, 133, 246, 260

J

Jack O'Lantern 188, 189
Januar
    Tomaten im Zimmer 114
    Ein Winterbeet 206
Japan 81, 82
Jäten 22, 23, 30, 54, 102, 181, 223, 266
Joghurtbecher 36, 68
Joghurt 173, 232, 234
    Gurkendip 226
    Gurkenjoghurt mit Dill 233
Juli 25–28
    Kaninchenfutter 132
    Nudelgemüse 196
    Sammelsurium 140
    Süße Sachen pflanzen 148
Juni 25–28, 105
    Sammelsurium 140
Jutesäcke 229, 230

K

Käfer 45, 46, 47, 52, 53, 70, 105, 223, 266
Kaffee 247
    Kaffeebeutel 37
    Kaffeefilter 50
    Kaffeesatz 39, 47, 49
Kalium 44, 59
Kalte Sophie 78
Kaltkeimer 21
Kalzium 44, 61
Kanada 81, 83, 260
Kaninchenfutter 132
Kapuzinerkresse 141, 142, 237, 238
    Kräutermalkasten 236
Kartoffel 23, 24, 28, 33, 37, 38, 39, 49, 61, 63, 65, 74, 77, 100, 180, 215, 221, 223, 229, 230, 231, 234, 241
    Einlagern 101
    Gemüsedschungel 214
    Kartoffelbauer 39, 231
    Kartoffelkäfer 68, 223
    Kartoffelkeller 74
    Kartoffelkraut 223
    Kartoffel, blau 180, 183, 229
    Kartoffelsäcke 228
    Kartoffelsäcke 228–230
    Kartoffelsorte 64, 180, 182, 183
    Kartoffeltriebe 77
    Möhren mit Kartoffeln und Butter 138
    Pellkartoffeln 136
    Wundergarten 180
Kartons 18–20, 36, 39, 74, 118
Käse 126, 268
    Emmentaler 164, 211, 263
    Gouda 225
    Maisküchlein mit Käse 263
    Parmesan 144

Reibekäse 204
Kaumagen 44
Keimen 16, 17, 21, 24–27, 39, 75, 113, 119, 134, 177, 215, 217
Keimblätter 16, 17, 22–23
Keimhemmer 231
Keimzeit 65
Kelchblatt 87
Kerbel 24, 28, 237–239
    Kräutermalkasten 236
Ketchup, Tomaten- 96
Kirschen 53, 81, 85, 87, 95, 98, 241
Klappkisten 36
Kleiber 53
Kleidung im Garten 35
Klettererdbeeren 148
Klettern 34, 177
Klopapierrollen 18–20, 36, 257
Knoblauch 24, 28, 98, 144, 150, 164, 173, 194, 197, 201, 226, 240, 252
    Knoblauchsauce 186
    Nudelgemüse 196
Knöllchenbakterien 60
Knolle 39, 74, 76, 77, 87, 113, 114, 119, 131, 197, 204, 208, 215, 223, 231
Knospe 16, 86, 87, 140, 181
Knusprige Zucchiniblüten mit Gurkendip 226
Kochtopf 36, 91
Kohl 24, 28, 29, 80–85, 86, 87, 100–101, 133, 161, 246, 250, sieh auch unter den einzelnen Kohlsorten
Kohlendioxid 63, 93, 109
Kohlenhydrate 58, 60, 62, 63, 207, 241
Kohlmeisen 53
Kohlrabi 18, 24, 28, 38, 39, 87, 100, 119, 215, 219, 265, 267
    Bunter Gemüsestern 264
    Gemüsedschungel 214
    Kohlrabi, blau 215, 265
Kohlweißling 161
Kokohum 149, 150
Kolumbus 83, 84, 260
Kompost 33, 36, 39–42, 44, 46–51, 60, 70, 71, 103, 151, 191
    Kompostbeschleuniger 47, 48
    Kompostlebewesen 43, 44, 47, 48, 50, 54
    Kompostwürmer 43, 44, 47, 48, 50, 54
Kompott 48, 87, 91–93, 141, 243
    Apfelkompott mit Salbei 243
Konservierung 93, 261
Konstantinopel 83, 133
Kopfsalat 23, 24, 28, 29, 64, 66, 80, 83, 136, 143, 207, 242

Korbblütler 151
Korea 82
Koriander 116, 237–239
    Kräutermalkasten 236
Krankheit 17, 64, 104, 150
Krankheitserreger 104
Kräuter 24, 36, 60, 67, 104, 112, 140, 149, 166–171, 173, 197, 200, 225, 234, 236–239, 240, 241, 251, 252, 267, siehe auch unter den einzelnen Kräutern
    Apfelkompott mit Salbei 243
    Basilikum 127, 136, 139, 194, 233
    Basilikumcreme 233
    Kräutererde 114, 237, 257
    Kräutermalkasten 236–239
    Schnittlauch-Tomaten-Dip 232
    Tomaten mit Kräuterquark und Salat 242
Kresse 26, 28, 37, 115, 116, 118, 120, 129, 141, 237, 240
    Butterbrottöpfe 128
    Minibeet 118
Kronblatt 87
Kropf 44
Kröten 46, 57
Krümmer 33, 71, 102, 103
Kuchen
    Brokkolikuchen mit Eierguss 164
Küchlein
    Frikadellen mit Gemüse 111
    Gemüsetaler 204
    Maisküchlein mit Käse 263
    Möhrenbuletten mit Salat 136
Küchenabfälle 48, 50
Küchenpapierrollen 36
Küchenschere siehe Schere
Küchenschränke 37
Küchensieb 118
Kühl 20, 21, 24, 28, 39, 74, 92, 93, 100–101, 149, 170
Kürbis 17, 18, 23, 26, 28, 39, 49, 60, 76, 84, 85, 101, 177, 188–191, 197, 259, 261
    Dreimal Kürbis 188
    Gefüllte Rondini 268
    Hokkaido-Kürbis 192
    Mais zum Relaxen 256
    Patisson 202, 204
    Rondini 268
    Spaghetti vom Kürbis 194
    Spaghettikürbis 194
    Teufelshähnchen mit gebackenem Kürbis 192
    UFO-Nudeln mit Thymian 202

L

Landbrot 254
Längsmuskulatur 44
Larven 11, 45, 53–55, 68, 70, 238
Lattichfamilie 83
Laub 42, 43, 45, 49, 239
Laubblätter 16, 22–23, 67
Läuse 11, 52–54, 68, 105
Lavendel 237, 239
   Kräutermalkasten 236
Leguminosen 60
Lehmig 41, 134
Leitbündel 59, 131
Licht 17, 62, 75, 77, 112, 113, 115, 169
   Lichtenergie 62
   Lichtkeimer 21, 75
   Lichtstärke 112
Liebe Schnecke 71
Lineal 36
Linsen 17, 26, 29, 37, 113, 118, 120
   Linsenblätter 116
   Minibeet 118
Lochfolie 36, 120
Lockerer Boden 134
Löwenzahn 17, 18, 42, 47, 48, 51, 53, 58, 77, 102, 141, 143, 151, 240, 266
   Nudeln mit Löwenzahnknospen 144
Luftschichten 79
Lufttemperatur 78
Lux 112, siehe auch Licht
Luzerne 26, 29, 113, 114, 115
   Fensterbankgemüse 112

M

Magnesium 44, 59
Mai 25–29, 79, 223
   Balkonkastenbeet 108
   Blubb-Spinat und seine Kollegen 156
   Bunter Gemüsestern 264
   Dreimal Kürbis 188
   Garten in der Ritterburg 244
   Kaninchenfutter 132
   Kräutermalkasten 236
   Mais zum Relaxen 256
   Nudelgemüse 196

Mai
   Ratz-fatz-fertig-Beet 124
   Süße Sachen pflanzen 148
   Topfgemüse 166
   Wundergarten 180
Mais 11, 18, 26, 29, 31, 49, 52, 60, 65, 76, 83, 84, 101, 103, 241, 244, 256, 258, 259, 260
   Gebackene Maiskolben 262
   Mais zum Relaxen 256
   Mais, blau 260
   Maiskolben vom Grill 263
   Maisküchlein mit Käse 263
   Maislabyrinth 256
   Maisversteck 259
Mangold 23, 26, 29, 52, 68, 86, 101, 245, 248, 250, 254, 265, 266, 267
   Bunter Gemüsestern 264
   Garten in der Ritterburg 244
Marienkäfer 6, 52, 68, 266
Markerbsen 118, 247, 248
Marmelade 91, 92, 93, 141, 150
   Erdbeermarmelade mit Aprikosen 94
   Marmelade mit Kirschen 95
März 25–28, 39
   Balkonkastenbeet 108
   Checkliste 38
   Nudelgemüse 196
   Pflanzen aus Samen ziehen 18
   Säen oder einpflanzen 64
   Sammelsurium 140
Maßeinheit 112
Maulwurf 69, 105
Mayas 260
Medizin 53, 240, 241, 246
Mehl 127, 146, 153, 204, 226, 263
Mehltau 69, 191
Menthol 241
Mexiko 83, 84, 85, 260
Mikroorganismen 51
Milben 45, 47
Milch 111, 127, 146, 153, 226, 254
Milchtüte 19, 36
Mineralsalze 59
Mineralstoffe 16, 45, 58, 59, 60, 61, 63, 151, 217, 223,
Minibeerenkörbe 86
Minifenchelknollen 131
Minigurke 124
Minikompost 51

Minze 142, 241
Mischgemüse 104
Mischkultur 104
Mist 39, 47, 48, 60, 124, 125
Mistkäfer 45
Mittelalter 181, 244, 245, 246, 247, 251
Mittelamerika 84, 85, 260
Mitteldarm 44
Mittelmeer 81, 82, 83, 84, 113, 184, 260
Mittelzehrer 60
Möhre 18, 19, 21, 22, 26, 29, 30, 36, 37, 38, 39, 40, 58, 60, 65, 66, 77, 81, 83, 87, 88, 101, 103, 104, 108, 111, 114, 131, 132, 133, 134, 143, 245, 246, 248, 249, 250, 254
    Balkonkastenbeet 108
    Garten in der Ritterburg 244
    Kaninchenfutter 132
    Möhren mit Kartoffeln und Butter 138
    Möhrenbuletten mit Salat 136
    Möhrenkraut 133
    Möhren-Salat-Quark 139
Monosaccharid 63
Mozzarella 211
Mücken 53, 54
Muffins, Heidelbeer- 153
Mulchen 103
Mundöffnung 44
Mundschutz 32, 208, 248
Mus 91, 101
    Auberginenmus 173
    Bohnenmus mit Fensterbankkräutern 117

N

Nachbarn 38
Nachtfrost 18, 160
Nachtschattengewächse 83
Nacktschnecken 71, 191
Nährstoffe 16, 17, 21, 43, 48, 49, 52, 58, 59, 63, 79, 86, 103, 104, 109, 113, 131, 143, 169, 170, 171, 197, 200
Nahrung 16, 17, 52, 60, 61, 87, 266
Nebel 78, 79
Nepal 81, 82
Neue Welt siehe Amerika
Nisten 55, 57
Nitrat 60
Nordamerika 80, 85, 181, 260, 261
Norden 78, 108, 218

November
    Fensterbankgemüse 112
    Ein Winterbeet 206
Nudeln 144
    Nudelgemüse 196
    Nudeln mit Löwenzahnknospen 144
    UFO-Nudeln mit Thymian 202

O

Obst 48, 49, 55, 62, 85, 87, 88, 91, 93, 98, 140, 148, 151, 184, 194, 240, 241, 251
Obstkiste 19, 36, 74, 118, 120, 121
Ofenkartoffeln mit grüner Sauce 234
Ohrwurm 52
Oktober 25–28
    Dreimal Kürbis 188
    Garten in der Ritterburg 244
    Kräutermalkasten 236
    Sammelsurium 140
    Süße Sachen pflanzen 148
Öle, ätherisch 235, 238, 241
Oligosaccharide 63
Oregano 98, 142, 194, 237, 239
    Kräutermalkasten 236
Organische Stoffe 44

P

Palästina 81, 84
Pankratius 78
Pappe 40, 17, 19, 20, 118
Paprika 18, 21, 26, 29, 30, 31, 36, 39, 64, 65, 75, 76, 79, 83, 85, 87, 101, 103, 117, 143, 158, 159, 166, 168, 170, 171, 172, 244, 263, 265, 266, 267
    Blubb-Spinat und seine Kollegen 156
    Bunter Gemüsestern 264
    Paprikasamen 158
    Topfgemüse 166
Paprikaschoten siehe Paprika
Paracelsus 53
Parmesan 144, 194
Pastinake 18, 23, 26, 29, 39, 101, 245, 246, 248, 249, 250, 254
    Garten in der Ritterburg 244
Patisson 26, 29, 196, 197, 200, 201, 202, 204
    Nudelgemüse 196

Pellkartoffeln 136
Peru 81, 84, 85, 260
Petersilie 66, 111, 123, 132, 136, 138, 166, 168, 171, 172, 210, 211, 237, 238, 252, 254
    Kräutermalkasten 236
    Topfgemüse 166
Pfahlwurzel 58
Pfannkuchen, gesprenkelt 127
Pfefferminze 142, 226, 241
Pferdemist 39, 48
Pflanzenembryo 16, 87
Pflanzenöle 241
Pflanzholz 32
Pflanzkartoffeln 39, 74, 229
Pflanzsäcke 171, 229
Pflanzstäbe 34
Pflastersteine 37, 100, 120, 124
Pflücksalat 67, 68, 113, 115, 124, 126, 127, 132, 133, 136, 139, 143, siehe auch Salat
Phosphor 44, 59
Photonen 62
Picknick 90
Pikieren 66
Pilze 45, 93
Plastikboxen 19
Plastiktüten 36, 49
Plastikwanne 37
Platina, Battista 240
Pocahontas 261
Polenta 260
Primärstoffe 241
Projekte alle Projekte findest Du im Inhaltsverzeichnis 4
Protein 63, 160, 241
Prunkbohnen 17, 166, 168
Purple Haze 133

Q

Quark
    Möhren-Salat-Quark 139
    Quark mit Fensterbankgemüse 116
    Tomaten mit Kräuterquark und Salat 242
Quelldruck 17

R

Radicchio 26, 29, 265
    Bunter Gemüsestern 264
Radieschen 18, 22, 26, 29, 40, 80, 82, 87, 113, 127, 131
    Bunter Gemüsestern 264
    Butterbrottöpfe 128
    Fensterbankgemüse 112
    Radieschenblätter 22
    Ratz-fatz-fertig-Beet 124
Rahmspinat 162
Ranken 177
Rasenmäher 40, 42, 43, 48, 103
Rasenschnitt 49, 50
Rauke 118
Raupe 241, 250
Rechen 33
Reflektieren 169
Regenbogen 169
Regentonne 20, 51, 103
Regenwurm 39, 41, 44, 51, 54
Reifegas 93
Reifen 37
Remouladensauce 126, 232, 225
Reifeprozess 143
Rettich 26, 29, 82, 87
Rhabarber 87
Riesenbohnen, weiße 117
Rinderdung 32, 48, 103
Ringelblume 41, 47, 142, 240
Ringelblumensalbe 240
Ringmuskulatur 44
Ritter 244, 251
Ritterburg 244, 251
Rittergarten 248
Rittergemüsesuppe mit Goldwürfeln 254
Rode Erstling 215
Romanasalat 64, 136
Römer 83
Rondini 26, 29, 166, 170, 264, 268
    Bunter Gemüsestern 264
    Topfgemüse 166
Rosenkohl 26, 29, 85, 87, 101, 207, 208
    Ein Winterbeet 206
    Rosenkohl mit Ei 210
Rosetten 157, 207, 245
Rosmarin 67, 98, 166, 170, 171, 172
    Topfgemüse 166

Rote Bete 26, 29, 98, 131, 183
   Wundergarten 180
Rotes Krauses 265
Rotkohl
   Garten in der Ritterburg 244
Rotschwänzchen 53
Rotte 48
Rubin 265
Rucola 26, 29, 77, 111, 118, 121, 136, 139
   Minibeet 118
Ruhestadium 16
Rüschen 184

S

Saccharide 63
Sacchi, Bartolomeo 240
säen 18–27, 39, 65, 217
Sahne 116, 211
Salad Blue 182
Salat 18–21, 23, 24, 26, 28, 29, 38, 51, 64, 66, 67, 80, 83, 100, 105, 143, 207, 247, 267
   Balkonkastenbeet 108
   Bohnensalat 179
   Butterbrottöpfe 128
   Ein Winterbeet 206
   Eissalat 136
   Fensterbankgemüse 112
   Kaninchenfutter 132
   Kopfsalat 136
   Minibeet 118
   Möhrenbuletten mit Salat 136
   Möhren-Salat-Quark 139
   Pflücksalat 126, 136, 139
   Ratz-fatz-fertig-Beet 124
   Romana 136
   Rucola 136
   Tomaten mit Kräuterquark und Salat 242
Salbei 67, 98, 234, 235, 239
   Apfelkompott mit Salbei 243
   Kräutermalkasten 236
Salz 59, 93
Samen 16–21, 24, 25, 39, 64–67, 74, 75, 77
   Samen aufbewahren 20
   Samen, reif 143
   Samenanlage 87

Samen
   Samenhülle 16, 17
   Samentütchen 65
Sammeln 39, 49, 74–76, 140–141
Sammelnussfrucht 86
Sand 44, 51, 134
sandiger Lehm 134
Sandwich, Gurken- 126
Sauce
   Grüne Sauce 234
   Knoblauchsauce 186
   Remouladensauce 232
   Tomatensauce für den Vorrat 98
Sauerkirschen 95
Sauerstoff 62, 63, 109
Säure 92, 93
Schädlinge 52–53
Schaufel 30, 33
Schere 31
Schimmeln 49, 50, 75, 92, 93, 113, 150
Schinken, gekocht 225
Schlupfwespen 54
Schnecken 71, 125, 191
Schnee 41, 46, 102, 206
Schnellwachser 115
Schnittlauch 18, 111, 123, 129, 130, 136, 139, 142, 144, 200, 232
   Butterbrottöpfe 128
   Schnittlauch-Tomaten-Dip 232
Schnittsalat 23, 26, 29, 51, 67, 114
Schnur 34, 36
Schnurfüßer 45
Schöpfkellen 36
Schraubglas 74, 75, 108, 132, 219, 239
Schubkarre 33
Schubladen 37
Schuhe 35
Schulgarten 6, 66
Schwachzehrer 60
Schwebfliege 54
Schwefel 61
Schweiz 82
schwerer Boden 41
Sekundäre Pflanzenstoffe siehe Sekundärstoffe
Sekundärstoffe 241
Sellerie 26, 29, 133, 246, 254
Senf 115, 121, 236–239
   Kräutermalkasten 236

September 27, 29
   Das Beet für später 42
Servatius 78
sexuelle Vermehrung 77
Siebenschläfer 79
Siebröhren 59
Siebteil 59
Skandinavien 84
Sog (Wasser) 59
Sommerlicher Gemüsetopf 172
Sonne 35, 46, 62–63, 77, 78, 79, 109, 159, 169, 207, 239
Sonnenaufgang 79
Sonnenblume 26
   Fensterbankgemüse 112
   Sonnenblumenkerne 16, 114
   Sonnenblumensprossen 29, 113
Sonnenenergie 62
Sonnenlicht 62, 77, 169
Sophia 78
Spaghetti 202
   Spaghetti vom Kürbis 194
Spaghettikürbis 62, 188, 190, 194
Spaltöffnung 62, 109
Spargelerbsen 26, 29, 65, 101, 182, 183, 184
Speicherkohlenhydrat 63
Speicherorgan 58–59
Speisekartoffeln 231
Speiseröhre 44
Spektralfarben 79
Spinat 18, 22, 23, 24, 26, 28, 29, 39, 40, 65, 80, 82, 87, 104, 115, 156-157, 181, 182-183, 184, 207, 208, 209
   Blubb-Spinat und seine Kollegen 156
   Ein Winterbeet 206
   Rahmspinat 162
   Wundergarten 180
Spinnen 45, 53
Spitzwegerich 266
Springschwanz 45
Sprossachse 77
Sprosse 39, 77, 113, 184
Sprossknollen 77
Sprühflache 20, 114, 115, 237, 238
Stäbe 31, 34, 36, 102, 178, 198
Stängel 16, 17, 39, 50, 63, 87, 114, 115, 124, 143, 151, 157, 169, 198, 215, 223, 230, 247, 261, 264
Stangenbohnen 160, 174–175, 178, 259 siehe auch Bohnen
Star 53
Stärke 62, 63, 112, 207, 257

Starkzehrer 60, 217
Staubblatt 87
Stauden 17, 49
Staunässe 134
Stecklinge 77
Steckzwiebeln 26, 76, 77, 197, 201, 207, 208, 216, 219
   Ein Winterbeet 206
   Ratz-fatz-fertig-Beet 124
Steine 16, 37, 40, 100, 120, 124, 150, 161, 198, 200, 201
Steinläufer 45
Stempel 87
Steroide 241
Stevia 148, 149, 150-151
   Süße Sachen pflanzen 148
Steviol 151
Stickstoff 16, 44, 48, 51, 59, 60, 63
Stielmangold 265
Stöcke 261
Stoffe, anorganisch 44
Stoffe, organisch 44, 45, 60, 63
Stoffwechsel 16, 17, 46, 112
Stomata 109
Sträucher 49, 51, 54, 57, 68
Strumpfhose 36
Styroporkugeln 31
Südamerika 83, 85, 148, 150, 260
Süden 17, 108, 132, 114, 168, 200, 201, 222
Südeuropa 80, 82, 260
Süd-Ost 108, 132, 238
Suppe
   Grießklößchensuppe mit Erbsen 123
   Rittergemüsesuppe mit Goldwürfeln 254
   Sommerlicher Gemüsetopf 172
Süße Gerichte
   Apfelkompott mit Salbei 243
   Apfelküchlein mit Zimtzucker 146
   Heidelbeermuffins 153
Sweet Dumpling 259
Symbiose 60
Synthese 17, 59, 61, 62, 109, 112, 169, 267

T

Tauschbörse 66
Tausendfüßer 40, 47, 53
Teebüchsen 36
Tehuacan-Tal 260

Terpene 241
Terrasse 6, 30, 46, 54, 101, 105, 109, 132, 148, 149, 158, 160, 166, 176, 197, 198, 200, 201, 206, 228, 229, 230, 236, 238
    Balkonkastenbeet 108
    Bauen mit Bohnen 174
    Butterbrottöpfe 128
    Fensterbankgemüse 112
    Kaninchenfutter 132
    Kartoffelsäcke 228
    Kräutermalkasten 236
    Minibeet 118
    Nudelgemüse 196
    Ratz-fatz-fertig-Beet 124
    Süße Sachen pflanzen 148
    Topfgemüse 166
Teufelshähnchen mit gebackenem Kürbis 192
Texas 81, 84
Thymian 67, 98, 140, 142, 164, 173, 197, 200, 202, 204, 240, 263, 268
    Nudelgemüse 196
    UFO-Nudeln mit Thymian 202
Tiefkühlen 93
Tiere 45, 46–47, 52–57, 60, 63, 65, 68–71, 241
Tomate 19, 20, 21, 26, 29, 31, 34, 37, 38, 39, 61, 64, 65, 74, 81, 84, 87, 98, 101, 114, 143, 164, 168, 171, 172, 173, 192, 194, 196, 198–199, 207, 217, 242, 268
    Cocktailtomaten 202, 204
    Fleischtomaten 204
    Nudelgemüse 196
    Schnittlauch-Tomaten-Dip 232
    Tomaten mit Kräuterquark und Salat 242
    Tomatenketchup 91, 93, 96, 225
    Tomatensauce für den Vorrat 98
Ton 44, 167, 171
Ton-Humus-Komplex 44
Tonscherben 167
Topf 28–29, 30, 38, 63, 64, 67, 91, 128-131, 132, 150, 158, 166,169
Tracheen 59
Transportkisten 36
Transportsystem 59
Traubenzucker 62, 63, 151
Trichter 91, 96
Triebe 31, 39, 77, 100, 121, 148, 149, 177, 182, 184, 199, 219, 211, 231
Türkei 81, 84, 85
Twist-off-Gläser 91, 92, 94, 95, 98, 131

UFO-Nudeln mit Thymian 202
Umgraben 33, 41, 43
Umpflanzen 67
Umtopfen 30, 65, 67, 70, 170, 201
Unkraut 11, 22, 30, 33, 41, 42, 49, 50, 63, 71, 102, 103, 181, 266
Unkraut jäten 22, 30, 33, 266

Valfi 182
vegetative Fortpflanzung 77
vegetative Organe 77
Verdunstung 61
Vereinzeln 66, 67, 209
Vermehrung, sexuell 77
Vermehrung, asexuell 77
Vlies 31, 149, 197, 209
Vögel 53, 57, 68, 71, 80, 113, 141, 241
Vogelbeeren 141
Vogelmiere 53, 223, 266
Vorkeimen 39, 215
Vorratslager 57, 100
Vorratsspeicher 16

Wachstum 78, 207, 223
Walderdbeeren 85, 141
Wärme 18, 21, 39, 46, 64, 74, 75, 78, 79, 113, 114, 148, 149, 159, 166, 200, 238, 259
Warmkeimer 21
Wasser 17, 20, 61, 79, 109, 217
    Wasserdampf 79
    Wasserleitungsbahn 59
Watte 17, 113
Weinbergschnecken 71
Weiße Fliegen 54
Weißkohl
    Garten in der Ritterburg 244
Welt, alte 84, 241, 260
Welt, neue siehe Amerika
Wespen 54, 55

Westen 108, 132, 168, 200, 201, 222
Wetterbericht 78, 239
Wiesenblumen 57
Wildkräuter 241
Winter-Kopfsalat 26, 29, 208
Winter-Spinat 26, 29, 208
Wühlmäuse 46, 57
Wurm 39, 41, 44–54, 191
Wurmerde 44
Wurmkot 44
Wurzel 67, 77, 109, 131, 133
Wurzelhärchen 58
Wurzelunkraut 42, 50, 102

Zichorie 247
   Garten in der Ritterburg 244
Zierkürbis 259
Zimmer

Fensterbankgemüse 112
Zimmertemperatur 101, 115, 190
Zimtzucker, Apfelküchlein mit 146
Zitronensaft 93, 94, 95, 144, 162, 164, 19, 182, 232, 252
Zucchini 18, 23, 26, 29, 39, 49, 50, 60, 76, 85, 87, 101, 143, 216, 221–222, 226
   Gemüsedschungel 214
   Knusprige Zucchiniblüten mit Gurkendip 226
   Zucchiniblüten 85, 143, 226, 227
   Zucchini-Hotdogs 225
Zucker 48, 59, 62, 63, 91, 92, 93, 151, 251
Zuckererbsen 23, 24, 28, 40, 65, 184, 215, 218, 247, 248
Zuckerhut 26, 29, 247, 248, 249, 250
   Garten in der Ritterburg 244
Zuckermais 52, 76, 257, 258, 260 siehe auch Mais
   Mais zum Relaxen 256
Zwiebeln 18, 26, 27, 29, 34, 38, 39, 60, 76, 77, 87, 96, 98, 101, 111, 124, 125, 127, 138, 166, 168, 171, 173, 179, 194, 197, 201, 202, 207, 208, 216, 219, 232, 254, 268
   Nudelgemüse 196
   Gemüsedschungel 214

Entdecke den Wissenschaftler in dir!

Schlau kochen

Ein Entdeckerkochbuch für neugierige Kinder und Erwachsene
264 Seiten, Hardcover, mit Wackelbild-Lesezeichen
ISBN 978-3-86528-608-6
EUR (D) 24,90 / EUR (A) 25,60

Mit spannenden Experimenten, coolen Spielen, tollen Ausklappseiten und über 80 kinderleichten Rezepten

Erhältlich im Buchhandel oder auf www.umschau-buchverlag.de

ADRESSEN

Nicht alles, was du fürs Gärtnern brauchst, gibt es im Gartencenter und beim Gärtner auf dem Markt. Vor allem ausgefallene – und richtig leckere – Tomaten- und Kartoffelsorten, Kräuter und Salat musst du woanders besorgen. Ich habe dir hier die Adressen aufgeschrieben, wo ich seit vielen Jahren die Samen und Pflanzkartoffeln für meinen Garten besorge.

Eine Riesenauswahl an Pflanzkartoffeln, Samen und Gartengeräte findest du bei:
Bioland Hof Jeebel Biogartenversand
Jeebel 17
29410 Salzwedel
www.biogartenversand.de
Dort bekommst du auch Humofix für den Kompost, wie auf Seite 47 beschrieben. Im Jeebel-Katalog, den du dir schicken lassen kannst, stehen auch richtig gute Infos zum Pflanzen und Pflegen.

Biosamen kannst du online oder über normalen Versand mit Bestellformular auch bei Dreschflegel kriegen:
www.dreschflegel-saatgut.de
Bei den Sortenbeschreibungen für Tomaten steht zum Beispiel auch, ob sie sich fürs Freiland oder nur fürs Tomatenhaus eignen. Und im Katalog, den du dir schicken lassen kannst, findest du jede Menge Infos zu allen angebotenen Pflanzen. Dreschflegel ist ein Zusammenschluss verschiedener Biobetriebe. Dreschflegel bietet auch einen Schaugarten mit Gemüse, Kräutern und Blumen – schau dir einfach die Website an.

So ziemlich alles, was schlaue Gärtner und Gärtnerinnen an Samen für Gemüse, Tomaten, Kräuter und Salat brauchen, gibt es online bei:
www.bio-saatgut.de
Hier findest du so seltene Sachen wie Spargelerbsen, Erdbeerspinat, Spaghettikürbis und bunten Mais. Außerdem bunten Mangold, ganz viele Tomatensorten und Asia-Salat für die Fensterbank oder den Balkonkasten, der auf so coole Namen wie „Mizuna Early" oder „Grün im Schnee" hört. Auch für Kräutersamen bist du bei Bio-Saatgut genau richtig.

Tolle und auch ganz ausgefallene Kräuterpflanzen für den Malkasten oder einfach für Beet, Topf oder Balkonkasten kriegst du bei:
Versand-Gärtnerei Rühlemann's Kräuter und Duftpflanzen
Auf dem Berg 2
27367 Horstedt
www.kraeuter-und-duftpflanzen.de

Kräuter angucken und natürlich auch kaufen, einen richtigen Kräuterkurs machen und Kräuter pflücken zum Kennenlernen kannst du bei:
Die Mühlbachgärtnerei
Fam. Josef und Marianne Beubl
Gärtnerstrasse 2a
85368 Moosburg
www.die-muehlbachgaertnerei.de

DANKSAGUNG

Danke für gute Zusammenarbeit, wertvollen Rat und schnelle Hilfe:

Wie bei so vielen meiner Bücher, hat Monika Bartz auch in diesem Buch alle naturwissenschaftlichen Informationen genau überprüft, Anregungen gegeben und Kritik geübt. Sollte sich dennoch der eine oder andere Fehler eingeschlichen haben, geht das allein auf mein Konto.

Renate Loquai hat mir die Requisiten zur Verfügung gestellt, die schlaues Gärtnern für die Kinder auch zum fröhlichen Gärtnern gemacht haben.
www.loquai-kreativ.de

Karin Mayr-Seitz hat uns beim Picknick mit handgenähten Taschen und Schürzen versorgt, die Hofladen und Picknick so bunt machen.
www.sew-per-mom.de

Dr. Cornelia Paulus hat mir mit ihrem praktischen Gartenwissen und ihrer Erfahrung beim Gärtnern mit Kindern geholfen.

Barbara Pawel hat mir von ihren Erfahrung in Sachen Schulgarten berichtet und mir damit Anregungen gegeben, wie man die Dinge einfacher anpacken kann, als ich es mir vorgestellt hatte.

IMPRESSUM

© 2013 Neuer Umschau Buchverlag GmbH, Neustadt an der Weinstraße

Alle Rechte an der Verbreitung, auch durch Film, Funk, Fernsehen, fotomechanische Wiedergabe, Tonträger aller Art, auszugsweisen Nachdruck oder Einspeicherung und Rückgewinnung in Datenverarbeitungsanlagen aller Art, sind vorbehalten.
Die Inhalte dieses Buches sind von Autorin und Verlag sorgfältig erwogen und geprüft, dennoch kann eine Garantie nicht übernommen werden. Eine Haftung von Autorin und Verlag für Personen-, Sach-, und Vermögensschäden ist ausgeschlossen.

Herausgeber
Klaus Tschira Stiftung gGmbH
Dr. h.c. Dr.-Ing. E.h. Klaus Tschira, Heidelberg

Projektleitung
Klaus Tschira Stiftung gGmbH, Beate Spiegel, Heidelberg;
Neuer Umschau Buchverlag, Ilka Grunenberg, Neustadt an der Weinstraße

Unter Mitarbeit von Andrea Baumgärtner, Klaus Tschira Stiftung gGmbH, Heidelberg

Chefredaktion
Ilka Grunenberg, Neustadt an der Weinstraße

Art Direktion
Janine Becker, Neustadt an der Weinstraße

Satz und Druckvorstufe
komplus, Heidelberg

Texte
Barbara Rias-Bucher, Grimolzhausen

Wissenschaftliche Beratung
Monika Bartz, Landshut

Fotografie
Martin Staffler, Stuttgart (www.gartenfoto.eu)

Mit Ausnahme von
Foodfotografie von Ulrike Schmid und Sabine Mader – Fotos mit Geschmack (www.fotos-mitgeschmack.de)
Stephan Gawlik auf den Seiten 8 und 9 (Mitte)
Barbara Rias-Bucher auf den Seiten 9 (oben rechts, unten links), 17, Seite 19 (Mitte und unten), Seite 21 (oben links und unten links), 32 (Reihe oben 1. und 2. Bild von links), 33 (Reihe oben Mitte und Mitte), 34 (Mitte), 36, 39, 50, 51, 58, 66 (unten), 69 (unten), 74 (links, oben rechts), 76 (rechts), 77 (2. und 3. Bild von oben), 101 (rechts), 114, 115, (oben und rechts), 141 (oben Mitte), 158 (unten links), 208 (links), 209 (links), 221 (2. und 3. Bild von links), 247 (oben rechts), 267 (links)

Fotolia auf den Seiten 22 (links unten – fotoknips), 23 (2. Reihe links – UbjsP), 31 (oben Mitte – olesiabilkei, unten Mitte – stockfoto), 33 (oben links – Twilight Art Pictures), 43 (oben links – Daniel Strauch, unten links – Daniel Strauch, rechts – sherez), 47 (coulanges), 48 (coco), 52 (von links – Michael Tieck, Julius Kramer, M. R. Swadzba), 53 (von oben nach unten – Herbert Steiner, sid 221, guentermanaus, dule964, hfox, Wolfgang Kruck), 54 (1. Reihe von links – Michael Tieck, Henrik Larsson, macroart, 2. Reihe Michael Tieck), 55 (oben – Michael Tieck, Mitte – Juliane), 61 (oben Sinisa Botas, unten - apichsen), 68 (oben rechts – Michael Tieck, Mitte links - geer, unten – dieter76), 69 (oben rechts – Marina Lohrbach), 70 (oben links – artush, unten – 4ever01), 103 (m-produktfotos.de), 115 (links – Dinadesign), 141 (rechts oben – Bill Ernest, rechts unten – elypse), 142 (unten rechts – Viktor Pravdica), 161 (Mitte – Dleonis), 170 (rechts – ankiro), 189 (Andrea Sachs), 191 (links – openlens), 208 (rechts – lohner63), 240 (rechts – Victor Pracdica), 251 (Sternstunden), 260 (rechts – Cpro)

Britt Schilling auf dem Umschlag (Seite 1 – Mädchen)
Gerhard Krumm auf der Seite 7 (oben)
florapress auf den Seiten 177 (oben – Helga Noack), 178 (rechts – Flora Press/Vision)
gardenworldimages.com auf den Seiten 22 (unten rechts – John Swithinbank), 23 (1. Reihe oben, Mitte – Martin Hughes-Jones, 2. Reihe, 2. und 3. Bild von links - Dave Bevan, Trevor Sims)
shutterstock.com auf der Seite 31 (rechts – josinadewit)

Lektorat
Petra Puster, Niederpöcking
Christa Sohl, Auetal/Rolfshagen

Illustrationen
Katja Musenberg, Hamburg

Umschlaggestaltung
Marc Musenberg, Hamburg

Druck
NINO Druck GmbH, Neustadt an der Weinstraße

Printed in Germany
ISBN 978-3-86528-733-5

Besuchen Sie uns im Internet
www.umschau-buchverlag.de